Schwarzmaier/Krimm/Stievermann
Kaller/Stratmann-Döhler

Geschichte Badens
in Bildern · 1100–1918

Hansmartin Schwarzmaier
Konrad Krimm
Dieter Stievermann
Gerhard Kaller
Rosemarie Stratmann-Döhler

Geschichte Badens in Bildern · 1100–1918

Verlag W. Kohlhammer
Stuttgart Berlin Köln

Die Deutsche Bibliothek – CIP-Einheitsaufnahme

Geschichte Badens in Bildern : 1100 – 1918 /
Hansmartin Schwarzmaier . . . –
Stuttgart ; Berlin ; Köln ; Kohlhammer, 1993
   ISBN 3–17–012088–3
NE: Schwarzmaier, Hansmartin

Vorwort

Badische Geschichte wurde immer wieder geschrieben, aber ein
»Bilderatlas« zur Geschichte Badens ist erst einmal erschienen. Sein
Verfasser, der Heidelberger Historiker Karl Wild, legte 1904 damit
ein ausgefeiltes Unterrichtswerk vor. Wild stand noch im Bann der
»vaterländischen« Historiographie des 19. Jahrhunderts: Das Großherzogtum war kaum 100 Jahre alt, es brauchte eine »eigene«,
gesamtbadische Tradition. Das Fundament für eine solche alte
Geschichte des neuen Vaterlandes hatte die Romantik gelegt, die
sammelnd und deutend die Vergangenheit mit der Gegenwart
verband. Als Programmbild gab Großherzog Leopold 1838 bei
Moritz von Schwind ein monumentales Fresko für das Vestibül der
Karlsruher Kunsthalle in Auftrag. »Die Einweihung des Freiburger
Münsters« führte in kühnem Anachronismus den Zähringer Herzog Konrad I., den Stadtgründer, mit dem romanischen und dem
gotischen Kirchenbau zusammen. Der Herzog betritt die historische Bühne aber vor allem als Ahnherr des Hauses Baden: Ein Page
hält den badischen Schild und als Bannerträger folgt Großherzog
Leopold mit seiner Familie. Das Reich der Zähringer war im
Großherzogtum neu entstanden; der Gang der Geschichte hatte den
katholischen Süden mit dem evangelischen Norden verbunden, in
der Harmonie der Kunst fanden die Zeiten zusammen. Als Historiker der Jahrhundertwende nüchterner, aber doch vom Geist dieser
Harmonisierung geprägt, faßte nun Karl Wild in seinem Atlas
Denkmäler und Bilder aus dem Raum zwischen Main und Bodensee und von der Steinzeit bis zur Jahrhundertwende in den Rahmen
einer »badisch-pfälzischen« Geschichte, die es doch vor 1806 nie als
Gemeinsames gegeben hatte. Der Großherzogliche Oberschulrat
ist als Auftraggeber noch zu spüren – und er mußte wohl auch die
Kosten niedrig halten, denn drucktechnisch waren die Möglichkeiten bescheiden und an Farbe war schon gar nicht zu denken.
Trotzdem kann das Werk von Wild durch seine Vielseitigkeit noch
heute beeindrucken und überliefert auch Bilder, deren Originale
inzwischen verschollen sind.

Moritz von Schwind: Die Einweihung des Freiburger Münsters.

Unser Band geht einen anderen Weg. Er folgt dem historischen Namen »Baden« und was immer sich damit verbindet – die Herrschaft der Herzöge von Zähringen und der Markgrafen von Baden, die Markgrafschaften der frühen Neuzeit bis zu ihrer Vereinigung von 1771, der Staat des 19. Jahrhunderts. Ganz zwangsläufig orientiert sich eine solche Sehweise zunächst am »Haus Baden«, an der Dynastie. Das mutet fremdartig an und unmodern. Wir sind gewohnt, nach Sozialgeschichte im weitesten Sinn zu fragen. »Geschichte von unten« fordert ihr Recht; was soll da Fürstengeschichte alten Stils? Aber unsere von der modernen Gesellschaft geprägten Denkmodelle besitzen die Tendenz zum Anachronismus. Wir übersehen leicht, daß das dynastische Prinzip in der alteuropäischen Welt nicht *eine* Kategorie neben anderen, sondern *die* gestaltende Kraft war. Wesentliche Elemente auch der Alltagsbewältigung – wie die Konfessionsfrage – hingen von der persönlichen Entscheidung des Fürsten ab. Wie daraus kulturelle Sonderwege wurden, läßt sich gerade an der Geschichte der Markgrafschaft mit ihren Teilungen gut verfolgen. Unser Band schließt denn auch mit dem Jahr, in dem diese alteuropäische Herrschaftsart endgültig und im Wortsinn abdankte. Das Staatsvolk wurde 1918 zum neuen Souverän. Die öffentliche Meinung hatte sich längst geformt, in Baden sogar besonders früh, aber erst nach dem ersten Weltkrieg übernahm sie die Herrschaft.

Dazu kommt ein anderes. Unser Band will Geschichte durch Bilder veranschaulichen, die auch kunsthistorisch zählen. Das Bild soll Quelle sein und zugleich ästhetisch für sich stehen. Bildquellen dieser Art speisen sich aber bis in die Neuzeit fast allein aus der Herrschaftsgeschichte. Weltliche Herrschaft ist in der alteuropäischen Welt durch ihre Zeichen und Bilder gegenwärtig, und göttliche Herrschaft wird im Diesseits wiederum durch Bilder und Symbole transparent. Erst langsam tritt das Alltägliche, das Individuelle, das Dokumentarische hinzu – lange Zeit ist es für die Kunst und für deren Publikum uninteressant, denn nur das zählt, was auf die höhere Ordnung verweist. So fügt sich Sozial- und Alltagsgeschichte erst allmählich in unsere Bilderwelt ein und wird auch in den hinführenden Texten erst für die letzten Zeitabschnitte berücksichtigt. An eine umfassende badische Geschichte ist also schon von der Konzeption her nicht gedacht.

Der Zugang zur Geschichte durch Bilder bleibt aber auch mit dieser Einschränkung legitim. Sich mit Geschichte befassen, heißt ja nicht, vergangene Zeiten zweckfrei zu sortieren. Interesse an Geschichte heißt vielmehr, Gegenwart zu erklären – und da ist es zuerst die reale, sichtbare Gegenwart, die verstanden sein will. Wir sehen ein Porträt, eine Figur, eine Stadtmauer, eine Burganlage, einen korrigierten Flußlauf. Sehen wir genauer hin, entdecken wir steinerne Inschriften, wächserne Siegel, Münzen, schwer lesbare Buchstaben – aber alles ist existent, gehört zu unserer Gegenwart, bedarf durch sein Dasein auch der Erklärung. Geschichte zu vernachlässigen bedeutet, die Augen zu schließen. Das heißt für unseren Band freilich auch, daß nicht wenige der Bilder nach einer längeren Interpretation rufen. Die Autoren gestehen gerne, daß es oft schwer gefallen ist, sich an die Zügel zu gewöhnen, die ein Bildband dem Text nun einmal anlegt. Sie hoffen, einen Mittelweg gefunden zu haben, bei dem knappe Kommentare verlocken, noch einmal hinzusehen und hinter dem »schönen« Bild eine unbekannte historische Dimension zu entdecken.

Im Sinn einer solchen Hinführung wollen auch die vier Kapitel Geschichte verstanden sein, die den Bildern vorangestellt sind. Der Leser darf keinen enzyklopädischen Extrakt erwarten. Die vier Autoren – Hansmartin Schwarzmaier, Konrad Krimm, Dieter Stievermann und Gerhard Kaller, alle Historiker – haben vielmehr zunächst für »ihre« Epoche Bilder gesucht, die sich als möglichst zeitgenössische Quellen im genannten Sinn mitteilen, und dann zu dieser Quellensammlung eine Einführung und die Bildlegenden geschrieben. Rosemarie Stratmann-Döhler hat als Kunsthistorikerin bei der Bildauswahl geholfen und selbst Erläuterungen zu einigen herausragenden Kunstwerken beigesteuert. Die Urheberschaft ist im Anhang vermerkt; dort finden sich auch die Bildnachweise und ein kurzes Literaturverzeichnis, das allgemeine und leicht greifbare Werke zur badischen Geschichte nennt.

Am Schluß bleibt der Dank abzustatten an alle, die den Band auf den Weg gebracht haben: den Landesbildstellen, dem Landesdenkmalamt mit seinen Außenstellen, dem Corpus vitrearum medii aevi, den Museen, Bibliotheken und Archiven für verständnisvolle und rasche Hilfe bei der Suche nach Bildquellen, den Fotografen für ihre vorzügliche Arbeit, nicht zuletzt dem Verlag mit seinen geduldigen und unermüdlichen Mitarbeitern. Nur durch eine wohl selten so reibungslose Kooperation »stand« der Band in kürzester Zeit. Zusammen mit der »Geschichte Württembergs in Bildern«, die im Vorjahr erschienen ist, liegt damit für unser Land eine Quellensammlung besonderer Art vor. Wir wünschen uns dafür ein breites Publikum, das sich dazu anregen läßt, durch Hinsehen auf Bilder sich ein Bild von Geschichte zu machen.

Karlsruhe, im Herbst 1992   Hansmartin Schwarzmaier
                            Konrad Krimm
                            Dieter Stievermann
                            Gerhard Kaller
                            Rosemarie Stratmann-Döhler

Inhalt

Zähringen und Baden

Der Herrschaftsaufbau einer Familie im Hochmittelalter

Hansmartin Schwarzmaier

An welchem Ort sollte man »Badische Geschichte« beginnen? Vielleicht in Mauer bei Heidelberg, wo man auf die Spuren des ersten Menschen gestoßen ist, des »homo Heidelbergensis«, der vor etwa 600 000 Jahren gelebt hat? Oder auf dem Michelsberg südlich von Bruchsal, der schon in der jüngeren Steinzeit besiedelt war und der einer eigenen Periode früher Kultur den Namen gegeben hat? Vielleicht auch am Bodensee, dessen Funde vorgeschichtlicher Ufer- und Pfahlbauten erst in jüngster Zeit wieder von sich reden machten und das Augenmerk auf eine mehr als 5000 Jahre alte Besiedelung lenkten? Doch noch bewegen wir uns im Bereich der Vorgeschichte, aus der uns kein schriftliches Zeugnis über die Menschen und ihr individuelles Handeln erzählt.

Was heißt überhaupt »Badische Geschichte«? Ist es die Geschichte jenes Staates, der im 19. Jahrhundert als »Großherzogtum Baden« erstand und in 150jähriger Entwicklung zu einem einheitlichen politischen Raum geworden ist, obwohl er aus heterogenen Einzelteilen zusammengesetzt war? Dann müßten wir in der Tat in einer Zeit beginnen, in der es Baden noch nicht gab und in der sich seine geschichtliche Entwicklung auch nicht voraussehen ließ. Der Name Baden leitet sich ja von der Stadt gleichen Namens ab, die erst 1931 offiziell den Namen »Baden-Baden« angenommen hat. Sie gehört zu den ältesten Siedlungen unseres Raumes, weist deutliche Siedlungsspuren aus vorgeschichtlicher Zeit auf, und ihr Name, Aquae, ist in römischer Zeit durch Inschriften belegt. Er bezieht sich, wie Aachen, Aix en Provence oder Baden bei Wien, auf die von den Römern genutzten heißen Quellen, die zur Anlage einer Stadt des 2. und 3. Jahrhunderts geführt haben, eine der wenigen städtischen Siedlungen rechts des Rheins.

Offenbar waren es die Bäder, denen der Ort seine Entstehung in römischer Zeit und seine Kontinuität verdankte. In einem der frühesten schriftlichen Zeugnisse des Oberrheingebietes aus dem Jahre 712 wird er erneut genannt. Das Kloster Weissenburg war dort begütert, und auch die fränkischen Könige und die Herrscher des ottonischen und salischen Hauses nahmen das Recht für sich in Anspruch, die noch immer bestehenden Badeanlagen zu nutzen bzw. über sie zu verfügen. Zeitweilig gehörten sie dem Bischof von Speyer, ehe sie in den Besitz jener Familie gelangten, die sich fortan nach ihrer Burg zu nennen pflegte, die sie, um die Wende vom 11. zum 12. Jahrhundert, dort erbauten: Die Markgrafen von Baden. Die Entstehung ihrer Herrschaft ist der Ausgangspunkt der »Badischen Geschichte« im engeren Sinne.

Um es genauer zu sagen: In Baden-Baden vollzog sich ein Vorgang, den wir auch anderswo erfassen können und der in den Kämpfen des Investiturstreites im ausgehenden 11. Jahrhundert seine dramatischen Höhepunkte aufweist. Die führenden Familien des schwäbischen Adels vermochten ihre Besitzungen zu konzentrieren. Ihren Wirtschafts- und Verwaltungsmittelpunkt bildete eine Burg, eine meist auf einer Anhöhe gelegene befestigte Anlage, zugleich das Wohnhaus der Herrenfamilie. Eine Kirche als geistliches Zentrum und Grablege gehörte dazu. Der Name der Burg wurde zum Familiennamen des Burgherren.

Wann dies in Baden-Baden geschehen ist, läßt sich nur annähernd bestimmen. Im Jahr 1112 war der Vorgang abgeschlossen. In einer Urkunde dieses Jahres nannte sich Markgraf Hermann erstmals »de Baden«, Markgraf von Baden. Über seine Herkunft wird gleich zu handeln sein.

Um 1100 hat ihm, so scheint es, der König die Grafschaftsrechte im Ufgau verliehen und mit ihnen Besitzungen im Tal der Oos, im Ort Baden. Markgraf Hermann war sich offenbar der Bedeutung dieses Platzes bewußt, seiner Tradition, der Heilkraft des Wassers der alten Badanlagen. Vielleicht waren damals noch Reste der römischen Bauwerke vorhanden, in deren Nähe die Pfarrkirche des Ortes stand. Seine Burg freilich hat Markgraf Hermann nicht oberhalb der Kirche erbauen lassen, wo im Spätmittelalter das neue Schloß der Badener errichtet werden sollte. Er suchte sich einen noch exponierter liegenden Platz, im Felsenmeer des Battert und mehr als 300 Meter über dem am Hang aufsteigenden Ort. Weshalb man diesen Platz ausgesucht hat, läßt sich schwer nachvollziehen. Hoch über der Siedlung wäre man auch an der Stelle des späteren Schlosses gestanden und hätte damit seine Erhabenheit genugsam zum Ausdruck gebracht. Doch die unzugängliche Höhe, eine mühsame Pferdestunde von der Siedlung entfernt, läßt seltsame und zunächst nicht zugängliche Ideen vermuten. Und doch entstand hier die Stammburg der Markgrafen, die schon im 12. Jahrhundert zu einer repräsentativen Wohnanlage wurde und es durch Jahrhunderte hindurch blieb. Alle späteren Schicksale der Markgrafen von Baden bleiben mit ihr verbunden. Unser erster Abschnitt der »Badischen Geschichte« ist ganz auf sie bezogen.

Die Markgrafen gab es lange, ehe sie sich in Baden-Baden festgesetzt haben. Will man ihnen begegnen, so muß man es an drei Orten tun: In Limburg bei Weilheim an der Teck, also am Nordrand der Schwäbischen Alb, auf dem Zähringer Burgberg, oberhalb des gleichnamigen Dorfes nördlich von Freiburg, und in Backnang. Wenn wir in Zähringen beginnen, so tun wir damit den zweiten Schritt vor dem ersten, denn auch die Burg bei Zähringen scheint erst um 1100 oder kurz zuvor erbaut worden zu sein, also vielleicht zur gleichen Zeit wie diejenige in Baden-Baden. Und auch Zähringen ist ein auf den ersten Blick ungewöhnlicher Platz für eine Hochadelsburg. Auch hier liegt der Berg, auf dem eine, wie es scheint, recht bescheidene Burg errichtet wurde, weitab von dem gleichnamigen Dorf, und auch hier drängt sich die Frage auf, was wohl die »Herzoge von Zähringen« dazu bewogen hat, ihren Herrschaftsmittelpunkt, nach dem sie sich künftig nannten, dort oben zu errichten. Der weite Blick über die Rheinebene und den Breisgau, den man von dort aus besaß, kann ja nicht der Grund dafür gewesen sein, ebensowenig wie bei Baden-Baden, denn ihn hatte man von anderer Stelle aus auch. Erst die Ausgrabungen der jüngeren Zeit haben die Bedeutung des Platzes erkennen lassen, der früh besiedelt war und in erkennbarer Kontinuität hohes Ansehen genoß. Dann, so vermutet man heute, entstand in der Ebene das neue Dorf Zähringen, während auf der Bergkuppe die Zähringerburg errichtet wurde. Von hier aus nahmen die »Zähringer« ihren Ursprung. Den engen verwandtschaftlichen Zusammenhang zwischen ihnen und den Markgrafen von Baden hat die Forschung erst vor 200 Jahren erkannt.

Im 18. Jahrhundert hat der aus dem breisgauischen Sulzburg stammende Johann Daniel Schoepflin im Auftrag des Markgrafen Karl Friedrich von Baden seine Familiengeschichte erforscht und dabei ganz neue Erkenntnisse gewonnen, die dem Badener aber durchaus gelegen kamen. Im Kloster St. Peter stieß Schoepflin auf die Gründungsurkunden des von den Zähringern gestifteten Klosters, und dabei entdeckte er auch die Vorfahren der Markgrafen von Baden, deren Ursprung man bis dahin in ganz anderem Zusammenhang gesehen hatte. Nun aber trat ein eindeutiger Tatbestand zutage: Markgraf Hermann, der Vater des Erbauers der Burg Hohenbaden, und Herzog Berthold von Zähringen, der die namengebende Burg bei Zähringen hatte errichten lassen, waren Brüder, ihr gemeinsamer Vater Berthold eine bekannte geschichtliche Persönlichkeit. Berthold I., Herzog von Kärnten, gestorben 1078 auf dem Höhepunkt des Investiturstreites, war eine der markanten Fürstengestalten, die den Kampf gegen König Heinrich IV. und seine Anhänger geführt hatten. Er starb auf der Limburg, nachdem er die Verwüstung Schwabens durch die beiden Kriegsparteien hatte ansehen müssen. Sein Sohn Berthold führte den Kampf fort, doch der andere, Hermann, war schon vier Jahre vor dem Vater gestorben. Noch als junger Mann hatte er Frau und Kind verlassen und war in Cluny Mönch geworden, was seine Zeitgenossen ungemein beeindruckte. Auch bei den Markgrafen von Baden wurde sein Andenken hochgehalten, und man ehrte ihn als den Spitzenahn seiner Familie; selbst die evangelisch gewordenen Markgrafen von Baden-Durlach waren stolz auf den Heiligen ihres Hauses. Nun aber – der erste Band von Schoepflins Werk erschien 1763 – entdeckte man Hermanns Vater, den man als Stammvater der »Zähringer« bezeichnete, obwohl er mit der Burg Zähringen nichts zu tun hatte, nach der sich erst sein Sohn Berthold nannte. Doch von Berthold I. leitete sich die Folge der fünf »Bertholde« ab, die den Herzogtitel getragen haben und die man verkürzt als »Zähringer« ansprach. Mit der Feststellung, daß auch Markgraf Hermann in diese Familie gehörte, wurde er zum »Zähringer« und mit ihm die Erben seines Namens und Besitzes, sechs weitere Markgrafen namens Hermann, und deren ganze Nachkommenschaft, also die Markgrafen von Baden bis zu Karl Friedrich im 18. Jahrhundert. An diese wiederum schlossen sich die Großherzöge an, die ihrem Land den Namen gaben.

Die Entdeckung der Zähringer als seiner Vorfahren wurde für Karl Friedrich zum Politikum. Nicht nur die Erkenntnis, daß sie Herzöge gewesen waren wie der württembergische Nachbar, mit dem er gerne gleichziehen wollte, brachte dem ehrgeizigen badischen Markgrafen Befriedigung, und auch nicht allein jene, daß die Zähringer zu den vornehmsten und königsgleichen Familien des 12. Jahrhunderts gehört hatten. Vielmehr ging es um recht konkrete Machtansprüche im Breisgau, der bis zum Ende des 18. Jahrhunderts zu den habsburgischen Vorlanden gehörte und wie eine breite Barriere zwischen den »oberen« und »unteren« Landen des Markgrafen lag. Und da die »Zähringer« ausgestorben waren, konnten sich die Markgrafen von Baden nun als ihre Erben ansehen, als »Herzoge von Zähringen«, als Landgrafen im Breisgau, als Vögte des zähringischen Hausklosters St. Peter. Einige Jahrzehnte später wurde aus dem Wunschtraum politische Wirklichkeit. Vorderösterreich fiel an Baden, und der Großherzog des neuen badischen Staats nannte sich folgerichtig »Herzog von Zähringen«. Die Zähringerburg wurde zur zweiten Stammburg seiner Familie, Freiburg, Bischofstadt geworden, zur zweiten Residenz – nur St. Peter, das alte Hauskloster, hob man auf, so wie man im Gefolge von Französischer Revolution und napoleonischer Neuordnung Europas alle Klöster aufgehoben hatte. Dennoch, die Zähringerabstammung der Badener wurde zum staatserhaltenden Mythos, und bald gab es auch den großen Geschichtsschreiber, Eduard Heyck, der die Zähringergeschichte in großartiger Bewältigung des Stoffes schrieb und dem großherzoglichen Hause als erstes Kapitel einer Familien- und Landesgeschichte zugleich widmete.

Unser Ausflug in die Zeit um 1800, die Zeit der badischen Staatswerdung, war unerläßlich, um zu begreifen, weshalb die badische

Im Jahr 1763 erschien bei Macklot in Karlsruhe der erste Band von Schoepflins »Historia Zaringo-Badensis«. Das hier abgebildete Titelblatt des Hofmalers Melling zeigt oben die Ruine der Burg Zähringen als der Stammburg des badischen Hauses, in der Mitte das Karlsruher Schloß; in seinem Arbeitszimmer sitzt (Bild unten) Markgraf Karl Friedrich und betreibt wissenschaftliche Studien.

Geschichte, zumindest in den Augen des 19. Jahrhunderts, zu gleichen Teilen in Baden-Baden wie auf der Burg Zähringen beginnt, in zwei Herrschaftszentren also, die damals errichtet worden sind. Zur Zähringer Burg gehört die größere und machtvollere Anlage bei Freiburg, zu deren Füßen sich die Stadt Freiburg entwickeln sollte, und das Hauskloster St. Peter, 900 m hoch auf den Höhen des Schwarzwaldes stehend, ungewöhnlich exponiert für ein mittelalterliches Kloster. Baden-Baden blieb zunächst ein fast isolierter Einzelbesitz der Markgrafen, deren Grablege in Backnang, in der Stiftskirche St. Pankratius, weiterbestand und erst im 13. Jahrhundert durch das Zisterzienserinnenkloster Lichtenthal bei Baden-Baden abgelöst wurde.

Eigentlich hätten sich die Markgrafen hier, am mittleren Neckar, zwischen Glems und Murr, ausdehnen sollen, doch dazu ist es nicht gekommen. Ihre Zukunft lag im Gebiet des Nordschwarzwaldes, und Baden-Baden ist allmählich in den Mittelpunkt eines Landes gerückt, das immer stärker zum »Badischen Land« wurde.

Doch der dynastische Ansatz, den wir gewählt haben, sollte ein Gegengewicht bekommen, das den Blick auf die Landschaft des späteren »Baden« öffnet. Hätte man damals, in der Mitte des 11. Jahrhunderts, eine Siedlungs- und Verkehrskarte zu zeichnen vermocht – doch das Mittelalter kennt keine Statistik –, so hätte sie ein für uns befremdliches, ja überraschendes Bild vermittelt. Die gut erschlossene und mit vielen dörflichen Siedlungen durchsetzte Oberrheinebene, den um 1050 erst am Beginn der Erschließung stehenden Schwarzwald, in den sich erst die Klöster Hirsau und Reichenbach, St. Peter, St. Georgen und St. Blasien mit seinen Prioraten hineinfressen sollten, hätten uns den Eindruck einer für unsere Begriffe menschenleeren Landschaft vermittelt. Erst die Zisterzienserklöster Herrenalb, Tennenbach, Salem und Günterstal sollten im 12. Jahrhundert den Siedlungsvorgang beenden. Noch gab es keine Städte. Nur die Bischofsstädte links des Rheins, von Worms bis Basel und Konstanz, hatten stadtähnlichen Charakter und mögen etwa 1 000 Einwohner beherbergt haben. Wie die späteren Städte entstanden, dies wird am Beispiel Freiburgs zu erläutern sein.

Die rein bäuerliche Bevölkerung im Bereich des Herzogtums Schwaben mag man mit 500 000 Menschen ansetzen, doch fehlen absolute Zahlen vollständig; im »badischen« Oberrheingebiet darf man mit etwa 100 000 Einwohnern rechnen. Doch im 12. Jahrhundert soll sich die Bevölkerung im Zeichen intensiver städtischer und ländlicher Besiedelung verdoppelt haben. Verkehrsadern waren die schiffbaren Flüsse. Die wichtigste Straße lief links des Rheins von Mainz nach Basel; die Parallelstraße rechts des Rheins war weniger stark frequentiert. Den Neckar entlang und durch den Kraichgau führten Querverbindungen von Worms und Speyer zur Donau bei

Ulm und neckaraufwärts an den Bodensee. Der einzige Schwarzwaldübergang führte von Straßburg aus durch das Kinzigtal in die Baar, und vielleicht ist im Zeichen der Zähringer auch die Höllentalstraße gangbar gemacht worden. Schwäbische Vororte waren Rottweil und Ulm, südlich des Bodensees Zürich, und als einzige Stadt von Bedeutung wird man Konstanz ansehen dürfen, der geistliche Mittelpunkt des Landes. Dort und in Ulm machte auch der König Rast, doch er durchreiste das Land zügig auf dem Weg vom Mittelrhein nach Augsburg, wenn er nicht linksrheinisch nach Süden marschierte. Noch war Schwaben kein Zentralgebiet des Reichs; es besaß keinen überregionalen Messeplatz, und seine Märkte hatten nur lokale Bedeutung. Dies sollte sich ändern, und am Ende unseres Betrachtungszeitraums wird das Bild, das wir dann zu zeichnen haben, anders aussehen.

Auf dieser Basis kann nun mit der »Badischen Geschichte« begonnen werden, und sie sollte bei den Wirren des »Investiturstreites« einsetzen, von denen schon die Rede war. Das nächste Bild führt auf

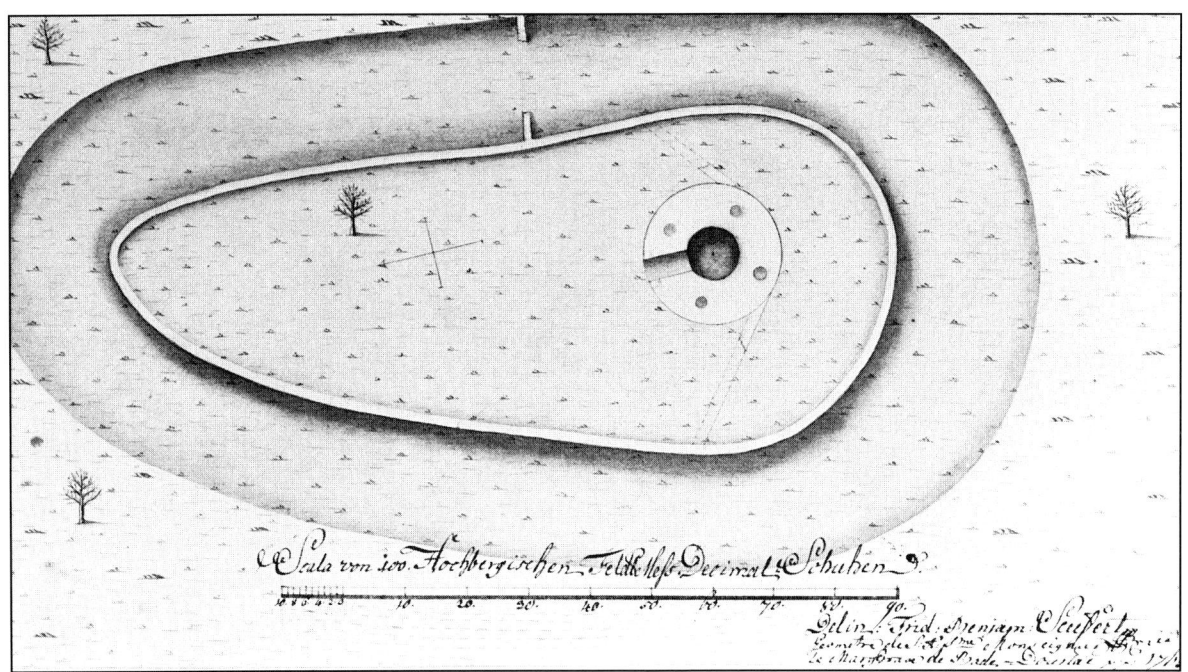

Im Jahr 1762 fertigte der Geometer Friedrich Benjamin Seuffert einen Grund- und Aufriß des »herzoglichen Schlosses Zähringen«, also der Zähringer Burg bei Freiburg. Seine Pläne dienten als Grundlage späterer Zeichnungen einschließlich der für Schoepflins Werk gefertigten Kupferstiche, in denen die sehr unscheinbare Anlage für die Bedürfnisse der Markgrafen von Baden romantisch geschönt wurde.

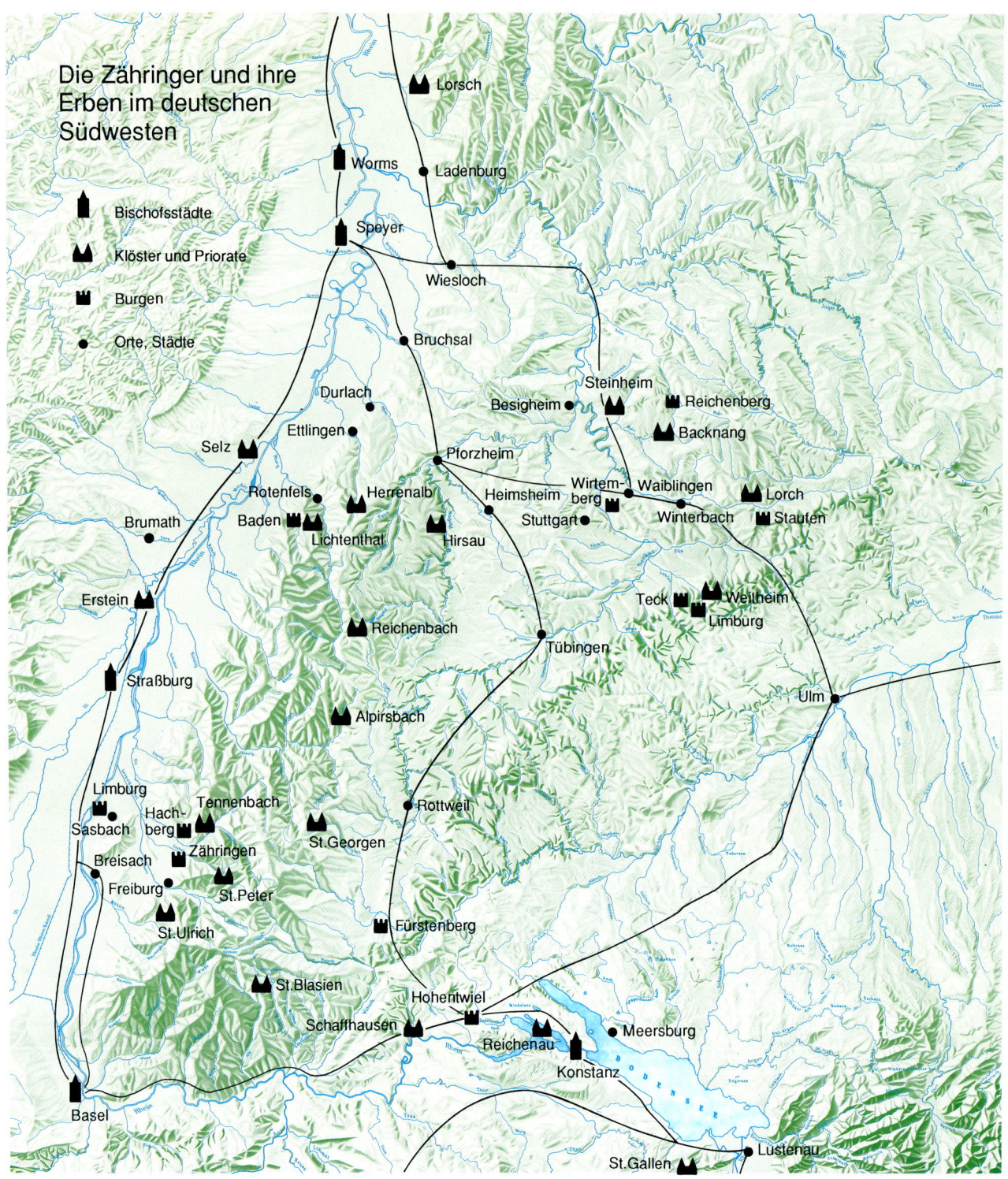

Die Zähringer und ihre
Erben im deutschen
Südwesten

Bischofsstädte

Klöster und Priorate

Burgen

Orte, Städte

Lorsch

Worms

Speyer

Ladenburg

Wiesloch

Bruchsal

Durlach

Steinheim

Ettlingen

Besigheim

Reichenberg

Selz

Pforzheim

Backnang

Rotenfels

Herrenalb

Heimsheim

Wirtem-
berg

Waiblingen

Lorch

Baden

Lichtenthal

Hirsau

Stuttgart

Winterbach

Stauten

Erstein

Reichenbach

Teck

Weilheim
Limburg

Tübingen

Ulm

Straßburg

Alpirsbach

Limburg

Rottweil

Sasbach

Hach-
berg

Tennenbach

St.Georgen

Breisach

Zähringen

Freiburg

St.Peter

Fürstenberg

St.Ulrich

St.Blasien

Hohentwiel

Meersburg

Schaffhausen

Reichenau

Konstanz

Basel

Lustenau

St.Gallen

die Limburg. Die auf dem bei Weilheim gelegenen Berg nachzuweisende Burganlage hat man in den Jahren 1913/14 ausgegraben: Eine Mauer umschloß nicht nur die eigentliche Kernburg, sondern zugleich eine förmliche Burgsiedlung, die schon im 11. Jahrhundert als stadtähnliche Anlage bezeichnet wird. Der bereits zitierte Quellenbericht über den Tod Bertholds I. im Jahr 1078 erzählt, dieser habe sich, da er vor Schmerz über die Verwüstung seines Landes wahnsinnig geworden sei, in sein »oppidum Lintperg« zurückgezogen, einen durch die Natur befestigten und geschützten Platz, und dort sei er nach sieben Tagen gestorben. In unmittelbarer Nähe lag Weilheim, wo Berthold I., offenbar schon vor 1073, ein Benediktinerkloster gegründet hatte. 1093 wurde es nach St. Peter im Schwarzwald verlegt und zum zähringischen Hauskloster erhoben. Und zum Bertholdbesitz am Nordrand der Schwäbischen Alb gehörte auch die Teck, auf der später ebenfalls eine Burg errichtet wurde, nach der sich seit der Mitte des 12. Jahrhunderts eine zähringische Seitenlinie nannte, die Herzöge von Teck.

Gewiß war dieses Durchgangsland aus dem mittleren Neckarraum, durch die Täler von Fils und Rems nach Ulm, von großer Bedeutung, und man hat den Eindruck, daß Berthold I. dort einen Besitzschwerpunkt festhielt, den er auszubauen gedachte. Immerhin ist Limburg zur namengebenden Burg geworden, denn einer von Bertholds Söhnen, Hermann, wird Graf von Limburg genannt, und auch sein gleichnamiger Sohn erscheint 1100 erneut als »Markgraf von Limburg«. Doch Berthold besaß weitergespannte Interessen und großen politischen Ehrgeiz. Seine Gattin Richwara, so nimmt man an, war eine Tochter Herzog Hermanns IV. von Schwaben, und auch Berthold machte sich Hoffnung auf das Herzogtum Schwaben, das ihm Heinrich III. versprochen hatte. Der Kaiser habe ihm sogar einen Ring als Pfand dafür überreicht, und als die Kaiserin Agnes Regentin des Reichs war, habe ihr Berthold den Ring gezeigt und die Einlösung des Versprechens begehrt. Agnes aber habe einen anderen, nämlich den Grafen Rudolf von Rheinfelden, der sich mit Gewalt ihrer Tochter bemächtigte und damit zum Schwiegersohn der Kaiserin wurde, mit dem Herzogtum Schwaben belehnt, und Berthold sei im Jahr 1063 mit dem Herzogtum Kärnten abgefunden worden, das er aber nie betreten habe und das ihm 1073 wieder abgesprochen wurde.

Ob sich dies alles genau so abgespielt hat, wie es die Chronik farbig, aber auch mit manchen Sagenelementen angereichert, erzählt, ist fraglich. Denn auch zu Kärnten besaß Berthold enge Beziehungen und wird es nicht nur als Entschädigung für das ihm entgangene Schwaben erhalten haben; auch ist eine spätere Feindschaft mit Rudolf von Rheinfelden nicht zu erkennen. Vielmehr war er sein Parteigänger in den Kämpfen gegen König Heinrich IV. und zählte

Der 1809 auf Veranlassung des Erbgroßherzogs Karl von Baden gestiftete Orden vom Zähringer Löwen zeigt auf der Vorderseite die Ruine der Zähringer Burg, auf der Rückseite in Rot den goldenen Zähringer Löwen, den man nach den damaligen Forschungen für die Wappenfigur der Herzöge von Zähringen hielt. In dieser Form wurde der Orden bis 1918 in verschiedenen Klassen verliehen.

zu jenen Fürsten, die Rudolfs Königswahl in Forchheim betrieben. Und noch ein zweites Moment ist wichtig: Zum Herzogtum Kärnten gehörte auch die Mark Verona und damit ein Aufgabenbereich von großer strategischer Bedeutung. Denn der Weg, den der nach Italien ziehende König mit seinem Gefolge und seinen Truppen nahm, führte durch die Veroneser Klause und überquerte bei Verona die Etsch. Der Markgraf von Verona war also mehr als der Inhaber eines leeren Titels.

Berthold hat offenbar beide Titel, die ihm mit Kärnten zugefallen waren, auf seine Söhne vererbt und hat an ihnen festgehalten, auch als ihm Heinrich IV. das Herzogtum wieder absprach: Herzog Berthold »von Zähringen« erbte den väterlichen Besitz im Breisgau, Markgraf Hermann »von Verona« jenen um die Limburg. Wie diese Teilung im einzelnen aussah, läßt sich schwer nachvollziehen, doch sie war von großer, fast möchte man sagen: von epochaler Bedeutung. Man wird sie um 1070 ansetzen müssen. Zuvor erscheint Hermann auch als Graf im Breisgau; sein jüngerer Bruder Berthold, um 1050 geboren, ist erst damals volljährig geworden. Es scheint, daß man damit eine tiefgreifende Regelung getroffen hat. Denn nicht nur den Titel des Markgrafen von Verona, den sich Hermann beilegte, hat er auf seine Nachkommen vererbt, sondern auch den Namen »Hermann«, der nach ihm sechs Generationen lang beibehalten wurde, so regelmäßig, daß man annehmen möchte, er sei dem jeweils ältesten Sohn als Leitname gegeben worden, und wenn dieser als Kind starb, habe ihn ein jüngerer Bruder übernommen. Das jüngere von Bertholds Kindern erbte seinen Namen Berthold und verband ihn mit dem Herzogstitel, den er und seine Nachkommen nach 1073 führten, auch wenn sie nicht mehr Herzog waren – ein Anspruch, schließlich nur noch ein leerer Titel, der jedoch Macht und Ansehen kennzeichnete. Unter Berthold II. verband er sich mit dem Namen der Burg Zähringen zum »dux de Zaringen« und schließlich zum »dux Zaringiae«, zum »Herzog von Zähringen« und, folgerichtig, zum »Herzog des Zähringerlandes«, eine gewagte, aber die Situation kennzeichnende Bezeichnung. Kennzeichen für das sich wandelnde Selbstbewußtsein der Zähringer ist die Verlegung der Herrschaftszentren, die Errichtung des Hausklosters in St. Peter, in der nächsten Generation die Gründung der Stadt Freiburg im Breisgau. Vielleicht ist auch die Burg Limburg am Rhein, westlich des Kaiserstuhls, als eine »neue Limburg« entstanden und bezeichnet den Wechsel vom Schwarzwald in den Breisgau. Weshalb man ihn vollzogen hat, ist schwer zu sagen. Vielleicht weil man am Nordrand der Alb zu mächtige Konkurrenten hatte, die sich auszudehnen versuchten: Im Norden die vom Hohenstaufen aus sich ausbreitenden Friedriche, die »Staufer«, im Westen nahe dabei die Grafen von Urach und jene von Achalm bei Reutlingen. Die Verhältnisse im Breisgau schienen damals günstiger. Auch

Markgraf Hermann hatte dort und an den Gütern und Rechten im Oberrheingebiet Anteil, und es läßt sich schwer sagen, wie man diese zwischen Berthold und Hermann auseinandergelöst hat. Denn wenige Jahre nach der Teilung fand jener Vorgang statt, der anfangs erwähnt wurde und der zum zweiten Kernereignis der badischen Geschichte wurde: die Konversion, die Mönchwerdung Hermanns.

Es fällt nicht leicht, diesen Vorgang nachzuvollziehen, der sich im Jahr 1073 abgespielt haben muß, im gleichen Jahr also, als der Vater, Berthold I., im Kampf gegen den jugendlichen König Heinrich IV. eine Niederlage hinnehmen mußte und das Herzogtum Kärnten einschließlich der Mark Verona einbüßte. Auch den Zeitgenossen blieb es rätselhaft, weshalb sich ein Fürst in der Blüte seiner Jahre, auf dem Höhepunkt seines kriegerischen Tuns, Frau und Kind zurücklassend, ins Kloster zurückziehen konnte, um dort, wie es seine Biographen beschreiben, einfachste Knechtsdienste zu tun – man hat dies in das Bild gebracht, er habe im Kloster Cluny das Vieh gehütet. Daß er dort schon ein Jahr später starb, zeigt, daß er in der Tat ein Leben strengster Regeltreue und Askese geführt hat. Sicherlich, wir befinden uns in einer Periode, in der diese Formen religiöser Selbstheiligung und Weltflucht nicht ungewöhnlich waren, zumal sie den Adel erfaßt und zutiefst geprägt haben. Und daß Hermann in das burgundische Cluny gegangen ist, das mächtigste und in seinem religiösen Leben vorbildhafteste Kloster des Abendlandes, in dem auch schon Könige die Begegnung mit Gott gesucht hatten, dies verstand man durchaus. Und doch hat man zu allen Zeiten mehr hinter dieser tiefen Demutsgeste gesucht als nur das Streben nach der Gnade Gottes. Auch Hermanns Gemahlin Judith teilte seinen religiösen Eifer, führte ein heiligmäßiges Leben und schenkte einen großen Teil ihres Besitzes an das damals aufstrebende Kloster Hirsau, in dem Hermanns Mutter Richwara begraben lag und wo auch Berthold I. seine Grablege fand. Warum also wollte man sich mit den unbestreitbaren Tatsachen nicht zufrieden geben? Warum sollte Hermann auf dem kriegerischen Höhepunkt eines blutigen Bürgerkriegs, angesichts des Verlustes seiner Herrschaftspositionen nicht nach Cluny gehen, nachdem er diesem ermöglicht hatte, im Breisgau Fuß zu fassen und dort ein Priorat zu errichten, den Vorgänger des späteren St. Ulrich?

Vielleicht hat man deshalb an der religiösen Motivation seines Tuns gezweifelt, weil damals eine Umverteilung der Machtpositionen im Oberrheingebiet vor sich ging, aus der im Süden, zwischen Kinzig und Hochrhein, die »Zähringer« als Gewinner hervorgingen, während Hermanns Erben, die »Markgrafen von Baden«, im Nordschwarzwald die Grundlagen für ein künftiges Territorium legten. Hatte Hermann wirklich kein Interesse an der Machtstellung seines Hauses? Doch warum ist dieses, trotz seiner Weltflucht, zur größten weltlichen Macht geworden, die sich im Oberrheingebiet durchsetzen konnte? Hermanns Erben, so scheint es, waren zunächst die Klöster, Cluny mit seinem Priorat St. Ulrich, Hirsau, St. Blasien mit seinen Prioraten im Südschwarzwald, St. Peter. Und doch muß Hermanns gleichnamiger Sohn, Markgraf Hermann II. von Baden, der erst 15 Jahre nach dem Tode des Vaters erstmals auftritt, eine nicht geringe Machtbasis gehabt haben, die entwicklungsfähig war. Mit ihm beginnt der Aufbau des badischen Territorialstaates, den es im folgenden zu beschreiben gilt.

1112 erscheint Hermann erstmals in einer Urkunde als »marchio de Baden«, als Markgraf von Baden. Zuvor tritt er als Markgraf von Limburg auf, nennt sich also nach dem alten Stammsitz bei Weilheim, gelegentlich auch Markgraf, ohne Zusatz, oder einfach Graf, bezogen auf die Grafschaft im Breisgau, die er innehatte. 1102 war er der Inhaber der Grafenrechte im Ufgau, die zuvor dem Speyerer Bischof gehört hatten. Damals, so scheint es, hat er auch die Verfügung über jenen Platz erworben, auf dem seine Stammburg erbaut wurde, zusammen mit der Siedlung am Eingang des Oostales und weiteren Besitzungen um Gernsbach mit dem Ort Rotenfels im Murgtal.

Inzwischen war in Schwaben der Friede eingekehrt. Kaiser Heinrich IV. hatte den Ausgleich mit seinen Gegnern gefunden, mit denen man zwei Jahrzehnte lang gekämpft hatte, und die Auseinandersetzungen zwischen Welfen, Zähringern und Staufern wurden mit einer Art von Friedensvertrag (1098) beendet, der dem Staufer Friedrich das Herzogtum Schwaben beließ, den Zähringer Berthold zum Verzicht auf Schwaben bewegte und damit die feindlichen Parteien einander näherbrachte. Auch Hermann II. war in diese neue Bündniskonstellation einbezogen, die ihm den Markgrafentitel beließ, so wie sein Onkel Berthold den Herzogstitel beibehielt, ohne Herzog im Amtssinne zu sein. Man sieht die beiden mehrfach in gemeinsamer Aktion. Im Jahr 1102 nahm Hermann an einer Belagerung der Burg Limburg bei Lüttich durch Heinrich IV. teil: Ob es Zufall ist, daß dieser Name mit demjenigen der beiden Burgen Markgraf Hermanns korrespondiert? Und 1104 richtete sich ein Schreiben des Papstes auch an ihn, in dem es um das Bischofschisma in Konstanz ging. Dort trat noch einmal der alte Gegensatz zwischen Kaiser und Papst zutage, der bald darauf zum Abfall Heinrichs V. von seinem Vater führen sollte. Doch die Fürsten, und unter ihnen Hermann, waren inzwischen auf Seiten des Königs, und auch der Ausgleich mit dem Papst begann sich abzuzeichnen. Seit 1111 begegnet Hermann als treuer und oftmals in seiner Nähe weilender Anhänger Heinrichs V.

Noch immer geht es um den Erwerb des Ortes Baden, den man im Zuge des erwähnten Friedensschlusses im Jahr 1098 anzusetzen hat. Heinrich IV. hat die Verleihung vollzogen; der Bischof von Speyer, der bis dahin über den Ufgau verfügt hatte, war der verlierende Teil. Doch in diesem Sinne ist Hermann II. tatsächlich der eigentliche Begründer der Linie der Markgrafen »von Baden«, auch wenn Baden – wie schon erwähnt – zunächst nicht im Zentrum seiner sich bildenden Herrschaft stand. Seine Entwicklungsmöglichkeiten scheint er anderswo gesehen zu haben, und dies führt zum nächsten Bild, das nun ins Blickfeld rückt, nach Backnang.

Die dortige Stiftskirche St. Pankratius wurde für Hermann II. und seine gleichnamigen Nachfolger zur Grablege. Dies ist ein seltsames Phänomen, wenn man bedenkt, daß die namengebende Burg im Oostal und das Grabkloster, die sonst unweit voneinander zu liegen pflegen wie bei Calw und Hirsau, dem Hohenstaufen und Lorch, auch bei Zähringen und St. Peter, in diesem Fall, durch den Schwarzwald getrennt, 100 Kilometer auseinander lagen. Erst ein Jahrhundert später ist mit dem Erwerb von Pforzheim für die Badener das Verbindungsglied zwischen den beiden Besitzlandschaften geschaffen worden.

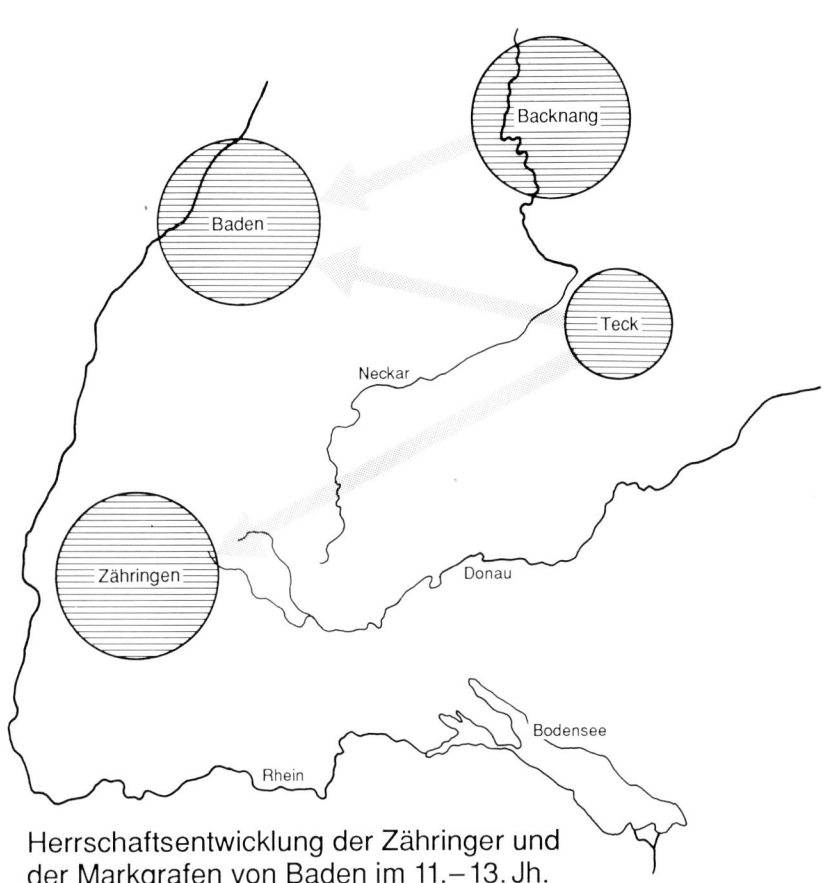

Herrschaftsentwicklung der Zähringer und der Markgrafen von Baden im 11.–13. Jh.

Nun aber nach Backnang. 1116 wird es erstmals erwähnt, als Papst Paschalis II. auf Bitten Markgraf Hermanns die dortige Stiftskirche in seinen Schutz nahm. Aus der Urkunde läßt sich schließen, daß Hermann die Backnanger Pfarrkirche in ein nach der Augustinerregel lebendes Chorherrenstift umgewandelt hatte, und wenig später erhält man auch Zeugnis von allen hierzu erforderlichen organisatorischen Maßnahmen, die der Bischof von Speyer, zu dessen Diözese Backnang gehörte, durchführen ließ. Sehr umstritten ist jedoch die Frage, wie Backnang in den Besitz des Markgrafen gelangte. Lange hat man angenommen, es sei ihm durch seine Gemahlin Judith zugebracht worden, wahrscheinlich eine Dillinger Grafentochter. Doch nach dem Wortlaut der Stiftungsurkunden hat Hermann II. Backnang nicht über seine Frau, sondern von seinen Eltern ererbt, und man hat insbesondere auf seine Mutter verwiesen, die Gattin des in Cluny verstorbenen Hermann I., die ebenfalls Judith hieß. Auch sie hat ein Leben in frommer Demut und im Geiste der religiösen Erweckungsbewegung ihrer Zeit geführt. 1091 ist sie in Salerno gestorben, wo sie den aus Cluny stammenden Papst Urban II. aufgesucht hatte: Von vornehmer Herkunft, aber noch vornehmer in ihrer Heiligkeit, so beschreibt sie ein Chronist. Offenbar stammte sie aus der Familie der »Hessonen«, einer reich begüterten Grafenfamilie, die im Sülchgau – um Rottenburg –, im Murrgau – um Backnang und Wolfsölden, wo ihre Nachkommen nachweisbar sind –, aber auch im Breisgau begütert waren, wo in ihrem Umkreis das Cluniazenserpriorat St. Ulrich entstanden ist. Es scheint, daß ihr Heiratsgut den Besitz um Backnang einbrachte, der dem Markgrafen dort eine neue Machtbasis verschaffte. Was alles dazugehörte, entdeckt man erst später, als sich die markgräfliche Herrschaft um weitere Kerne verdichtete: die Stadt Besigheim, die Burg Reichenberg im Bottwartal, schließlich auch die Stadt Stuttgart, von der jedoch erst später die Rede sein wird.

1122, dem Jahr des »Wormser Konkordates«, ist es offenbar zu einer weiteren Absprache, zu einem »Hausvertrag« zwischen den Zähringern und den Badenern gekommen. Herzog Berthold III. war soeben bei einer kriegerischen Aktion ums Leben gekommen, und sein Bruder Konrad befand sich auf dem Wege zum kaiserlichen Hof, der Weihnachten in Speyer zu verbringen gedachte. In diesem Zusammenhang hielt sich Konrad, ebenfalls am Weihnachtsfest, »in castro Baden«, auf der Burg Baden auf, und wenige Tage danach befand sich auch er, zusammen mit Markgraf Hermann, in Speyer. Es ist gewiß keine Fehldeutung, wenn man diesem Verwandtentreffen in der neu erbauten Burg Baden hohe Bedeutung beimißt und annimmt, daß damals erneut die Positionen der Zähringer und der Badener abgesteckt worden sind. Nun erfolgte endgültig die Lösung der Markgrafen vom Familienkloster St. Peter, an dessen Stelle Stift Backnang trat.

Notum sit omnibus tam modernis quam posteris qualiter marchio Hermann ex consensu berthe comectalis sue

predium suum in pago Hvningin situm in comitatu adelberti quod iure hereditario possederat ecclie sci panchratii

in baggenaim fratribusque ibidem xpo secdm regula sci augustini servientibus p remedio anime sue & uxoris sue

berthe omniuque parentum suorum contradidit duob mansis exceptis quos cunrado de wolfesselden & fratri ei

ottoni in beneficium concessit. Quia & redditus ipsam pbm bertholfus de ingisheim in suos usus p quibusdam

negotiis mancipaverat. Statutum est ut siquando baggimcensis eccla sive p se sive p marchione de manibus

pretaxati viri qualicumque pactione illud redimere posset cum omni utilitate que inde pveniret libere & absque

ulla contradictione possideret. Hec autem tradicio facta est anno dnice incarnationis. M. C. XXX IIII. Indictione

duodecima Lotharii regis anno nono Adilberto archicancellario regente spirensem ecclam Sigefrido venerabili

epo. Bertholfo predicte eccle pposito. Adextat etiam de congregatione qndo tradditum est allodin his religiosi & pba

biles viri qui cum ceteris assistentibus testimonium prebent hii sr. Adelbertus Heinric. Richard. Rop. Drutmann. Pbri Wolpodo

parrochian. Adelbohus acolit. De conversis Adelbero. Hrolham. Sarnagel. Theoderic. Macelin. Wolfgang. Godefrid.

De laicis tam liberis qua servis. Berthold de Ingisheim. Conrads & fri ei otto. de wolfesselden. Walther de Othen

brugge. Wignand de Greeingen. Rodgerius de budolsheim Adelbert de merevelt. Landolt. Reginot. Hartmot.

Eberhart. Gebino. Harthune. Rothart. Ezzo. Luipolt. Reginbolt.

Hec scripta sigilli nri impssione corroboravim ut siqs ea ulti infr

mare temptaverit auctoritate aplica & nra vinculo anathematis

obligatum se cognoscat.

Urkunde von 1134 über eine Schenkung des Markgrafen Hermann III. von Baden an die Stiftskirche St. Pankratius in Backnang. Das Siegel des Bischofs Siegfried von Speyer ist abgegangen.

Hermann II. ist wohl bald danach gestorben, falls man den nächsten Namensbeleg zum Jahr 1126 nicht noch auf ihn beziehen will. Danach käme sein Sohn Hermann III. erstmals im Jahr 1130 vor – in der Tat in einem ganz andersartigen politischen Raum und auch unter anderen herrschaftspolitischen Vorzeichen als sein Vater und Großvater. Kennzeichen hierfür ist die Stadtgründung von Freiburg, die sich nach 1120 im Zeichen der Zähringer vollzog. Herzog Berthold III., so scheint es, hat sie vorbereitet, Konrad vollendete den Rechtsvorgang. Zuvor war die Burg auf dem Freiburger Schloßberg errichtet worden, zu deren Füßen sich die Marktsiedlung erstreckte, die mit Kölner Kaufleuten besiedelt und von Konrad mit richtungsweisenden Privilegien ausgestattet wurde. Gleichgültig ob die Zähringer verstanden haben, welchen Weg sie mit den Privilegien für die Freiburger Bürgerschaft gewiesen haben: Zunächst einmal haben sie ihrem eigenen Machtbereich mit ihren Städten wirtschaftliche Zentren gegeben, die ihnen zugute kommen sollten. Auch die Markgrafen von Baden sind, wie sich bald zeigen wird, diesen Weg mitgegangen, der den Aufbau ihres Territoriums wesentlich bestimmen sollte.

Hermann III. indessen begegnet in erster Linie als enger Vertrauter und Mitarbeiter der staufischen Könige Konrad III. und Friedrich Barbarossa. Jahrelang, so scheint es, ist er mit dem ersten Stauferkönig durch die Lande gezogen, auch im Jahr 1148, wo er ihn als Kreuzfahrer ins heilige Land begleitete. Bei der Belagerung von Weinsberg hat er offenbar das Heer des Königs verstärkt, und so vermutet man, daß ihn eine nahe verwandtschaftliche Beziehung mit ihm verband: seine Gemahlin Bertha soll eine Tochter Konrads gewesen sein. Dies würde in der Tat die fast untrennbare Bindung an Konrad erklären. Wann Hermann gestorben ist, läßt sich schwer sagen, da sich die Belege für ihn und seinen gleichnamigen Sohn nahtlos aneinander anschließen. Doch zwei wichtige Ereignisse fallen in seine Lebenszeit: Zunächst die Belehnung mit der Mark Verona, die ihn, in Anknüpfung an die Amtsposition seines Großvaters, wieder zum »Markgrafen von Verona« machte und nicht nur zum Träger eines leeren Titels. In der Zeit des Kreuzzugs, also 1148, nennt ihn eine Urkunde nach der oberitalienischen Stadt, und unter Barbarossa, im Jahr 1155 und erneut 1160, erblickt man ihn im Zusammenhang mit Verona. Das zweite Ereignis bezieht sich auf den Hof Besigheim, der bis 1153 dem elsässischen Damenkloster Erstein gehört hatte. Eine Urkunde Barbarossas aus diesem Jahr bezeugt den Übergang des Ortes an Markgraf Hermann, der ihn stärker befestigen ließ; seine Nachkommen haben ihn zur Stadt erhoben. Dort also, an oberer Enz, Neckar und Murr, hat sich eine Herrschaftskonzentration vollzogen, die sich unter den späteren Badenern noch verdichten sollte.

War das Leben des ersten Hermann gekennzeichnet durch die

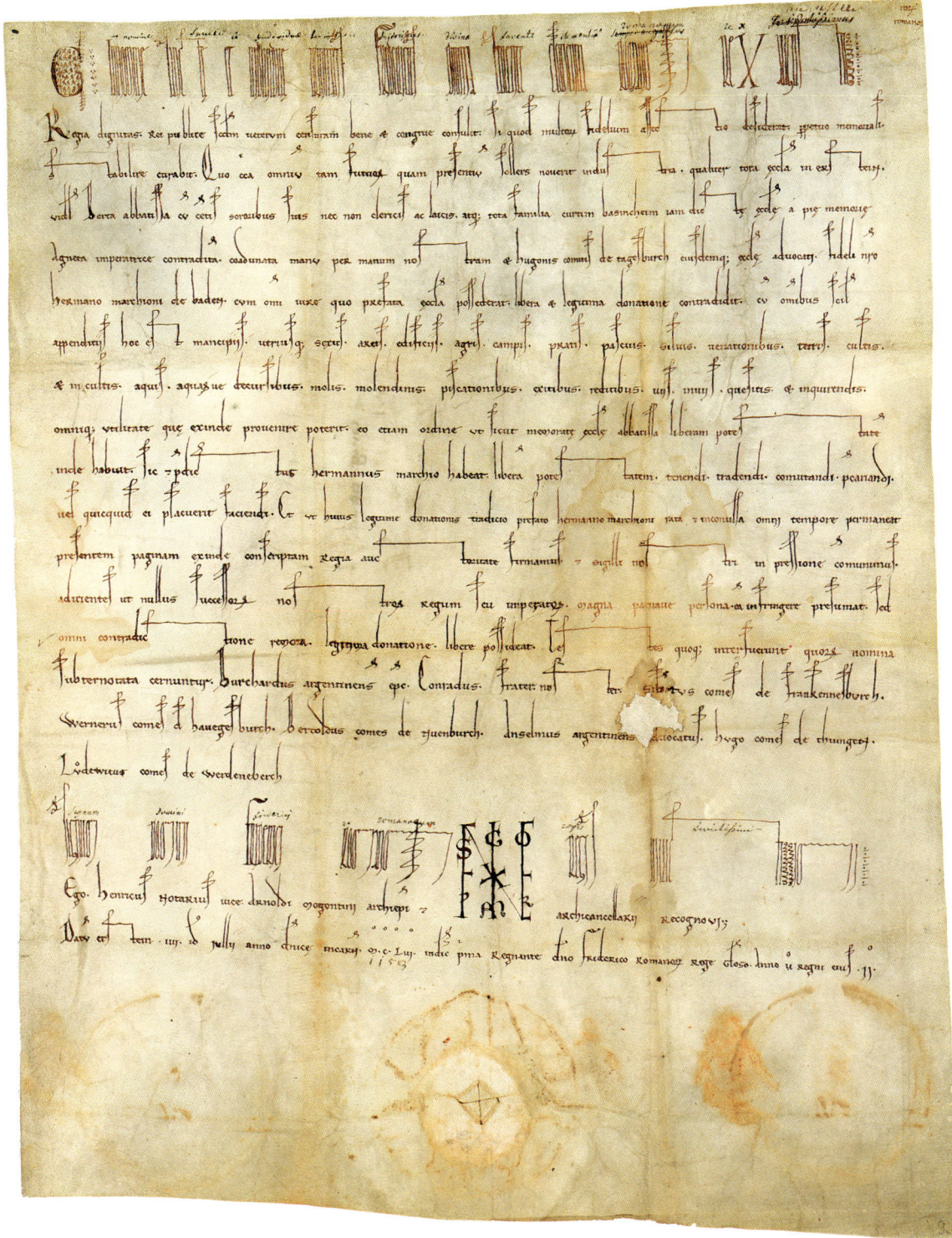

Mit der Urkunde vom 12. Juli 1153 überträgt König Friedrich I. im Namen der Äbtissin des Klosters Erstein den Hof Besigheim, den die Kaiserin Agnes an Erstein geschenkt hatte, an den Markgrafen Hermann III. von Baden.

religiöse Bewegung des Reformzeitalters, dasjenige seines Sohnes durch die Kompromißlösung im Investiturstreit und die Aussöhnung der Bürgerkriegsparteien, so stand Hermann III. ganz im Zeichen der sich ausbildenden staufischen Vormachtstellung im Südwesten des Reichs. Konrad III. hat sie in heftiger Auseinandersetzung mit den Welfen erkämpft und an seinen Neffen Friedrich Barbarossa weitergegeben, der sie in einem langen und mit Geschick und Energie geführten Machtkampf behauptet hat. Doch während die Welfen mit militärischen Mitteln zurückgedrängt und die Zähringer in geschickter Diplomatie aus dem staufischen Einflußbereich hinaus und auf ihren Sonderbereich verwiesen wurden, den sie zu einer Art frühem Territorialstaat auszubauen vermochten, haben die Badener ganz auf die staufische Karte gesetzt. Dies gilt auch für Hermann IV., der seit den 60er Jahren, wie sein Vater, Markgraf von Verona gewesen ist: »Herr über die ganze Mark Verona«, nennt ihn eine Urkunde von 1177. Und daß er im Lande der Etsch heimisch war, bezeugt sein italianisierter Name, der ihm in den dortigen Urkunden beigelegt wurde: »Armannus Teotonicus marchio« (1184). Wie sein Vater ist auch er zum Kreuzzug ins Heilige Land aufgebrochen, wo er einen der Heerhaufen geführt hat, die den mühsamen Landweg durch Kleinasien nahmen. Bald nach dem Kaiser ist auch er, im Jahr 1190, in Antiochia gestorben. Mit ihm endet diese dritte Periode der Markgrafengeschichte.

Wie in den Perioden zuvor stellt auch dies alles keine »Badische Geschichte« im Sinne einer Landesgeschichte dar. Unsere im Gebiet der Schwäbischen Alb einsetzende Erzählung hatte über den Breisgau und den Nordschwarzwald in das Murrtal geführt, hatte mit dem elsässischen Selz die Vogtei über ein wichtiges Cluniazenserkloster, Grabkloster der Kaiserin Adelheid, eingeschlossen und hatte schließlich den Blick nach Süden gelenkt, wo Hermann III. und IV. so etwas wie Italienexperten unter den deutschen Fürsten gewesen sind. Wohl ging es für den fürstlichen Adel darum, Herrschaft zu erlangen, mit Hilfe des Königs, solange die beiderseitigen Interessen konform liefen, manchmal auch gegen ihn, wenn man sich stark genug fühlte, seinem Willen entgegenzutreten. Königsdienst und Königsnähe versprachen Ruhm und reichen Lohn, aber bargen auch die Gefahr in sich, in die Niederlagen des Königs hineingezogen zu werden. Andererseits war Herrschaftsaufbau auch eine Frage des Organisationstalentes. Die Zähringer besaßen es und sind dabei einen vielversprechenden Weg gegangen, haben Reichslehen, Kirchenlehen und Eigengut zu geschlossenen Machtkomplexen zusammengefaßt, haben diese systematisch mit Städten durchsetzt und mit einer schlagkräftigen Dienstmannschaft ihr Gebiet kontrolliert. Die süddeutschen Welfen machten es unter Barbarossa nicht anders, und der staufische Kaiser hatte Mühe, die aufbrechenden Sonderinteressen der Fürsten denjenigen des Reichs unterzuordnen und die Streitigkeiten unter den Großen des Landes zu schlichten. Einmal, im Jahr 1164, wäre es fast zu einem Krieg gekommen, als auch die junge Generation der Stauferfamilie in eine solche Privatfehde um den Pfalzgrafen Hugo von Tübingen eingriff und Kaiser Friedrich damit in nicht geringe Verlegenheit brachte. Markgraf Hermann von Baden stand in dieser »Tübinger Fehde« auf der Seite der staufischen Gegner wie die Mehrheit des schwäbischen Adels. Der badische Weg zum Territorialstaat läßt in dieser Phase den organisatorischen Willen vermissen. Fast hat man den Eindruck, die Badener hätten sich auf Italien konzentriert und hätten gehofft, dort im Sinne des Kaisers regieren zu können. Auch die Welfen haben dies für kurze Zeit in der Toskana versucht, wo sie freilich bald erkennen mußten, wie veraltet die Mittel waren, die ihnen zu Gebote standen. In Italien haben die Kommunen, Mailand an der Spitze, neue Rechts- und Verwaltungsformen entwickelt, die es auch in Verona unmöglich machten, den althergebrachten Regierungsstil der Deutschen aufrechtzuerhalten. Diese Karte stach nicht mehr.

Gewiß ist es schwer, aus der Menge von Zeugennennungen, aus Notizen über Güterschenkungen und Mitwirkung bei Rechtsakten ein zutreffendes Bild zu gewinnen, zu erfahren, was die Markgrafen erstrebt, welchem politischen Willen sie verpflichtet waren. Dazu fehlt es an Selbstzeugnissen, wissen wir doch nicht einmal, wie sie ausgesehen haben, wann und in welchem Alter sie gestorben sind. Von Hermann IV., dem Kreuzfahrer, kennen wir die Gemahlin nicht; außer dem Sohn mit dem Leitnamen Hermann besaß er weitere mit den Staufernamen Friedrich und Heinrich. Doch mit Hermann V. kam ein neuer Zug in die badische Hauspolitik. Beim Tode des Vaters mag er noch relativ jung gewesen sein. 1197 tritt er mit einem Paukenschlag in Erscheinung, einer Urkunde, mit der er die Vogtei über Kloster Selz verpfändet hat. Weshalb er damals und auch noch in den darauffolgenden Jahren Geld brauchte, das er durch Verpfändung und Verkauf zu gewinnen suchte, läßt sich schwer sagen – für die Fortsetzung italienischer Abenteuer an der Seite der Staufer oder für neue Kreuzzugspläne? Den Zähringer Berthold V. hat man immerhin, nach dem Tode Kaiser Heinrichs VI., als möglichen Königskandidaten gehandelt, doch davon konnte bei Hermann offenbar keine Rede sein.

Erstmals erkennt man ihn im Bild, das sein Reitersiegel zeigt, doch es ist das stereotype Siegelbild aller Adeligen. Er ist ganz in Eisen gerüstet; das Gesicht versteckt sich hinter dem Visier des Helmes, und nur das Wappen auf Fähnchen und Satteldecke ist individuell. Natürlich ist es das Wappen mit dem Schrägbalken, Rot in Gold, so dürfen wir vermuten, wie es als Familienwappen und schließlich als badisches Staatswappen, bis zum Ende Badens gleichbleibend, ge-

Die überlebensgroße Tumben-
figur eines Hochgrabes,
seit 1667 als Nischenfigur in
der südlichen Seitenschiff-
wand des Freiburger Mün-
sters eingefügt, wurde lange
Zeit als Berthold V., der
letzte Zähringerherzog
(† 1218), gedeutet. Heute
sieht man in ihr ein um 1350
gefertigtes Bild eines Grafen
von Freiburg aus dem
14. Jahrhundert.

führt wurde. Es ist übrigens ein »Urwappen« wie der Adler der
Zähringer und Staufer, der Löwe der Welfen, aber in diesem Fall kein
Machtsymbol wie die wehrhaften Tiere. Gerne möchte man wissen,
ob im Zuge der zähringischen Familienverträge auch schon die
Entscheidung über das Wappen gefallen ist, ob damals die Badener
den roten Schrägbalken auf dem goldenen Schild angenommen
haben.

Die Markgrafen Hermann und Friedrich sind oftmals zusammen
aufgetreten, ehe sich Friedrich einem Kreuzzug des Königs Andreas
von Ungarn anschloß, auf dem er umgekommen ist. Inzwischen war
das Doppelkönigtum des Staufers Philipp und des Welfen Otto IV.
beendet, Friedrich II. war aus Italien nach Deutschland gekommen,
und Hermann, der zunächst Otto IV. treu geblieben war, trat 1214
zum Staufer über, den er, zusammen mit seinem Bruder, seitdem
begleitete. Dabei hat er nicht selten für italienische Empfänger geur-
kundet: Auch er scheint traditionsgemäß ein Italienexperte gewesen
zu sein. Markgraf von Verona nennt er sich freilich nur noch in einer
Urkunde.

Der dritte Bruder Heinrich übrigens hat eine eigene Linie begrün-
det, jene der Markgrafen von Hachberg, die sich nach der Hochburg
bei Emmendingen nannte und bis 1503 bestand, so lange also, daß
man am Ende Mühe hatte, ihren Ursprung im Haus Baden zu
erkennen. Nur der Margrafentitel und das Wappen kennzeichneten
die Gemeinsamkeiten. Für Heinrich wurde nunmehr ein Sonder-
reich ausgeschieden. Offenbar hat man ihm beim Aussterben der
Zähringer im Jahr 1218 den an die Markgrafen gefallenen Anteil des
Zähringergutes im Breisgau zugeteilt. Dazu gehörte die Landgrafschaft im Breisgau und auch die Schutzfunktion über das Zisterzienserkloster Tennenbach am Fuße der Hochburg, wo die Hachberger künftig ihre Grablege fanden. Schon Heinrich ist 1231 dort
bestattet worden.

Das Aussterben der Zähringer nach dem Tode Bertholds V. bedeutete den spektakulärsten Erbfall seit dem Tode des Grafen Rudolf von
Pfullendorf und jenem Herzog Welfs VI., die Kaiser Friedrich I. einen
riesigen Machtzuwachs im Bereich des Bodensees und in Oberschwaben brachten. Der letzte Zähringer hinterließ ein nicht weniger
bedeutendes Erbe, und der junge Friedrich II., der sich gerade erst in
Deutschland etabliert hatte, konnte froh sein, daß es nun gelang, den
zähringischen Machtkomplex zwischen Südschwarzwald und Hochrhein und südlich des Rheins bis ins Alpenvorland zu zerschlagen. Er
selbst gehörte nicht zu den eigentlichen Zähringererben, so sehr er
sich bemüht hat, wenigstens die Reichsrechte wieder an sich zu
bringen und in den zähringischen »Staat« einzubrechen. Erben Bertholds wurden die Grafen von Urach, Vorfahren der späteren Fürstenberger, und die Grafen von Kiburg, die einen Großteil des Zähringer-

gutes südlich des Hochrheins erhielten, aus dem dann noch später die Habsburger ihren Herrschaftsbereich beziehen sollten. So wurde aus dem Zähringergut doch noch eine Königslandschaft. Was die Markgrafen von Baden damals aus zähringischem Erbe bekamen, ob sie überhaupt daran beteiligt wurden, wird nicht deutlich. Wahrscheinlich hat das, was ihnen zufiel, gerade ausgereicht, um ein Juniorterritorium für Heinrich von Hachberg zu begründen.

Die Macht- und Territorialpolitik Markgraf Hermanns V. läßt sich an einer einzigen Urkunde verdeutlichen, die sich im markgräflichen Archiv erhalten hat; ein Kerndokument, das den Markgrafen so wichtig gewesen ist, daß sie es mit einer Goldbulle besiegeln ließen. Es handelt sich um eine Urkunde Kaiser Friedrichs II. aus dem Jahr 1234, in Italien ausgestellt und in verhältnismäßig schmuckloser Form geschrieben, aber, wie gesagt, mit Gold besiegelt. Diese Urkunde setzt einen Rechtsvorgang voraus, der ins Jahr 1219 zu datieren ist. Danach hatte König Friedrich II. dem badischen Markgrafen Hermann die Städte Lauffen, Sinsheim und Eppingen verpfändet, hatte ihm Ettlingen zu Lehen und Durlach als Eigenbesitz verliehen, und dies alles als Ersatz für die Erbansprüche, die Hermann durch seine Gemahlin Irmengard auf die Güter des Herzogs Heinrich von Braunschweig besaß.

Warum aber entschädigt der König den Markgrafen für Erbansprüche an einem Enkel Heinrichs des Löwen? Dies ist eine komplizierte Angelegenheit, aber es lohnt sich, sie in allen Einzelheiten nachzuvollziehen, kennzeichnet sie doch die Situation, die Markgraf Hermann so trefflich ausgenutzt hat, daß sie ihm, obwohl er zunächst der Unterlegene schien, zum Vorteil für seinen Herrschaftsaufbau geriet. Angefangen hat alles mit einer Liebesgeschichte, die aber, wie so oft in vornehmen Kreisen, sogleich in die hohe Politik überging. In der Kurpfalz hatte Barbarossa das staufische Besitzgebiet an seinen Halbbruder Konrad übergeben, der das Kloster Schönau gründete und Heidelberg das Stadtrecht verlieh.

So entstand am unteren Neckar ein staufisches Sonderterritorium, das mit der Pfalzgrafschaft verbunden war. Pfalzgraf Konrad hatte nur eine Tochter Agnes, und diese vermählte sich, gegen den Willen des Kaisers und zum Entsetzen der ganzen staufischen Familie, ausgerechnet mit einem Sohn Heinrichs des Löwen, der ebenfalls Heinrich hieß, also einem Welfen. Sie tat dies in aller Heimlichkeit, aber bald sprach alle Welt über die Liebesaffäre des jungen Paares, das einen Sohn Heinrich hatte. Für einige Jahre also war die Pfalzgrafschaft welfisch, ehe Heinrich von Braunschweig 1212 abdankte, sein Sohn zwei Jahre danach, also 1214, starb. Dessen Schwestern Irmgard und Agnes waren mit Markgraf Hermann von Baden bzw. mit dem Wittelsbacher Herzog Ludwig vermählt, und an einen von diesen sollte 1214 die Pfalzgrafschaft vergeben werden. Der junge

Das Reitersiegel Markgraf Hermanns V. hängt an einer Urkunde von 1207. Von Markgräfin Irmengard von Baden sind mehrere Exemplare eines Siegels nachgewiesen, so an der Lichtenthaler Urkunde von 1248, das dem Typus des Reitersiegels folgt; die Markgräfin im Damensitz auf dem Zelter, auf der Linken einen Falken haltend.

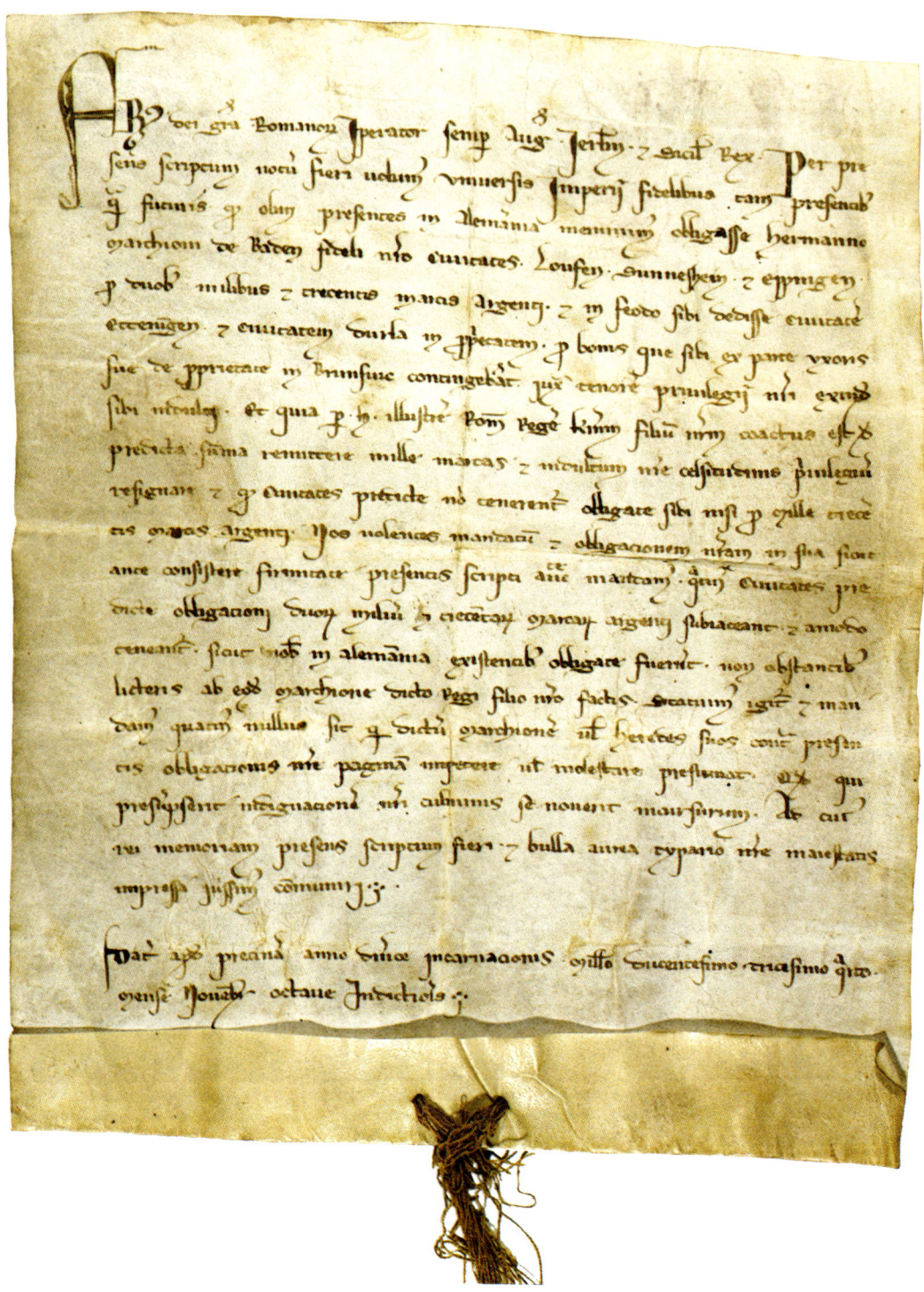

Kaiser Friedrich II. erneuert im November 1234 dem Markgrafen Hermann V. von Baden eine Urkunde von 1219, in der er ihm die Städte Lauffen, Sinsheim und Eppingen verpfändet, Ettlingen und Durlach zu eigen übergeben hatte. Diese Urkunde, die mit Gold besiegelt wurde, war das Kernstück der markgräflichen Privilegien.

König Friedrich II. hatte gerade erst im Reich Fuß gefaßt. Markgraf Hermann war zu ihm gestoßen und gehörte zu seinen Helfern, aber ebenso war auch Ludwig von Wittelsbach sein Anhänger. Friedrich durfte keinen von beiden kränken oder gar benachteiligen.

Der Zufall wollte es, daß damals eine ganze Reihe politisch wichtiger Erbfälle zu lösen war, denn ebenfalls 1214 waren die Grafen von Lauffen ausgestorben, mächtige Territorialherren, die im ganzen Gebiet des unteren Neckars und auch im Kraichgau begütert waren. Und 1218 verzeichnete man den schon erwähnten Erbfall, als Herzog Berthold V. von Zähringen ohne männliche Nachkommen starb. Für den König hieß dies, die Reichslehen der ausgestorbenen Familien wieder an sich zu nehmen und darauf zu achten, daß er selbst nicht zu kurz kam. Es hieß ferner, sich mit den Erben zu verständigen, dafür zu sorgen, daß ihre Ansprüche gerecht aufgeteilt wurden, ohne daß einer der Gegner des Staufers dabei zu mächtig wurde. Markgraf Hermann gehörte zu den Erben der Zähringer; Erben der Grafen von Lauffen waren die Herren von Dürn, die auf Wildenberg im Odenwald residierten, aber der König selbst konnte einen großen Teil des Lauffener Erbes an sich bringen, und in der Pfalzgrafschaft favorisierte er den Wittelsbacher Herzog Ludwig, der dann auch Pfalzgraf wurde. Seit damals, also seit 1214, ist die Pfalz mit dem bayerischen Herzogshaus der Wittelsbacher verbunden und blieb es bis 1800.

Der damals gerade 20jährige Friedrich II. hat diese komplizierten Erb- und Rechtsfälle mit Bravour gelöst, indem er aus dem Ganzen ein großes Bündel schnürte, aus dem er dann die Anteile neu auswarf und mit den Beteiligten aushandelte. Die Wittelsbacher erhielten, wie gesagt, die Pfalzgrafschaft. Friedrich selbst nahm sich eine Reihe von Orten heraus, die bald danach in der staufischen Politik eine große Rolle spielten, so das bisher wormsische Wimpfen, die Stadt Lauffen, Sinsheim, Eberbach, das Kloster Odenheim, während Markgraf Hermann mit Geld und mit Reichslehen entschädigt wurde. Durlach und Ettlingen, Sinsheim, Lauffen und Eppingen wurden badisch, wenn auch zum Teil nur als Pfandgut für eine hohe Summe von 2300 Mark Silber, die der König in bar natürlich nicht besaß – der König hatte nie Bargeld und half sich auf diese Weise. 1219 hatte man über dieses große Geschäft wohl eine ganze Reihe von Urkunden ausgestellt, doch was man mit dem Markgrafen ausgehandelt hat, weiß man eben nur durch den Vertrag von 1234, in dem dies alles wiederholt wurde.

Damit wird die Sache noch komplizierter. Denn in der Zwischenzeit hatte sich der junge König Heinrich, der Sohn Friedrichs II., nur 17 Jahre jünger als der Vater, in die Sache eingemischt und hatte versucht, gerade im Neckargebiet eine eigene staufische Königslandschaft aufzubauen, wobei er mehr und mehr in Gegensatz zum Vater geriet. Markgraf Hermann war ihm dabei im Wege, denn er war

An der Urkunde Kaiser Friedrichs II. für den Markgrafen Hermann von Baden von 1234 ist die Goldbulle verlorengegangen. Sie entsprach jedoch der obigen Abbildung einer Goldbulle des Kaisers aus dem Jahr 1225 (Vor- und Rückseite).

nicht nur ein konsequenter Anhänger Kaiser Friedrichs, sondern zimmerte an seinem eigenen Territorium um Backnang, die Burg Reichenberg, Besigheim, Marbach, Lauffen, Steinheim an der Murr. König Heinrich ist dabei nicht sehr geschickt vorgegangen, und daß er sich die Fürsten zu Feinden machte, darunter auch seinen ehemaligen Vormund Pfalzgraf Ludwig, mußte er büßen. In dem Krieg zwischen Vater und Sohn, einem richtigen Bürgerkrieg in Schwaben, ist Heinrich unterlegen und mußte sich unterwerfen. Seine Anhänger haben den Kampf noch einige Zeit lang weitergeführt, und so wissen wir, daß die Herren von Dürn, die Hohenlohe und die Herren von Neiffen auf der Seite Heinrichs gekämpft haben; wir wissen auch, daß 1235 Stift und Stadt Backnang zerstört worden sind, denn natürlich gehörte Markgraf Hermann auch in dieser Situation zu den Anhängern des Kaisers Friedrich II. Damals ist dann auch die Urkunde Friedrichs von 1234 ausgestellt worden, in der er dem Markgrafen noch einmal seine Lehen und Pfandschaften bestätigte und dabei auch den Versuch König Heinrichs rückgängig machte, die Pfandsumme um 1 000 Mark Silber zu drücken.

Wie die Kämpfe im einzelnen verliefen, weiß man nicht, doch als Hermann 1242 starb, scheinen sie noch einmal aufgeflammt zu sein; 1244 hat Rupert von Dürn die Stadt Eppingen überfallen und verbrannt. Hermanns Leichnam ist, wie es scheint, zunächst nach Backnang verbracht worden, doch wenige Jahre nach seinem Tod hat seine Witwe Irmgard das Zisterzienserinnenkloster Lichtenthal bei Baden-Baden gestiftet und hat auch den Leichnam ihres Ehemannes dorthin überführen lassen. Damit deutet sich eine Schwerpunktverlagerung an, die umso seltsamer anmutet, als Hermann V. sich ja mit Erfolg in der Nähe von Backnang behauptet hatte. Ob man dies in dem Sinne deuten soll, daß sich Hermann in dem dicht besiedelten Gebiet des mittleren Neckars nicht durchsetzen konnte, obwohl er energische Anstrengungen unternahm, seine Position auszubauen? Die Staufer im Norden, die Grafen von Vaihingen und Löwenstein waren ihm dabei im Wege, und auch die Herren von Württemberg, die Hohenlohe und andere mögen seiner Aktivität Grenzen gesetzt haben.

Dabei gilt es als sicher, daß Hermann es war, der Backnang zur Stadt erhoben hat, und zur gleichen Zeit, man nimmt an um 1220, hat auch Besigheim Ummauerung und Stadtrechte erhalten. Und wiederum in diesen Jahren ist, auf Veranlassung des Markgrafen, auch Stuttgart zur Stadt geworden; eine Generation später ist die Siedlung über Hermanns Tochter Mathilde an den Grafen Ulrich von Württemberg übergegangen. Und schließlich sollte man Pforzheim nicht vergessen, das 1195 dem Pfalzgrafen Heinrich aus staufischem Erbe zugekommen war. Dies verrät eine Urkunde, die hier abgebildet werden soll. Sie stammt aus den Jahren nach 1195 und ist ein

Irmengard, Gemahlin des Markgrafen Hermann V. von Baden († 1260). Grabmal in der Kirche des von ihr gestifteten Klosters Lichtenthal.

Urkunde nach 1195: Pfalzgraf Heinrich gebietet seinem Schultheißen und den Bürgern von Pforzheim, die Zollfreiheit des unter seinem Schutz stehenden Zisterzienserklosters Herrenalb zu beachten.

unscheinbares Stück, ein kleiner Pergamentfetzen. Doch sie hat es in sich. Denn mit ihr gebot Pfalzgraf Heinrich – der uns bekannt gewordene Sohn Heinrichs des Löwen – seinem Schultheißen und den Bürgern von Pforzheim, die Zollfreiheit des unter seinem Schutz stehenden Zisterzienserklosters Herrenalb zu beachten. Was hier ausgesagt wird, ist zunächst, daß Pforzheim, am Zusammenfluß von Nagold und Enz gelegen, ein wichtiger Handelsplatz war und damals bereits Stadtrechte besaß. Ganz offensichtlich ist Pforzheim aus Heinrichs Erbe an Markgraf Hermann gekommen. Mit Pforzheim hat dieser um 1218 eine für ihn besonders wichtige Stadt erworben, und zugleich hatte er mit Ettlingen und Durlach zwei weitere von den Staufern gegründete Städte an sich bringen können: Die drei künftigen badischen Residenzen sind alle zur gleichen Zeit an den Markgrafen gekommen.

Wenn man dies alles in ein Kartenbild überträgt, so zeigt dies einen Gürtel neuer Städtegründungen unter markgräflicher Herrschaft, der sich von Backnang–Stuttgart–Besigheim über Pforzheim bis nach Durlach und Ettlingen hinüberzieht, am Nordrand des Schwarzwaldes vorbei. Noch nicht Stadt waren Baden-Baden und Steinbach, doch liegt es nahe, in den befestigten und ummauerten Orten so etwas wie eine Festungskette zu sehen, die den markgräflichen Ein-

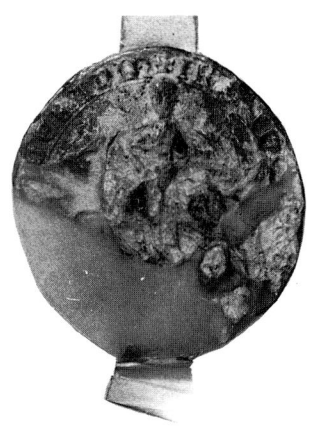

Markgräfin Irmengard von Baden übergibt dem von ihr gestifteten Kloster Lichtenthal bei Baden die durch ihre Söhne Hermann und Rudolf geschenkten Güter und Rechte zu Ettlingen und Baden (-Baden). Mit dieser Urkunde vom 3. November 1248 ist der Gründungsvorgang des Zisterzienserinnenklosters abgeschlossen.

flußbereich abgegrenzt hat. Daneben blieb Hermann, auch in seinen späteren Jahren, ein enger Vertrauter Friedrichs II., an dessen Hoftagen (1236/37) er teilhatte. 1226 und 1232 hat er den Kaiser in Italien aufgesucht; 1241 scheint er den Kriegszug gegen die Mongolen mitgemacht zu haben.

Sein Sohn Rudolf ist der Mitstifter des Zisterzienserinnenklosters Lichtenthal, das Hermanns Gemahlin Irmgard 1243, unmittelbar bei Baden-Baden, gründete und das nun zur neuen Grablege ihrer Familie wurde. Ihr Sohn Rudolf – der erste, von dem wir ein Porträtsiegel besitzen – hatte eine Tochter des Grafen Otto von Eberstein zur Frau. Er leitete den allmählichen Ausverkauf der Herrschaft Eberstein zugunsten der Badener ein, denn 1283 erwarb er die Stammburg Alteberstein im Murgtal oberhalb von Gernsbach. Im darauffolgenden Jahrhundert folgte der größte Teil des ebersteinischen Besitzes nach.

Einen völlig anderen Weg verfolgte sein Bruder Hermann VI., der eine Babenbergerin zur Frau hatte. Ihr Erbe öffnete ihm den Weg nach Österreich und Steiermark, damit zugleich die Aussicht auf eine eigene Landesherrschaft im Osten des Reichs. Die weibliche Erbfolge im Herzogtum Österreich, wie sie das »Privilegium minus« zuließ, wurde auch von Papst Innocenz IV. bestätigt, so daß Hermann 1249 tatsächlich als Landesherr in Österreich einziehen konnte. Doch schon im darauffolgenden Jahr ist er – man nimmt einen gewaltsamen Tod an – gestorben. In Klosterneuburg liegt er begraben. Seinen Herrschaftsanspruch übernahm sein Sohn Friedrich »von Baden«, der knapp 20jährig zusammen mit König Konradin am 29. Oktober 1268 in Neapel hingerichtet wurde. Das Bild dieses jungen Mannes, der seinem königlichen Freund die Treue bis zum Tode hielt, hat in Sage, Dichtung und Bildkunst einen starken Niederschlag gefunden und setzt, ähnlich wie bei Markgraf Hermann I., einen kräftigen Akzent, zugleich aber auch einen Schlußpunkt in der badischen Familiengeschichte. Denn mit ihm war, wenn man es etwas plakativ formulieren möchte, der Ausflug der Badener in die Weltpolitik, in die fürstliche Welt des hohen Mittelalters vorläufig zu Ende. Dies gilt auch noch in einem anderen Sinne. Denn die geschickten Juristen am Hofe Karls von Anjou haben die Anklage im Prozeß gegen Friedrich in Neapel auf seinem Markgrafentitel aufgebaut, also seinem ererbten Anspruch auf die Mark Verona und damit auf seiner badischen Tradition, die mit ihm und seinem Bruder abbricht, auch wenn der Markgrafentitel weiterhin bestehen blieb. Doch auch der Name Hermann verliert nun seine auf den jeweils Ältesten der Familie bezogene Ausschließlichkeit, auch wenn ihn Rudolfs Sohn Hermann VII. noch einmal aufgenommen hat. Die neue Periode ist gekennzeichnet durch die völlige Verschiebung des Standortes nach »Baden«, zugleich durch Aufsplitterung und Teilung, durch ein immer kleinräumigeres Denken, durch die Reduktion fürstlicher Politik auf die Herrschaftsformen des spätmittelalterlichen Adels.

Geändert hat sich auch das Bild der Landschaft gegenüber demjenigen, das wir für die Zeit um die Jahrtausendwende entworfen haben. Schwaben war zu einem Zentralgebiet des Reichs geworden, zu einer Königslandschaft, in der sich Ereignisse und Entwicklungen von großer Bedeutung vollzogen. Von der Vermehrung der Bevölkerung war schon die Rede, von der Besiedelung der Wald- und Gebirgslandschaften. Damit verbunden war eine Intensivierung der Landwirtschaft, die immer mehr von den alten Fronhofverbänden abkam und über eine starke Aufsplitterung der Herrschaftsverhältnisse zu neuen Formen dörflichen Gemeindelebens fand. Ein völlig neues Bild jedoch vermitteln die Städte, die im 12. und 13. Jahrhundert als neue Zentren von Gewerbe und Handel entstanden sind, gegründet durch die Fürsten, den hohen und schließlich auch den niederen Adel. Und dieser setzte einen weiteren Akzent durch die von ihm erbauten Burgen, mit denen er seinen Herrschaftswillen weithin sichtbar bekundete. Die Entwicklung der Markgrafen von Baden in den beiden Jahrhunderten von 1050–1250 war kein Aufstieg, denn zur Spitzengruppe des Adels hatten sie von Anfang an gehört. Doch sie kennzeichnet einen Konzentrationsvorgang, aus dem das badische Territorium zwischen dem Nordschwarzwald und der Rheinebene hervorgehen sollte. Dort sollte es sich in Konkurrenz mit den Pfalzgrafen bei Rhein und dem Speyerer Bischof im Norden, mit den Württemberger Grafen im Osten, mit Städten und Rittern zu bewähren haben.

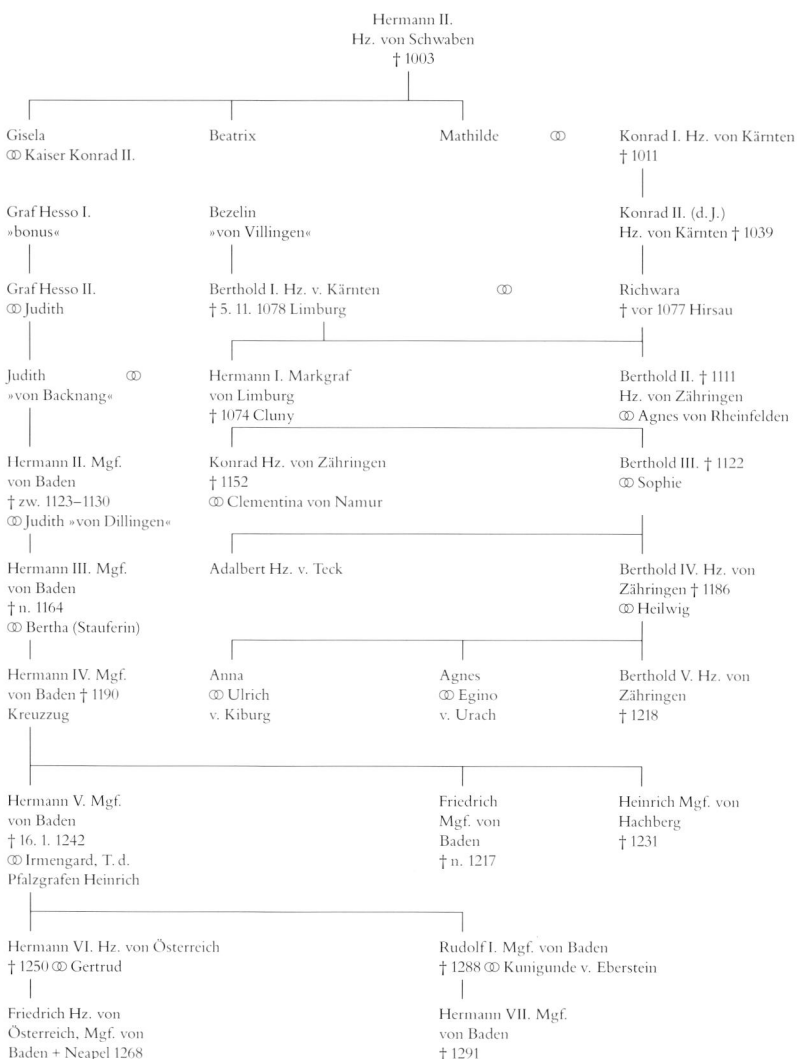

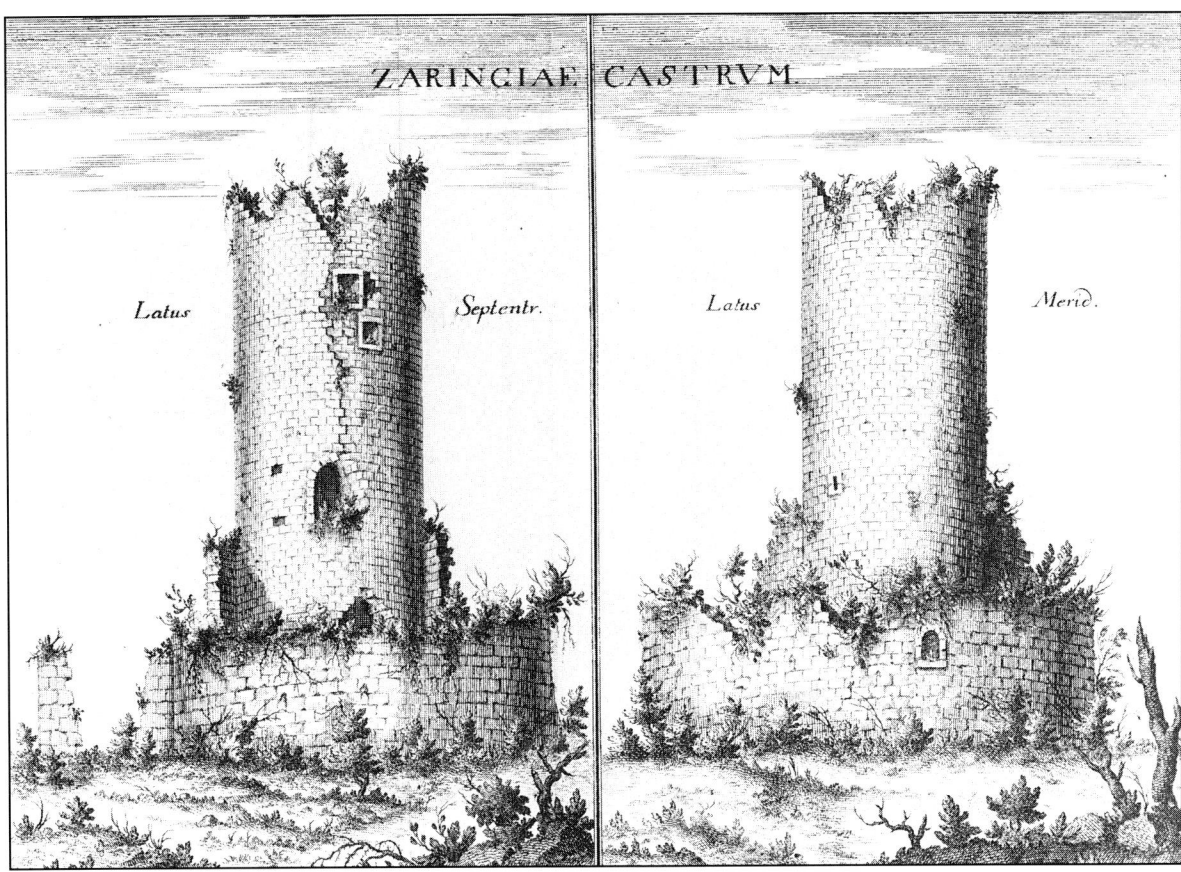

ZARINGIAE CASTRVM.

Latus   *Septentr.*   *Latus*   *Merid.*

In seinem Geschichtswerk ließ Schoepflin als Tafel 2 bei S. 43 die Burg Zähringen, Nord- und Südseite, abbilden, eine bescheidene Burg, wie er selbst feststellt. Sie bestand schon damals nur aus dem ruinösen Rundturm, während die Wohn- und Nebengebäude auch zu Schoepflins Zeiten fehlten.

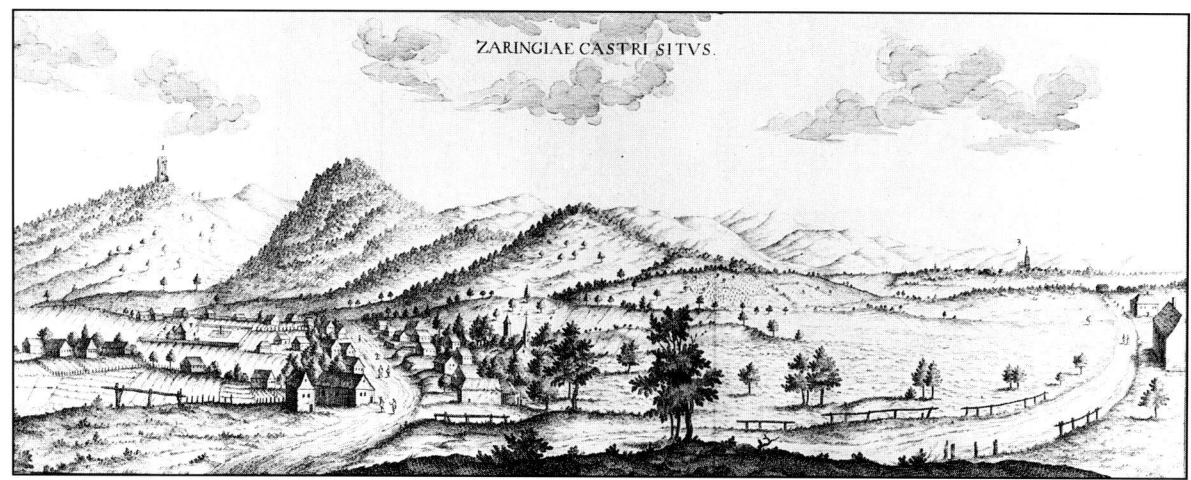

Der für Schoepflins Werk gefertigte Stich der Landschaft um die Zähringer Burg zeigt den Blick von Westen auf das Dorf und die stark überhöhte Burg, im Hintergrund der Turm des Freiburger Münsters. Die beherrschende landschaftliche Lage am Schwarzwaldrand steht in starkem Kontrast zu der in Wirklichkeit bescheidenen Burganlage.

Der Blick eines heutigen Luftbildes auf den Zähringer Burgberg von Südosten zeigt die bewaldete Kuppe vor dem Hintergrund der Rheinebene und läßt die exponierte Stellung auf einer in alemannischer Zeit künstlich angelegten Terrasse erkennen.

Rotulus Sanpetrinus, ein zu Beginn des 12. Jahrhunderts angelegtes Traditionsbuch des Klosters St. Peter auf dem Schwarzwald; es enthält die ältesten Urkunden der Zähringer und der Markgrafen von Baden in bezug auf das Kloster St. Peter.

Burg Hohenbaden, Blick auf das südliche romanische Tor von innen, dahinter die gotischen Tore der Vorburg. Die ältesten Teile des 12. Jahrhunderts sind vielfach nur im Fundament erhalten, über denen sich die spätmittelalterlichen Bauteile erheben. Auch der hier abgebildete Torbogen ist später renoviert, doch läßt sich die wehrhafte Anlage einer repräsentativen Adelsburg aus romanischer Zeit gut rekonstruieren.

In der Krypta unter der Stiftskirche St. Pankratius zu Backnang befinden sich 4 Steingräber, die jedoch vor 1929 im Chor der Kirche aufgestellt waren. 1513 hatte man sie auf Veranlassung des Markgrafen Christoph von Baden geöffnet, beschriftet und im Chor der Kirche neu angeordnet, um das Gedächtnis an die ältesten Markgrafen von Baden zu erhalten. Doch nur der in der Mitte dieses Bildes stehende Steinsarkophag (mit späterer Deckplatte) scheint mittelalterlich zu sein; in ihm soll die 1162 gestorbene Judith, Tochter Markgraf Hermanns II., gelegen haben.

Backnang, Westansicht auf die in eine Schleife der Murr eingebettete Stadt; links Stadtkirche (Stiftskirche St. Pankratius), Schloß und Kirche St. Michael. Die Ansicht der ehemals badischen Stadt stammt aus dem Jahr 1685, 100 Jahre, nachdem sie endgültig an das Herzogtum Württemberg übergegangen war.

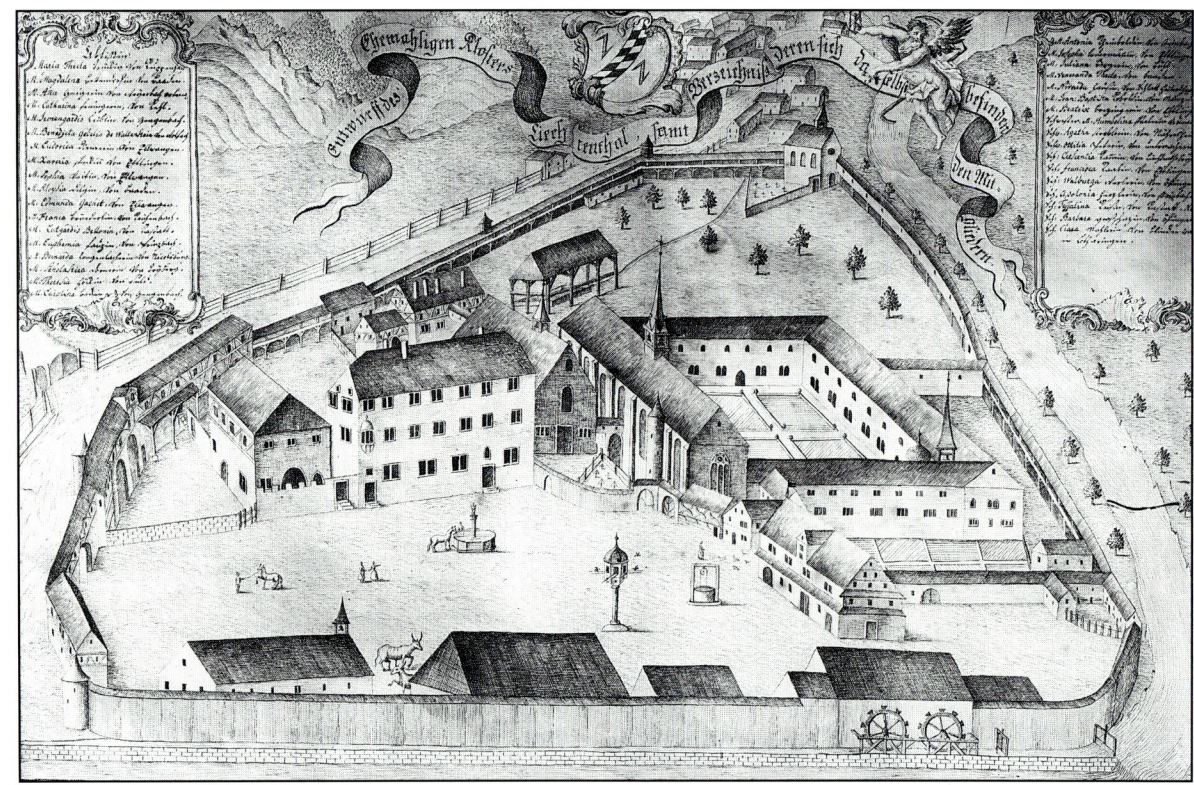

»Entwurff des Ehemaligen Klosters Liechtenthal«. Ansicht der Klosteranlage aus der Vogelschau von Westnordwesten, eine Rekonstruktion des Zustandes vor den Neubauten der Jahre nach 1728. Um 1775 gefertigte Federzeichnung. Im Mittelpunkt der ummauerten Anlage steht die Klosterkirche mit Kreuzgang und den Konventsgebäuden.

Im Forstlagerbuch des Leonberger Forsts, von Andreas Kieser 1682 aufgenommen, findet sich auch die Ansicht von Besigheim, nach Merians Stadtansicht von 1643 in Farbe gefertigt.

44

Burg Reichenberg von Süden: Die über der Murr unweit von Backnang gelegene Burg ist noch heute in fast unversehrtem Zustand erhalten und läßt die zu Beginn des 13. Jahrhunderts von den Markgrafen von Baden erbaute Anlage in seltener Reinheit erkennen. Der mächtige Bergfried und die Schildmauer gegen Osten sind das charakteristische Merkmal dieser Burg, die den Badenern im Laufe des 14. Jahrhunderts verlorenging.

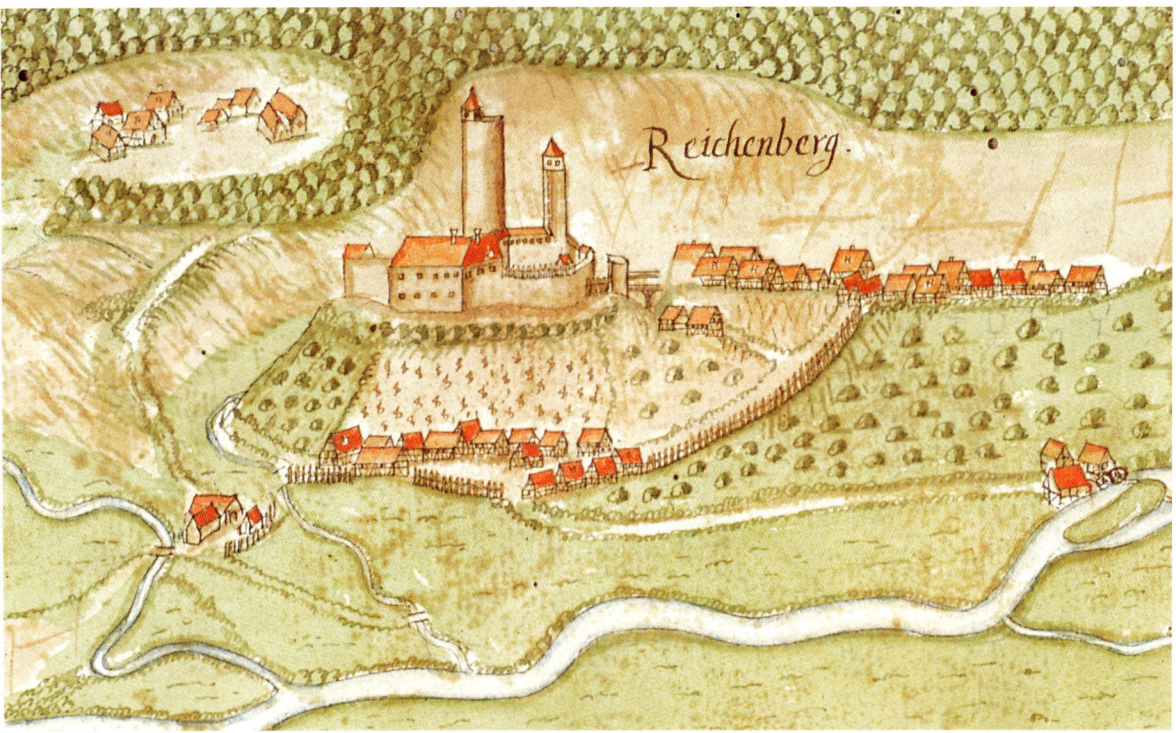

Das Kiesersche Forstlagerbuch zeigt die inzwischen württembergisch gewordene Burg in einer Ansicht von 1685.

Das Westwerk der Pforzheimer Stiftskirche und Schloßkirche St. Michael zeigt die kräftigen Fundamente eines spät-
romanischen Baues des beginnenden 13. Jahrhunderts (nach der Zerstörung 1945 wieder aufgebaut). Pforzheim ist seit
1535 die Grablege des markgräflichen Hauses (Durlacher Linie); die Grabmäler befinden sich im Stiftschor der Kirche.

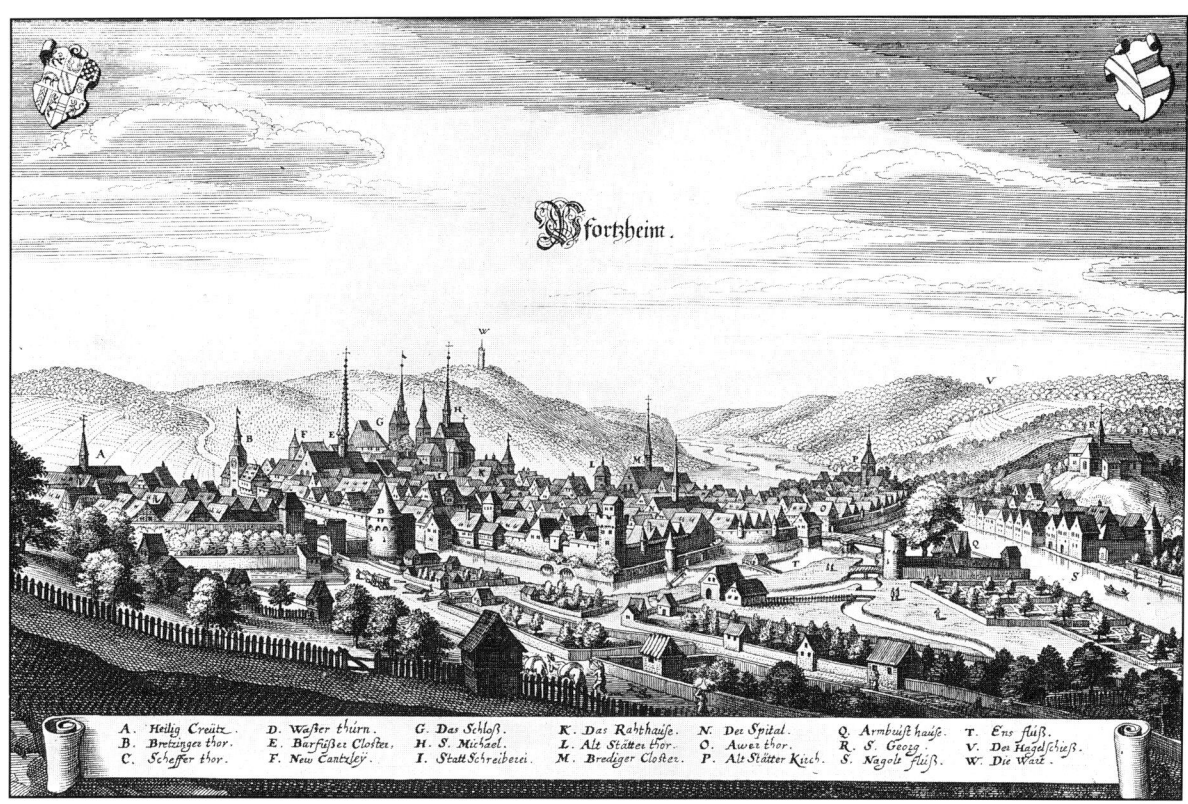

Pfortzheim.

Der Merianstich von 1643 zeigt die markgräflich badische Residenz von Südwesten als türmereiche, bewehrte Stadt am Zusammenfluß von Nagold (rechts) und Enz; im Hintergrund das Tal der von Nordosten kommenden Enz. Der höchstgelegene und am stärksten hervortretende Komplex wird vom Schloß und den Gebäuden der markgräflichen Verwaltung (Kanzlei) sowie der Stiftskirche St. Michael gebildet. Die staufische Stadt war um 1220 in den Besitz der Markgrafen von Baden übergegangen.

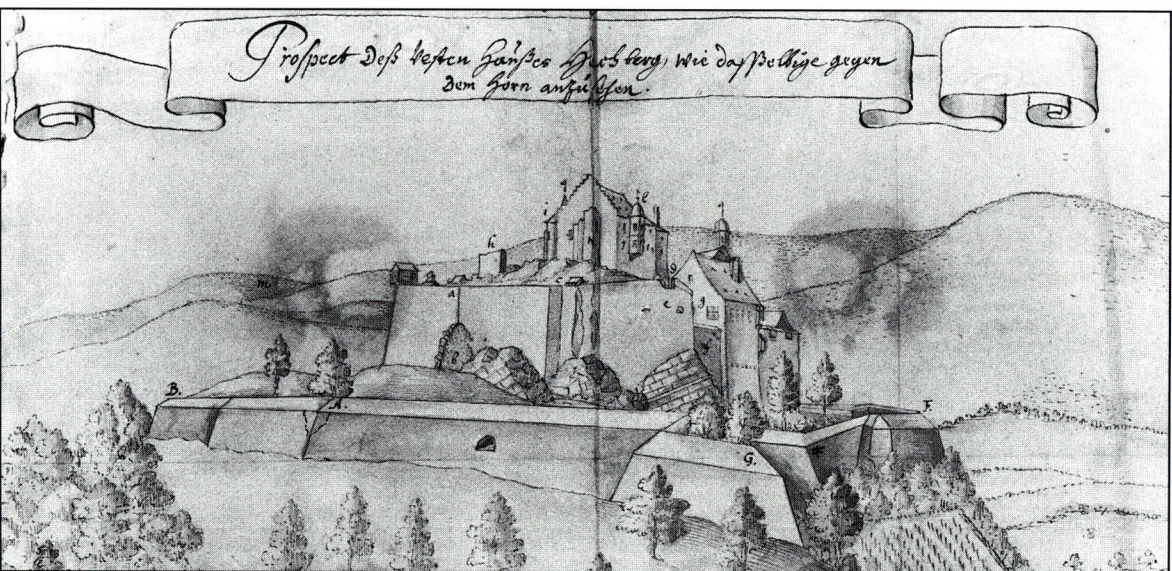

Der Prospekt der Feste Hochberg (bei Emmendingen), gefertigt 1670 von dem Ingenieur Georg Andreas Böckler, zeigt die damalige Anlage als Festung (Blick gegen Norden). Auch als Ruine (Luftbild oben) läßt sie noch heute die verschiedenen Bauphasen einer hochmittelalterlichen Adelsburg erkennen, die, im 12. Jahrhundert als mächtigste Anlage der Markgrafen von Baden im Breisgau entstanden, nach 1218 der badischen Seitenlinie der Markgrafen von Hachberg den Namen gab.

Das um 1160 gegründete Zisterzienserkloster Tennenbach bei Emmendingen stand unter der Vogtei der Markgrafen von Hachberg, die dort ihre Grablege hatten. Nach der Aufhebung des Klosters 1807 wurde der gesamte Gebäudekomplex allmählich abgeräumt, die Klosterkirche 1829 in Freiburg (als ev. Ludwigskirche, zerstört 1944) wieder aufgebaut, so daß an Ort und Stelle nur noch der Chor einer Kapelle von der besitzreichen Abtei Zeugnis ablegt.

Das bereits im 8. Jahrhundert gegründete Benediktinerkloster Schwarzach war als Reichskloster eine starke Konkurrenz für die benachbarten Markgrafen von Baden. Doch erst im 15. Jahrhundert (1422) ist es diesen gelungen, die Schirmvogtei über Schwarzach zu erwerben. Sie haben daraus landesherrliche Rechte über das Kloster abgeleitet, was zu jahrhundertelangen gerichtlichen Auseinandersetzungen zwischen der Abtei und den Markgrafen führte, die erst mit der Säkularisation des Klosters (1802) beendet wurden. Die Klosterkirche vermittelt, nach ihrer Restaurierung (1964–1969), den Eindruck einer stilechten dreischiffigen Basilika »Hirsauer Typs« aus der Mitte des 12. Jahrhunderts.

Von der Herrschaft zum Staat

Die Markgrafschaften von der Mitte des 13. bis zur Mitte des 17. Jahrhunderts

Konrad Krimm

Es lohnt sich, historische Epochengrenzen ab und zu auf ihre Gültigkeit hin zu befragen. Epochen sind ja kein Bestandteil der Geschichte, sondern der Geschichtsdeutung – sie haben ihren guten Sinn, manchmal verraten sie aber auch mehr über die, die Geschichte schreiben, als über die historischen Abläufe selbst. In der badischen Geschichtsschreibung ist es seit dem 18. Jahrhundert, seit ihrem Altmeister Johann Daniel Schöpflin üblich, die große Zäsur in der Entwicklung der Markgrafschaft an den Beginn des 16. Jahrhunderts zu legen. Die unseligen Teilungen des Landes auf die Linien in Baden-Baden und Durlach trafen zusammen mit der konfessionellen Spaltung und verfestigten sie für 250 Jahre. Die dynastische Katastrophe ereignete sich also gerade in der Zeit, als die Konfessionsgruppen im Reich ohnehin alle bestehenden Ordnungen umzustürzen drohten: ein Grund mehr, das Reformationszeitalter als Wendemarke auch der badischen Geschichte zu verstehen.

Diese Geschichte hatte bei einem anderen Wendepunkt, beim Zusammenbruch der staufischen Herrschaft im 13. Jahrhundert, am Oberrhein ihren Anfang genommen. Aus dem Erbe der Zähringer und der Staufer war ein kleines, aber solides Territorium um Baden-Baden und Pforzheim entstanden. Der alte Besitz im Neckarraum ging zwar nach und nach verloren, aber dafür konnten die Markgrafen am Oberrhein, im Elsaß und in der Pfalz und schließlich sogar in Luxemburg eine Herrschaft nach der anderen dazuaddieren. Liebenzell (1273), Teile der Herrschaft Eberstein (1283, 1387), die Stadt Stollhofen (1309), die Herrschaft Hachberg (1415), Steinegg (1439), die Kondominate Lahr und Mahlberg (1442, 1497), die mit der Pfalz geteilte Grafschaft Sponheim, die luxemburgische Herrschaft Rodemachern (1492), Teile von Hohengeroldseck (1481, 1503) und die Vogtei über die Klöster Frauenalb (1387), Reichenbach (1399), Schwarzach (1422) und Herrenalb (wenigstens zeit- und teilweise) sind nur die wichtigsten Stationen auf dieser Erfolgslinie. Ihren Höhepunkt erreichte sie aber bei der Vereinigung der unteren Markgrafschaft um Baden-Baden und Pforzheim mit der oberen Markgrafschaft, den Herrschaften Sausenberg, Rötteln und Badenweiler

Gewölbeschlußstein im Ostchor der Klosterkirche von Lichtenthal, um 1300. Dargestellt ist einer der Stifter-Markgrafen.

Siegel des Markgrafen Rudolf I. von 1277, das einzige mittelalterliche badische Porträtsiegel. Es geht wohl auf staufische Herrscherdarstellungen zurück.

51

Bernhard II. starb 1458 in Moncalieri bei Turin an der Pest. Wunder an seinem Grab befestigten eine frühe Verehrung in der markgräflichen Familie. Die Figur wurde von Bernhards Nichte Margarete, Äbtissin des Klosters Lichtenthal, um 1490 gestiftet.

im Jahr 1503. Markgraf Christoph I. hatte sie durch Erbverträge mit den Vettern im Markgräflerland langfristig vorbereitet.

So präsentierte sich badische Geschichte des 13. bis 16. Jahrhunderts als kaum unterbrochener Aufstieg einer fürstlichen Dynastie. Gewiß war der Weg auch mit Rückschlägen gepflastert. Die großen Organisatoren aber, die Markgrafen Bernhard I. (1372–1431) und Christoph I. (1475–1515), durften als die Väter und Gründer des badischen Territorialstaates gelten. Erst die Teilungen des 16. Jahrhunderts machten ihre erfolgreiche Politik wieder zunichte. Übrig blieben schließlich die evangelische Linie in Durlach, bieder-tüchtig, aber unbedeutend und konfessionspolitisch im Schlepptau von Württemberg und Kurpfalz, und die katholische Linie in Baden-Baden, ständig hoch verschuldet und durch eine Kette von bayerischen Vormundschaftsregierungen der Gegenreformation verpflichtet; selbst ein so bedeutender Vertreter dieser Linie wie der Markgraf Ludwig Wilhelm war mehr als kaiserlicher General denn als Landesherr zu würdigen. Die Wiedervereinigung von 1773 schloß dieses trübe Kapitel dann tröstlich ab. Von da war es zeitlich nur noch ein kurzer, folgerichtiger Schritt zum badischen Großstaat des 19. Jahrhunderts, bei dem endlich auch die zähringischen Stammbesitzungen im Breisgau zur Kernmarkgrafschaft zurückgefunden hatten.

Dieser neue Staat des 19. Jahrhunderts lieferte denn auch den Maßstab, der an die Geschichte des späten Mittelalters und der frühen Neuzeit angelegt wurde. Erst nach diesem Maßstab gab es Aufstieg und Niedergang, Fortschritt oder Rückfall. Die Alternative zur »modernen« Staatlichkeit konnte nichts anderes als Chaos gewesen sein. Im Vergleich zum Flächenstaat des Großherzogtums nahmen sich die badischen Teilherrschaften wie Fragmente eines künftigen Territoriums aus, die wiederholten Teilungen als verantwortungslose Zersplitterung – denn das Ziel der Geschichte war ja offenbar das zusammenhängende Staatsgebiet. Gemessen an der Machtfülle des neuen Souveräns von 1806 schnitt die markgräfliche Politik mit ihren Rücksichten und Zwängen nicht immer gut ab. Am besten kamen die Historiker noch damit zurecht, daß die Markgrafen meist in der Umgebung der Könige und Kaiser zu finden waren. Das Klientelverhältnis ließ sich umdeuten und verstehen als Treue zu Kaiser und Reich; diese Thematik war im Zeitalter des Nationalstaats und der Reichsgründung vertraut, so wenig das 19. Jahrhundert auch sonst mit dem spätmittelalterlichen Königtum anzufangen wußte. Hier aber ließ sich eine Linie ziehen von Markgraf Friedrich von Baden, der 1268 mit dem letzten Hohenstaufen in Neapel hingerichtet wurde, über den seligen Markgrafen Bernhard II., den Landespatron, der 1458 im Auftrag des Kaisers für einen Kreuzzug des christlichen Europa gegen die Türken geworben haben sollte, bis hin zum sieghaften Türkenlouis.

Das Haus Baden im Spätmittelalter und in der frühen Neuzeit

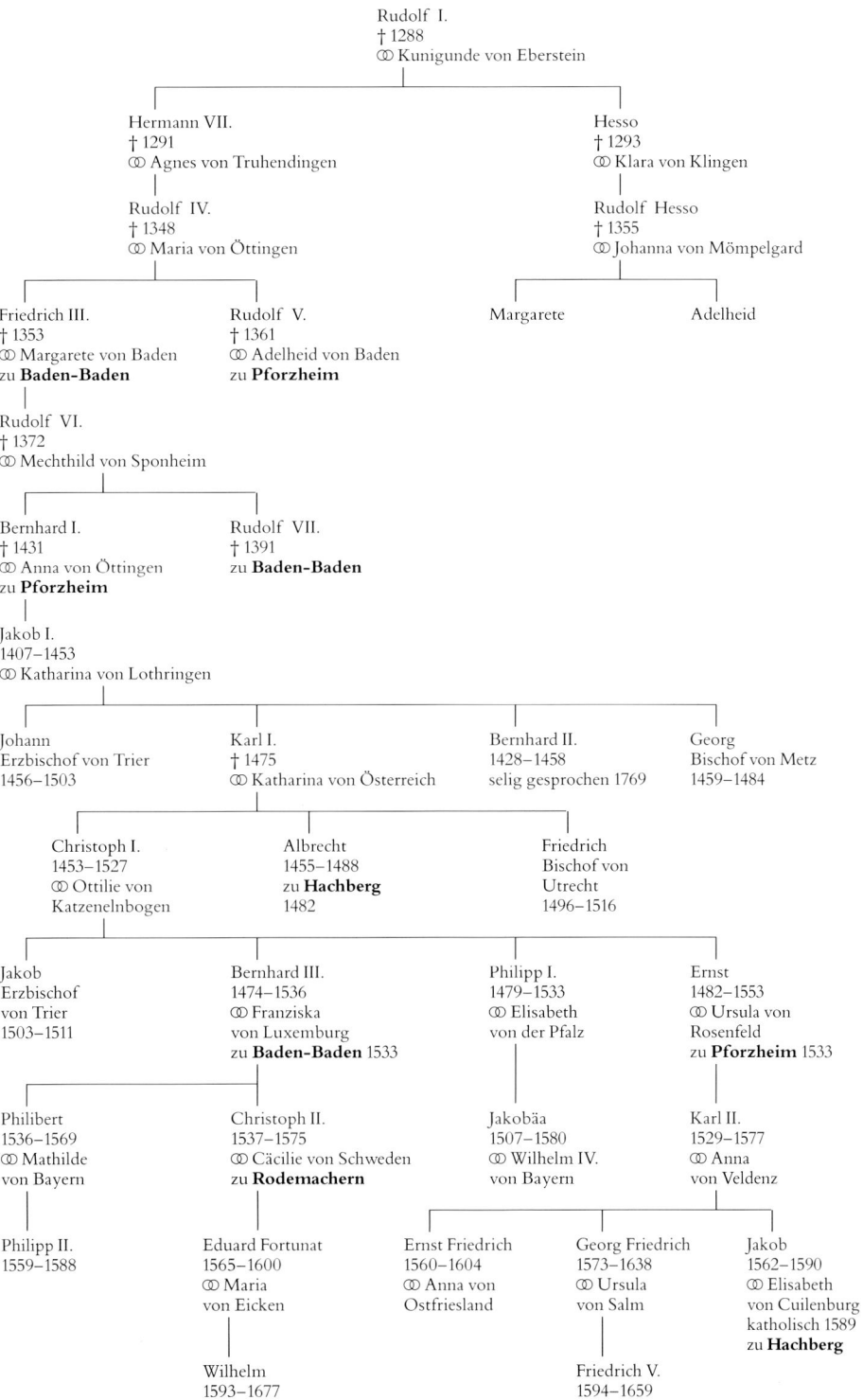

Rudolf I.
† 1288
∞ Kunigunde von Eberstein

Hermann VII.
† 1291
∞ Agnes von Truhendingen

Hesso
† 1293
∞ Klara von Klingen

Rudolf IV.
† 1348
∞ Maria von Öttingen

Rudolf Hesso
† 1355
∞ Johanna von Mömpelgard

Friedrich III.
† 1353
∞ Margarete von Baden
zu **Baden-Baden**

Rudolf V.
† 1361
∞ Adelheid von Baden
zu **Pforzheim**

Margarete

Adelheid

Rudolf VI.
† 1372
∞ Mechthild von Sponheim

Bernhard I.
† 1431
∞ Anna von Öttingen
zu **Pforzheim**

Rudolf VII.
† 1391
zu **Baden-Baden**

Jakob I.
1407–1453
∞ Katharina von Lothringen

Johann
Erzbischof von Trier
1456–1503

Karl I.
† 1475
∞ Katharina von Österreich

Bernhard II.
1428–1458
selig gesprochen 1769

Georg
Bischof von Metz
1459–1484

Christoph I.
1453–1527
∞ Ottilie von
Katzenelnbogen

Albrecht
1455–1488
zu **Hachberg**
1482

Friedrich
Bischof von
Utrecht
1496–1516

Jakob
Erzbischof
von Trier
1503–1511

Bernhard III.
1474–1536
∞ Franziska
von Luxemburg
zu **Baden-Baden** 1533

Philipp I.
1479–1533
∞ Elisabeth
von der Pfalz

Ernst
1482–1553
∞ Ursula von
Rosenfeld
zu **Pforzheim** 1533

Philibert
1536–1569
∞ Mathilde
von Bayern

Christoph II.
1537–1575
∞ Cäcilie von Schweden
zu **Rodemachern**

Jakobäa
1507–1580
∞ Wilhelm IV.
von Bayern

Karl II.
1529–1577
∞ Anna
von Veldenz

Philipp II.
1559–1588

Eduard Fortunat
1565–1600
∞ Maria
von Eicken

Ernst Friedrich
1560–1604
∞ Anna von
Ostfriesland

Georg Friedrich
1573–1638
∞ Ursula
von Salm

Jakob
1562–1590
∞ Elisabeth
von Cuilenburg
katholisch 1589
zu **Hachberg**

Wilhelm
1593–1677

Friedrich V.
1594–1659

53

Das Haus Hachberg im Spätmittelalter und in der frühen Neuzeit

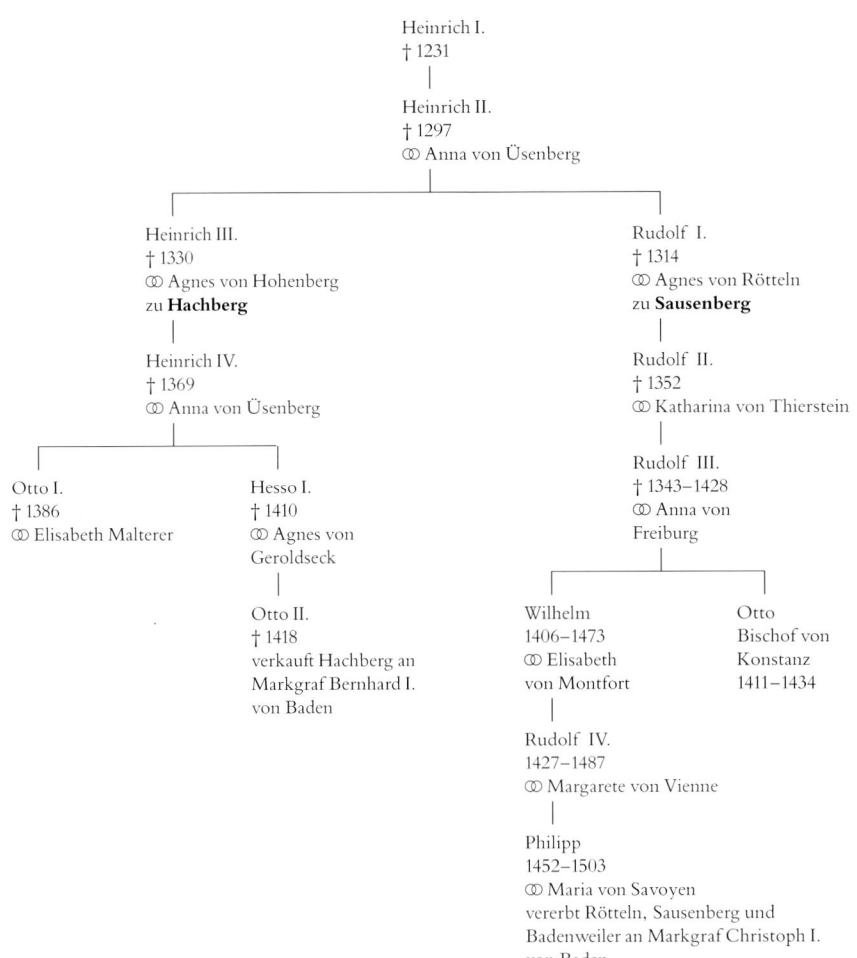

Heinrich I.
† 1231

Heinrich II.
† 1297
⚭ Anna von Üsenberg

Heinrich III.
† 1330
⚭ Agnes von Hohenberg
zu **Hachberg**

Rudolf I.
† 1314
⚭ Agnes von Rötteln
zu **Sausenberg**

Heinrich IV.
† 1369
⚭ Anna von Üsenberg

Rudolf II.
† 1352
⚭ Katharina von Thierstein

Otto I.
† 1386
⚭ Elisabeth Malterer

Hesso I.
† 1410
⚭ Agnes von
Geroldseck

Rudolf III.
† 1343–1428
⚭ Anna von
Freiburg

Otto II.
† 1418
verkauft Hachberg an
Markgraf Bernhard I.
von Baden

Wilhelm
1406–1473
⚭ Elisabeth
von Montfort

Otto
Bischof von
Konstanz
1411–1434

Rudolf IV.
1427–1487
⚭ Margarete von Vienne

Philipp
1452–1503
⚭ Maria von Savoyen
vererbt Rötteln, Sausenberg und
Badenweiler an Markgraf Christoph I.
von Baden

Verständlich, daß man der Markgrafschaft im spätmittelalterlichen Machtgefüge am Oberrhein dann auch nach Möglichkeit ein Gewicht zuschrieb, das ihre künftige Rolle ahnen ließ. Markgraf Christoph I. vor allem erhielt die Züge einer grauen Eminenz, die sich in der habsburgischen Politik unentbehrlich machte und auch gegenüber der starken Kurpfalz die Fäden in der Hand behielt. Die Geschichte der Nachbarterritorien kam im Verhältnis zu ihrer politischen Bedeutung recht kurz. Es ist kein Zufall, daß Ludwig Häussers »Geschichte der rheinischen Pfalz« (1845) erst in unseren Tagen einen gültigen Ersatz gefunden hat und ebenso erst jetzt die vorderösterreichische Herrschaft am Oberrhein Gegenstand intensiverer Forschung wird. Daß die Markgrafen, obwohl Reichsfürsten, politisch weder mit den pfälzischen Kurfürsten noch mit den habsburgischen Herzögen mithalten konnten, war zwar offensichtlich – nur besaßen sie eben das Glück, beide Gewalten zu beerben, und hatten so die historische Kontinuität auf ihrer Seite.

Markgraf Christoph I. Skizze von Hans Baldung Grien von 1512.

Bezeichnenderweise hat man sowohl für Kurpfalz wie für Vorderösterreich immer wieder diagnostiziert, daß dort die Bildung geschlossener Territorien »mißlungen« sei, solange im Spätmittelalter die politische Landkarte noch nicht festgezeichnet war; seit der frühen Neuzeit verhinderten dann die Konfessionslager und die funktionierende Reichsgerichtsbarkeit jede weitere Arrondierung. Für die Markgrafschaft hatte dieses Urteil freilich genauso zu gelten, es galt überhaupt für die meisten Herrschaften des Alten Reiches: diese »offenen« Strukturen gehörten ja gerade zum Wesen der vorneuzeitlichen, alteuropäischen Welt.

So bleibt der – meist uneingestandene – Vergleich mit dem Großherzogtum des 19. Jahrhunderts unbefriedigend. Wer nur nach den Vorformen des modernen Staates fragt, wird die badische Geschichte mit einem Netz des »Schon« und des »Noch nicht« überziehen. Der Maßstab des politischen »Erfolgs« ist der eigenen Welt entlehnt, er ist anachronistisch und im Grunde auch uninteressant. Lohnender scheint es, nach den Möglichkeiten des Denkens und Handelns überhaupt zu suchen. Wenn die Markgrafen ihr Land immer wieder und so auch im 16. Jahrhundert teilten, war dies ja keine sträfliche Vernachlässigung einer Gesamtstaatsidee: es gab diese Idee gar nicht. Es gab wohl das Bewußtsein, daß eine größere Summe von Herrschaften in einer Hand vorteilhafter war als eine kleinere. Das Land blieb aber zunächst eine solche Summe von Teilen, so wie Herrschaft die Bündelung von Einzelrechten in einer Hand bedeutete. Man besaß mehr oder weniger davon, einzelne Rechte konnten verloren gehen oder ließen sich verpfänden – noch hatte ja kein Staatstheoretiker »öffentliche Gewalt« definiert.

Gleichwohl gab es eine Klammer, die alle diese Herrschaften und Rechte umspannte. Sie erwies sich auf Dauer als stark, stärker auf

Privileg König Wenzels vom 18. August 1387, in dem die Untertanen des Markgrafen Bernhard I. von fremder Gerichtsbarkeit befreit werden. Solche »Gerichtsstandsprivilegien« gehörten wesentlich zur Bildung von Territorien.

jeden Fall als die Teilungen. Der »Name und Stamm des uralten fürstlichen Hauses Baden« verband auch, was dasselbe dynastische Interesse auseinanderdividierte. Als Markgraf Christoph und Markgraf Philipp von Rötteln 1490 das sog. »Rötteler Gemächte«, den Erbvertrag für die künftige Vereinigung der beiden Markgrafschaften aushandelten, beriefen sie sich ausdrücklich auf die gemeinsame Herkunft – obwohl diese gemeinsame Wurzel damals bereits so tief vergraben lag, daß der genealogische Nachweis wohl nicht einfach zu führen gewesen wäre.

Derselbe Markgraf Christoph behielt sich aber durchaus vor, diese gesamte Erbmasse auch wieder unter seine Söhne zu verteilen. Sein Vater Karl und sein Großvater Jakob hatten es ebenso gemacht. Der Zusammenhalt des Hauses war damit nicht in Frage gestellt, alle Erben galten als Markgrafen von Baden. Seit dem Hausvertrag von 1380 war festgeschrieben worden, daß sich Erbteile nicht verselbständigen durften, sondern an die männliche Linie zurückfallen mußten. Dieses Rezept hatte sich erstaunlich gut bewährt, auch hatten jüngere Brüder ab und zu freiwillig auf ihre Landportion verzichtet.

Wie stark das dynastische Band die Teile zusammenhielt, sollte sich gerade dann erweisen, als die Konfessionsgrenze einen tiefen Graben durch die Markgrafschaft gezogen hatte. Bis zur dramatischen »Okkupation« der katholischen Lande durch die evangelische Linie im Jahr 1594 war der ständige Kontakt zwischen den beiden badischen Regierungen fast selbstverständlich – obwohl es auch den üblichen Verwandtschaftsstreit gab und obwohl es doch gerade keine »Konfessionsverwandten« waren. Markgraf Philipp II. von Baden-Baden legte auf diese gemeinsam politische Beratung ebenso großen Wert wie Eduard Fortunat, der dem evangelischen Ernst Friedrich durchaus auch einmal seine Vertretung gegenüber den sperrigen eigenen Landständen überlassen konnte. War Eduard Fortunat außer Landes, holten sich die Baden-Badener Beamten in Durlach Rat. Gerade diese Zusammenarbeit erleichterte Ernst Friedrich dann die genannte, fast widerstandslose Besetzung der katholischen Markgrafschaft – und gerade diese Besetzung sollte in den Glaubenskriegen des 17. Jahrhunderts fast zum Ruin der beiden Markgrafschaften und zu ihrer vorläufig endgültigen Teilung führen. Das Corpus catholicorum, der katholische Teil der Reichsstände, ließ eine gewaltsame Änderung des status quo nicht mehr zu. Der Westfälische Frieden wurde so zur wirklichen Epochengrenze, indem er um des Friedens willen Grenzen eindeutig festschrieb, die es bisher so nicht gegeben hatte.

Bei all diesen Auseinandersetzungen, bei den Kämpfen um katholische und evangelische Vormundschaften und um die Regierungsfähigkeit oder -unfähigkeit eines Eduard Fortunat ging es immer um eins: um die Familie, um ihre Legitimation, um ihre Ansprüche.

Reitersiegel des Markgrafen Hermann VII. von 1289. Der Markgraf hält auf diesem Siegeltyp, der im Haus Baden bis zur Mitte des 14. Jahrhunderts in Gebrauch war, in der Linken den badischen Schild. Lindenzweige als Helmzier unterschieden die Badener von der Hachberger Linie.

Siegel des Markgrafen Philipp von Hachberg von 1490. In dramatischer Auflösung der Fläche wird der Typ des Reitersiegels ein letztes Mal wiederholt.

Hausvertrag zwischen den Markgrafen Rudolf VII. und Bernhard I. vom 16. Oktober 1380. Die Markgrafschaft sollte in Zukunft zwischen höchstens zwei Linien geteilt werden. Die kurpfälzischen Hausgesetze bzw. die Goldene Bulle gaben den Anstoß zu diesem »Heidelberger Vertrag«, der vom Pfalzgrafen, den Grafen von Sponheim und von Eberstein und Ortenauer Adligen mitbesiegelt wurde.

Herrschaft bedeutete im vorneuzeitlichen Denken Herrschaft von Personen über Personen. Die Forderung nach einem einheitlichen Staatsgebiet setzt einen abstrakten »Staat« voraus, der unabhängig von der Dynastie existiert. Eine solche Konstruktion lag außerhalb des Denkens. Das heißt nicht, daß es die Vorstellung von Unteilbarkeit nicht schon lange gegeben hätte: die Goldene Bulle Kaiser Karls IV. von 1356 hatte damit den Bestand der Kurfürstentümer gesichert. Dort ging es aber vor allem um die feste und unstrittige Zahl der Kurstimmen bei der Königswahl. Und auch die badischen Hausverträge des 14. Jahrhunderts hatten zwar die Anzahl der Teilungen für die Zukunft auf zwei Linien begrenzt, nicht aber die Teilung selbst in Frage gestellt. Auch die Theoretiker des »guten Regiments«, die die Rechte und Pflichten der Fürsten definierten, hatten nicht den »Staat«, sondern den Herrscher im Blick. Solange Markgraf Christoph gegenüber seinen revoltierenden Söhnen die Unteilbarkeit des Landes durchsetzen wollte, ließ er sich Rechtsgutachten des Freiburger Juristen Ulrich Zasius anfertigen. Dessen Sentenzen gipfelten in der Feststellung, daß ein Fürst in seinem letzten Willen frei sei. Daher könne er auch die Erbfolge nur eines Sohnes verordnen; die anderen Brüder hätten sich als gehorsame Söhne zu fügen. Auch hier setzte also der Gedanke der persönlichen Herrschaft die Maßstäbe.

Mit dem Nutzen einer ungeteilten Herrschaft für Land und Untertanen hatte dagegen der Markgraf selbst beiläufig argumentiert, als er die Landschaft der unteren Markgrafschaft zur Hilfe gegen die benachteiligten Söhne aufforderte. Bezeichnend war dabei, daß Christoph nicht mit einer Vertretung des ganzen Landes, sondern mit den einzelnen Herrschaften zu verhandeln hatte. So versprach die Landschaft des einen Teils Hilfe und Anerkennung für den präsumptiven Erben Philipp, die andere lehnte sie ab. In der Kernmarkgrafschaft sollten sich ein einziges Mal Vertreter des Adels, der Stifte und Klöster und der Städte und Ämter gleichzeitig mit der Einheit des Landes befassen. Im Teilungsprozeß zwischen Bernhard III. und Ernst von 1536 wurden die Stände wohl von sich aus vermittelnd tätig, ohne dabei noch fest institutionalisiert zu sein. Als Bernhard im selben Jahr starb, war sein Sohn Philibert noch kein halbes Jahr alt, ein zweiter Sohn kam erst posthum zur Welt. Für den bernhardinischen Landesteil war damit die Vormundschaft für die unmündigen Kinder und eine weitere Halbierung der Baden-Badener Portion zu regeln; da auch eine Vormundschaft durch Bernhards Bruder Ernst in Pforzheim zur Debatte stand und Ernst vorsorglich die Regierung in Baden-Baden übernommen hatte, war die Frage der Einheit des Landes überhaupt berührt. Auch hatten die Untertanen noch beiden Fürsten gehuldigt, waren also beiden gleichzeitig zu Rat und Hilfe verpflichtet. Die Landstände, die hier für uns zum ersten Mal als aktive, politische Größe in Erscheinung treten, trafen demnach auf eine klassische Situation des frühneuzeitlichen Ständestaats. Sie konnten gegenüber der Herrschaft als Garanten des territorialen Bestandes und des Friedens zwischen den konkurrierenden Familieninteressen auftreten, so wie es ihnen in Württemberg schon im 15. Jahrhundert gelungen war.

Aber die Voraussetzungen waren in der Markgrafschaft doch ganz andere. Der Adel blieb von Anfang an separiert. Die Prälaten hatten bisher nicht zur Landschaft gezählt und sollten sich auch in Zukunft nie mehr auf dieser Ebene zusammenfinden. Die »Landschaft« bildete

Markgraf Bernhard III. und sein Bruder Ernst, Medaille Friedrich Hagenauers von 1533. Die gemeinsame Regierung der nach dem Tod Philipps I. zweigeteilten Markgrafschaft – worauf sich die Medaille bezieht – mißlang freilich völlig.

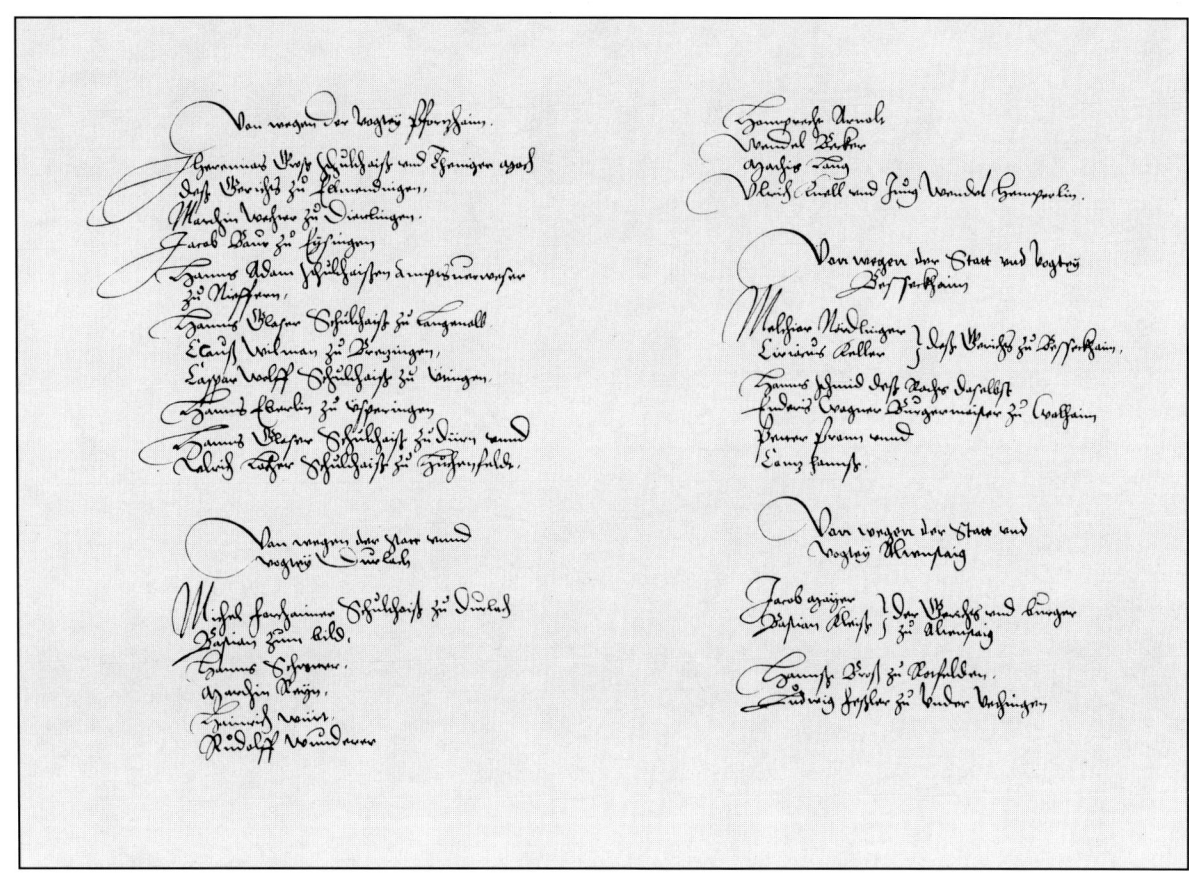

Abschied des Landtags der unteren Markgrafschaft vom 20. Juli 1554. Zur »Landschaft« gehörten nur die Vertreter, meist Beamte, der Städte und der Landämter, die auf unserem Beispiel für die Pforzheimer Landorte und für die Städte und Vogteien Durlach, Besigheim und Altensteig genannt sind.

in Baden auf Dauer nur die Vertretung der ˋStädte und Ämter, und ebenso blieb es auf Dauer bei den »Landschaften« der verschiedenen Landesteile. Wie schon unter Markgraf Christoph lag ihnen der friedliche Vergleich der Erben, nicht die Einheit des Landes vor Augen. Das Erbrecht setzte sich wieder durch und beide Prinzen erhielten ihre Anteile. Daraus ist den Ständen kein Vorwurf zu machen: eine »historische Stunde« zu verpassen, hätte ja geheißen, dem Denken der Zeit weit voraus zu sein.

Erst nach 1600, in der gewaltsam wiedervereinigten Markgrafschaft, sollten die Landschaften noch einmal Gelegenheit erhalten, als

Jr Criſtoff võ gots gnadẽ Marggraue zů Badẽ vnd Hochberg\Grafe zů Spã heim\Herr zů Röteln vnd Suſenburg\ Thůn kund aller menglich. Wiewol die gewonheiten vnd gebruch der Stette vnd Cõmunen von gemeinem rechten beſtendikeit krafft vnd gewaltſami\ inn vnd vſſerthalb rechtẽs habẽ ſollen. So befinden wir doch vß erfarung das die

infürung der gewonheiten offt vnd dick vß vnwiſſenheit der keiſerlichen ſatzungen vnd rechten\vnd mit irrung erwachſen\vnd ſich erheben lichtlich inn ſchlechter einfal tiger mẽſchen gemüten verwenungẽ\ einer beſtendige gewõheit\ die doch zů zyten vß gebreſten vnd mangel der weſenlichen ſtück ſo die inn rechtfertigungen nit fürbracht abherkant\So werden auch offt in geringẽ gezirckẽ vnder einer oberkeit vylerley wider wertiger vnglicher gewonheiten erfunden\vnd in fürnallendẽ geſchichten vnnd handeln\die zů zyten glichförmig aber vnglich gebrucht\vnd in rechtſprüchẽ widerwertiglich herkent\wie wir dann des von den vnſern an vnſern ober vnd vndergerichten\ vnd beſunder zů rechtfertigungen vnd ſachen die erbung vnnd erbfell berürn begegnet ſin vnderricht\ vnnd ſind darüb bewegt worden zů nutze vnd gůtẽ vnſern vndertanen\ vnd ſollich koſten vnd ſcheden darinn ſie inn bewerůgen vnd vß fürungẽ angezeig ter gewonheiten bißher gefürt ſind zůuerhüten mit gůtem rate vnd vorbetracht ein gliche erbung vnd erbſchafft in vnſerm für ſtenthům der Marggrafeſchafft Baden zůordnen vnd fürzůne men\wöllẽ ſetzen vnd ordnen darüb vß vnſer fürſtliche oberkeit vnd gewaltſami\das nů hinfür\nemlich vff den heiligen nüwen Jars tag\ſo man zaln würdt võ Chriſti vnſers liebẽ herrn geburt Fünfftzehenhundert vnd zwölff Jare\anzůfahen dieſe nachuol gende Satzungen vnd Ordnungen\inn allen erbungen vnd erb ſchafften ſo ſich inn vnſerm fürſtenthům begeben gehalten\auch inn fürnallendẽ irrungẽ die zů rechtfertigůg wachſen\gehãdelt vnd an vnſern obern vnd vndern gerichten herkent werden ſoll inn aller maſſen wie die ſelben ordnungen vnd artickel hernach volgend innhaltend.   Wir thůn auch darauff hiemit ab vnd vernichten alle vnd yede vnſere vorige ſatzũgen vnd ordnungen deſglichen die gewõheiten gebruche vnd herkommen in vnſerm fürſtenthům der Marggraffſchafft Baden allenthalben ſo wyt

a iij

Ordnung des Markgrafen Christoph I. von 1511 über Erbfolge und Vormundschaft in der unteren Markgrafschaft. Das Werk des gelehrten Kanzlers Dr. Jakob Kirser spiegelt als obrigkeitliches »Gesetz« die Rezeption des Römischen Rechts wider.

Siegel der Markgräfin Margarete von Baden, 1348. Margarete stammte aus einer badischen Nebenlinie und heiratete ihren Vetter, Markgraf Friedrich III. Ihr Damensiegel zeigt daher zwei badische Wappen.

Margaretes Sohn Rudolf VI. gab das Reitersiegel auf und führte nur noch Wappensiegel – eine Abstraktion im Herrschaftsverständnis? Zugleich übernahm er die Helmzier der Markgrafen von Hachberg, die Steinbockhörner, für das badische Wappen.

politische Instanz gemeinsam aufzutreten. Markgraf Georg Friedrich hat dieses Mittel wohl bewußt eingesetzt. Während er zunächst mit den einzelnen Landesteilen gesondert verhandelte, rief er nach 1610 die Vertreter aller Landschaften mehrmals in die Durlacher Karlsburg zusammen. Der Ausbruch des Kriegs machte aber solchen Demonstrationen der Landeseinheit ein rasches Ende. Die Erbansprüche der entmachteten katholischen Linie erwiesen sich wiederum stärker als der Gedanke der territorialen Integrität. In den endgültig fixierten beiden Landesteilen sollten dann auch die Landschaften keine Rolle mehr spielen. Nach 1648 traten sie von der politischen Bühne ab.

So haben die Repräsentanten des »Landes« die Vorstellung einer notwendigen staatlichen Einheit entweder nicht gekannt oder nicht durchhalten können. Das gilt ebenso für die »Herrschaft«. Auch die berühmt gewordenen landesherrlichen Ordnungen Markgraf Christophs galten z. T. für die ganze Markgrafschaft, z. T. für engere Bereiche, z. T. waren sie im patrimonialen Stil erlassen, z. T. wurden sie von den Untertanen als zweiseitige Verträge mitbesiegelt – für staatsrechtliche Vorstellungen seit dem Absolutismus ein unbegreifliches Wirrwarr, für die Zeitgenossen aber selbstverständlich in der Beachtung alter Einzelrechte.

Die persönliche Herrschaft, die Familie blieb demnach die wichtigste Klammer, die die Markgrafschaft des späten Mittelalters und der frühen Neuzeit verband. Das Territorium bestand aus einer Summe von Teilen. Die Vorstellung eines Gesamtstaats bestimmte das politische Denken kaum. Und auch die Möglichkeiten des Handelns lassen sich nicht vom modernen Staat her beschreiben. Die ältere Historiographie hat immer wieder versucht, die oft verwirrenden Kräfteverhältnisse und politischen Szenarien in ein Raster von »Parteien« im Reich zu bringen und die Markgrafen von Baden als Reichsfürsten in diesem Raster unterzubringen. Die hochmittelalterliche Alternative hatte »staufisch oder welfisch« geheißen. Für das Spätmittelalter gab »luxemburgisch, wittelsbachisch oder habsburgisch« eine griffige Formel ab, und in der frühen Neuzeit sah man die Konfessionlager einander gegenüber stehen. Solche Hilfsgerüste sind oft durchaus tragfähig; man muß sich nur bewußt sein, daß es eben nur Hilfsgerüste sind, die nicht überlastet werden dürfen. Schon die Zuordnung der Markgrafen zu den Reichsfürsten besitzt ihre Unwägbarkeiten. Die Tatsache selbst war unbestritten. Über den Titel hinaus hatte Rudolf VI. 1362 zum ersten Mal das Territorium zwischen Pfinz und Schwarzach als Markgrafschaft zu Lehen erhalten, also nicht mehr nur die Summe einzelner Orte. Zum Fürstenlehen gehörten die Regalien wie Münze und Geleit, dazu gehörte seit 1387 auch die Befreiung der Untertanen von fremden Gerichten. Als Gradmesser für das politische Gewicht taugen diese Rechte aber nur bedingt. Es gab Zeiten, in denen die Markgrafen ganz am Rand der fürstlichen

Sphäre agierten oder sogar jenseits davon. Unbestechliche Zeugnisse dafür sind Zeremonien auf Reichsebene. 1473 kam Markgraf Karl I. mit zwei Söhnen im Gefolge Kaiser Friedrichs III. nach Trier; in den Gesprächen mit Herzog Karl dem Kühnen von Burgund wurde hier der Grundstein für die burgundische Heirat Maximilians und damit für die westeuropäische Politik des Hauses Habsburg gelegt. Für eines der vielen Trierer Feste ist die Sitzordnung überliefert. Die Markgrafen erhielten ihre Plätze keineswegs am Tisch der Fürsten, sondern bei deren Räten, zwischen den Gesandten und Grafen. Sie zählten hier zur kaiserlichen Klientel, galten nicht als politische Partner (obwohl doch Markgraf Karl der Schwager des Kaisers war und sein eigener Bruder, Erzbischof Johann von Trier, als Hausherr und Gastgeber des Treffens am Fürstentisch saß!). Täuscht dieses Bild – oder galt es nur für das 15. Jahrhundert? Eines der württembergischen Hoffeste zu Beginn des 17. Jahrhunderts zeigt eine vollkommen gewandelte Szene. Markgraf Georg Friedrich erschien 1616 in Stuttgart mit 378 Personen: die Zahl seines Gefolges lag damit um 70 Personen über der des württembergischen Gastgebers, des Herzogs Johann Friedrich, es überstieg die Begleitung des Markgrafen Joachim Friedrich von Brandenburg gar um 240 Personen und erreichte damit fast den Star des Festes, Kurfürst Friedrich von der Pfalz, der es für sich und seine englische Gemahlin Elisabeth auf 417 Personen gebracht hatte. Wie bei allen fürstlichen Auftritten ging es freilich auch hier um politische Demonstration. Hier sollte Macht vorgeführt werden, die doch auf schwankendem Boden ruhte: man spielte politisches Theater in einer Zeit, die den Mummenschanz liebte. Der Markgraf stellte sich als Herr eines mit Gewalt wiedervereinigten Territoriums mit an die Spitze der evangelischen Fürsten. Im Festzug ließ er die siegreiche Kaiserin »Germania« mit den zehn Nymphen der Reichskreise das besiegte Monstrum der Zwietracht vorführen; daß dessen Köpfe einen Spanier, einen Jesuiten und einen Kapuziner zeigten, erwähnte der Festbericht Rudolf Weckerlins mit Rücksicht auf die katholische Seite vorsichtshalber nicht. Während die anderen Fürsten im Zeitgeschmack ihre allegorischen »Inventionen« mit antiken Gestalten bevölkerten, beschwor Georg Friedrich so mit allen Mitteln den Gedanken der Einheit: der Einheit des Reiches, das sich in Wirklichkeit in starren Lagern rüstete, und der Einheit des Glaubens unter den Konfessionsverwandten, die sich doch als Lutheraner und Calvinisten mißtrauisch voneinander distanzierten. Das badische Aufgebot sollte in seinem Umfang offensichtlich die Einheit des Landes und das politische Gewicht des Markgrafen vor Augen führen. So sehr aber der Kaiser die politische Demonstration als anstößig empfand – dem Herzog von Württemberg wurde der Aufwand bei seinen Festen noch 20 Jahre später vorgehalten –, so wenig wollte er die usurpierte badische Position hinnehmen. Die militäri-

Taler mit dem Bild des Markgrafen Georg Friedrich von 1609. Der Taler wurde in der im selben Jahr neu eröffneten Pforzheimer Münze geprägt.

Die Kaiserin Germania führt das Monstrum der Zwietracht gefangen. Aus dem Aufzug des Markgrafen Georg Friedrich bei dem Stuttgarter Tauffest von 1616.

Siegel des Markgrafen Philipp II. von 1584. Seit der Mitte des 16. Jahrhunderts verwendeten die Markgrafen ein kombiniertes Wappensiegel, bei dem das badische Wappen als Herzschild auf eine Vielzahl von Herrschaftswappen gelegt ist.

Abschlag eines Talers von 1590 mit dem Bild des Markgrafen Eduard Fortunat, der den Münztypus der kämpferischen Halbfigur erstmals prägen ließ.

schen Katastrophen zu Beginn des 30jährigen Krieges zeigten schnell, wie es um diese badische Macht stand. Georg Friedrich dankte ab und starb nach Kriegszügen in fremden Diensten in Straßburg, sein Sohn Friedrich verlor zeitweise auch noch den Durlacher Teil der Markgrafschaft und lebte im Stuttgarter Exil.

Vergleichen wir noch einmal die beiden Szenen von 1473 in Trier und 1616 in Stuttgart – soweit ein solcher Vergleich überhaupt zulässig ist. 1473 agierten die Markgrafen auf der politischen Bühne wohl »unter Wert«. Eine schwere Niederlage des Jahres 1462 gegen Kurpfalz lastete finanziell noch lange auf ihnen, politisch hielten sie sich im Hintergrund. 1616 hat Georg Friedrich dagegen offensichtlich überzogen. Gewiß verlangte der Repräsentationsstandard einer Dynastie inzwischen ein Vielfaches an Aufwand. Im 16. Jahrhundert hatte Europa neue Formen des Reichtums kennengelernt. Die Klagen über den Sittenverfall und die vergessene Bescheidenheit des Hoflebens von früher gehörten komplementär dazu; mit Geschichten und Kommentaren zu diesem Thema pflegte Graf Froben von Zimmern, der Chronist adligen Renaissancelebens, seine Schilderung des badischen Hofes zu würzen. Der Vorwurf übertriebenen Aufwands und hemmungsloser Schuldenmacherei sollte dann auch zum festen Bestandteil protestantischer Kritik an der katholischen Hofhaltung in Baden-Baden werden. Die Szene von 1616 mahnt da zur Vorsicht. Handelt es sich nicht eher um einen Topos, dessen sich beide Seiten in ihrer Polemik bedienten? Repräsentationsaufwand und Verschuldung waren ja keine Frage der Konfession, sondern das Problem der frühneuzeitlichen Fürsten schlechthin – wie anders hätten sonst im evangelischen Herzogtum Württemberg die geldbewilligenden Stände gerade jetzt ihre große Zeit erleben können?

Auch in den beiden Markgrafschaften fanden die Landschaften zum Ende des 16. Jahrhunderts hin ihr eigentliches Terrain, die Finanzpolitik. 1582 übernahm die Landschaftskasse des katholischen Teils Schulden des Markgrafen Philipp II. in Höhe von 200 000 Gulden und erhielt dafür das Recht zur Besteuerung des Landes in eigener Regie. Die Baden-Durlacher Landschaft zog 1588 nach. Die landesherrlichen Schulden betrugen hier sogar 100 000 Gulden mehr – die Parität blieb also zumindest gewahrt, und als Markgraf Ernst Friedrich sich bei der Besetzung der katholischen Markgrafschaft auf die Gesamthaftung des Hauses Baden für die unverantwortlichen Schulden Eduard Fortunats berief, kannte er die Materie eigentlich aus eigener Anschauung; freilich hatten die katholischen Vettern die Schulden in der Zwischenzeit in astronomische Höhen wachsen lassen. Die Markgrafen von Baden, ob evangelisch oder katholisch, waren von den Ausgangsbedingungen her aber doch denselben Problemen verhaftet.

Wir haben gesehen, wie sich die Markgrafen bescheiden im Hintergrund hielten oder über ihre Verhältnisse lebten. Es gab aber auch konstante Werte. So stand außer Frage, daß die Markgrafen hinter den größeren Gewalten im deutschen Südwesten zurückzutreten hatten. Immer wieder stellten sie z. B. für andere Fürsten Statthalter, vor allem in den österreichischen Vorlanden. Markgraf Karl I. verpflichtete sich gegenüber Herzog Albrecht VI. von Österreich als Rat; wie gegenüber dem Kaiser zählte er auch hier zur fürstlichen Klientel. Undenkbar, daß sich dieses Verhältnis einmal hätte umdrehen lassen. Dabei führten die habsburgischen Aufträge die Markgrafen zeitweise in hohe Positionen. Als Vertreter Erzherzog Ferdinands übernahm Markgraf Philipp I. von 1524 bis 1528 die Leitung des Reichsregiments, das in Esslingen tagte. In Ausschüssen des Reichstags fiel ihm damit automatisch der erste Rang zu; die anderen Reichsstände mußten das, wenn auch murrend, hinnehmen. Ein anhaltender Streit mit den Landgrafen von Hessen um den regulären Platz im Reichstag machte freilich deutlich, daß solche Sonderfunktionen den Ort der Markgrafen in der ständischen Hierarchie des Reiches langfristig nicht verändern konnten.

Ein weiteres untrügliches Indiz für den sozialen Rang der Markgrafen sind ihre Heiraten. Heiratspolitik ist immer Standespolitik. In der alteuropäischen Welt gibt das *connubium* genaue Auskunft über die Gruppenzugehörigkeit und den politischen Bewegungsspielraum, über Aufstieg und Abstieg einer Familie. Auch deswegen wurden ja die Ausnahmen von der Regel – meist die Mesalliancen – so bekannt wie umstritten. Tatsächlich galt das Interesse aber durchaus den Abweichungen nach beiden Seiten. Von Markgraf Karl I. hieß es nahezu stereotyp, er habe *des romschen keisers swester zu wibe* gehabt; als überraschend gute Partie scheint seine Ehe mit Katharina, der Schwester Kaiser Friedrichs III., den älteren Chronisten manchmal fast das einzige Erwähnenswerte an seiner Person gewesen zu sein. Dagegen zerbrach an der heimlichen Heirat des Markgrafen Eduard Fortunat mit Maria von Eicken (1591) das Einverständnis der beiden badischen Linien endgültig. Maria galt in Durlach als unebenbürtig, ihr Sohn Wilhelm konnte erst nach dem Sieg der kaiserlichen Truppen in der Schlacht von Wimpfen seine Regierung antreten.

Ehen mit Niederadligen waren dabei selbst im 16. Jahrhundert für die Markgrafen keineswegs tabu. Das Grabmal des Stammvaters der Durlacher Linie, des Markgrafen Ernst (1482–1553), zeigt ihn mit seiner Frau Ursula von Rosenfeld. In der Pforzheimer Schloßkirche zählt das Doppelgrab nicht nur zu den prächtigsten Epitaphien, sondern es wurde durch die Position in der Chormitte zugleich Mittelpunkt der ganzen fürstlichen Denkmalarchitektur. Was man am Jahrhundertende aus politischen Gründen gegen die katholische Linie hochspielte, war zwei Generationen früher noch gar nicht problematisch gewesen.

Von der Mitte des 13. bis zum Anfang des 15. Jahrhunderts hatten

Siegel des Markgrafen Karl I. von 1455 und seiner Frau Katharina, Herzogin von Österreich, von 1476. Karls Siegel zeigt außer dem badischen Schrägbalken auch die Rauten der Grafschaft Sponheim, zu denen als Helmzier die beiden Pfauenspiegel gehören. Auf dem Damensiegel läuft der badische Balken in der heraldischen »Courtoisie« eines Allianzwappens auf den österreichischen Bindenschild zu.

Kurfürst Friedrich I. von der Pfalz (1451–1476), wittelsbachischer Gegenspieler Kaiser Friedrichs III. und Repräsentant einer königsgleichen Herrschaft am Oberrhein.

Siegel der Markgräfin Ottilie, Gräfin von Katzenelnbogen, Frau Christophs I., von 1483. Um das Allianzwappen zieht sich das Schriftband in fast naturalistischen Schlingen.

die Markgrafen bei ihren Heiraten das Niveau der Grafenfamilien überhaupt nie verlassen, d. h. exakter: nie nach oben überschritten; nach unten gab es wenige Ausnahmen. Seit Rudolf I. führte das Connubium zu den Grafen von Württemberg oder Vaihingen, Leiningen oder Lichtenberg. Das galt mit den gleichen oder austauschbaren Namen auch für die Vettern von der Rötteler Linie. Die Markgrafen reihten sich also nach ihren Heiraten in bemerkenswerter Stabilität über einen Zeitraum von fast 200 Jahren in eine Schicht hochadliger, nichtfürstlicher Familien. Ein Merkmal dieser Schicht war es, daß sie bei aller Selbständigkeit immer auch zur Klientel der fürstlichen bzw. der »königsfähigen« Dynastien zählten. Die Funktionen der Leininger am wittelsbachischen Hof in Heidelberg oder der Zollern oder Hohenberger bei den habsburgischen Herzögen waren den Dienstverhältnissen der badischen Markgrafen durchaus vergleichbar.

Diesem ständischen Niveau blieben die Markgrafen auch noch verbunden, als ihnen heiratspolitisch der Aufstieg in die fürstlichen Dynastien gelang. Der qualitative Sprung läßt sich recht genau datieren. Markgraf Bernhard I. konnte gleich dreien seiner sechs verheirateten Kinder den Zutritt zu herzoglichen Familien verschaffen. Sein ältester Sohn und Erbe, Jakob, erhielt eine Tochter des Herzogs von Lothringen zur Frau. Reichspolitisch fielen alle diese Heiraten in die Jahre des luxemburgischen Königtums, also in die Zeit nach dem Tod Ruprechts von der Pfalz. Bernhard – befreit von der bedrohlichen Nähe eines königlichen Hofes in Heidelberg – hatte König Sigismund seit dessen Wahl und seit den Turbulenzen des Konstanzer Konzils nahe gestanden; es ist kaum vorstellbar, daß ihm die Grenzüberschreitung in der Rangordnung des Reiches ohne die Hilfe seines Patrons gelungen wäre. Jakobs Sohn Karl sollte dann die spektakuläre Einheirat in das habsburgische Kaiserhaus gelingen. Karls Schwester Margarete erhielt den Vermittler dieser Heirat, den Markgrafen Albrecht Achilles von Brandenburg-Ansbach zum Mann; auch er zählte zur kaiserlichen Klientel. Die Katastrophe der Schlacht von Seckenheim, in der Karl als kaiserlicher Reichshauptmann vom Pfalzgrafen gefangen gesetzt wurde, bildete sich seismographisch in den Eheverträgen seiner Kinder ab: jetzt waren es wieder ausschließlich gräfliche Familien, die ihm der Sieger praktisch zudiktierte. Pfalzgraf Friedrich ließ noch nicht einmal die Verbindung des Sohnes Christoph mit einer Württembergerin zu; Baden und Württemberg mußten einen älteren Vertrag annullieren. Zugleich hatte aber der pfälzische Thronfolger Gräfin Ottilie von Katzenelnbogen, die dann Markgraf Christophs Frau werden sollte, als Heiratspartie für sich abgelehnt, da sie nicht eines *fürsten genosse* sei.

In Erfolg und Mißerfolg kam also die Bedeutung der Trennlinie zwischen nichtfürstlichen und fürstlichen Familien immer wieder zur

Geltung, und die Markgrafen bewegten sich standespolitisch lange diesseits und dann keineswegs unangefochten jenseits der Linie. Als umso größere Sensation durfte es gelten, daß Markgraf Christoph für seinen Sohn Philipp 1503 einen Heiratsvertrag mit der Tochter des pfälzischen Kurfürsten aushandeln konnte. Durch behutsame, vermittelnde Politik war es Christoph gelungen, allmählich aus dem Schatten der Katastrophe seines Vaters herauszutreten. Die Wittelsbacher waren ihrerseits dabei, im pfälzischen Erbfolgekrieg gegen König Maximilian den Kürzeren zu ziehen; sie akzeptierten in dieser Situation die Markgrafen als Partner, die sie bisher als pfälzische Lehensleute auf ihren Platz verwiesen hatten.

Der Preis für dieses Zugeständnis war allerdings hoch – zu hoch, wie sich zeigen sollte. Markgraf Christoph hatte wegen des Ranges der Braut seinem Sohn das ganze Land zu übergeben. Die anderen Kinder sollten kleinere Apanagen erhalten und durften daher auch nicht über das althergebrachte gräfliche Niveau hinaus heiraten. Was bei den Töchtern gelang, scheiterte an den benachteiligten Söhnen. Mit Entsetzen mußte Christoph mitansehen, wie sich sein Sohn Ernst eine Braut aus der Familie der Markgrafen von Brandenburg holte, obwohl das Land für zwei fürstliche Heiraten nach seiner Meinung (und vor allem nach seinen Verträgen mit Kurpfalz) doch zu klein war. Ernst verlangte mit Erfolg eine eigene Portion am Erbe; damit war der Weg zu den anfangs genannten Teilungen beschritten.

So erwies sich der soziale Aufstieg als Falle. Für fürstliche Repräsentation reichten die Ressourcen im Grunde nicht aus, der einmal erreichte Status war aber nicht einfach wieder aufzugeben. Die beiden Höfe in Baden-Baden und Durlach bemühten sich dann mit wechselndem Erfolg, mit den konfessionsverwandten Fürstenhäusern Schritt zu halten. Für die katholische Linie wurde die Verbindung von Philipps Tochter Jakobäa nach Bayern richtungweisend; durch das 16. und 17. Jahrhundert sollten bayerische Ehen und Vormundschaften und Erziehungsaufenthalte der badischen Prinzen in Bayern die Politik des Landesteils nachhaltig bestimmen. Unterhalb dieser Ebene suchte man sich in Baden-Baden die Ehepartner öfters auch in den inzwischen gefürsteten Familien wie Hohenzollern-Hechingen oder Fürstenberg. Die Durlacher hielten sich an die traditionellen Kontakte zum Haus Württemberg – das nun ebenfalls in den Fürstenstand erhoben worden war – und zu den fränkischen Hohenzollern, blieben aber im Ganzen etwas bescheidener, d. h. häufiger auf dem gräflichen Niveau.

Kontinuität und Wandel zugleich bestimmten so die badische Heiratspolitik; die Ehen führten zu traditionell verbundenen Familien, aber zu verschiedenen Konfessionen. Nur die katholische Linie konnte dagegen die Tradition des fürstlichen Dienstes am kaiserlichen Hof aufrechterhalten. Wir sind diesen Bezügen schon mehrfach

Bronzegrabmal der Markgräfin Elisabeth von Brandenburg, der ersten Frau des Markgrafen Ernst, in der Stiftskirche zu Stuttgart, wo sie 1518 gestorben war.

Siegel des Markgrafen Philipp I. von 1528. Zum ersten Mal halten hier zwei Greifen das badische Wappen. Zu »offiziellen« Schildhaltern des badischen Staatswappens wurden sie aber erst im 19. Jahrhundert.

67

Grabplatte des Markgrafen Otto I. von Hachberg (gest. nach 1384) in der Kapelle von Sitzenkirch. Außer dem badischen Wappen mit zwei Steinbockhörnern als Helmzier ist auch das Wappen der Herrschaft Rötteln mitaufgenommen, nach der sich die Hachberger Linie zeitweilig nannte.

begegnet; im Grunde weist die Königsnähe der Markgrafen von Baden zurück bis in die Welt des Hochmittelalters. Die Markgrafen waren mit ihrem oberrheinischen Besitz eher in einer Schütterzone zwischen den Territorien ansässig als selbst politisches Zentrum. Sie bedurften des königlichen Schutzes. Ihr Verhältnis zu den stärkeren Nachbarn bestimmte sich wesentlich aus der Königsnähe; die Markgrafen repräsentieren in dieser Abhängigkeit vom Reichsoberhaupt die Gruppe der süddeutschen Königsklientel par excellence. Dabei waren sie beides: Nutznießer dieser Bindung und Geschädigte zugleich, denn nicht nur die Erfolge des Königtums zeichneten sich in der badischen Politik getreu ab. Als Vorposten des Hauses Habsburg gegen die pfälzischen Wittelsbacher gerieten die Markgrafen im 15. Jahrhundert an den Rand des Ruins.

Problematisch gestaltete sich das Verhältnis zum Reichsoberhaupt aber auch, wenn das Königtum an eine der nahen Gewalten fiel. So arrangierte sich Markgraf Rudolf I. mit Rudolf von Habsburg erst nach einer Machtdemonstration des Königs, der Mühlburg, Durlach und Grötzingen 1273 zum Opfer fielen. Auch die Beziehungen Markgraf Bernhards I. zu Pfalzgraf Ruprecht, seinem ehemaligen Vormund und Bundesgenossen, blieben in den Jahren des pfälzischen Königtums gespannt. Selbst als nach König Sigmunds Tod 1438 das Königtum auf Dauer an die Habsburger gefallen war und die Markgrafen den politischen Schwenk von den Luxemburgern zu den Gegnern von einst mit Bravour hinter sich gebracht hatten, schlug die oberrheinische Nachbarschaft mit Österreich noch ab und zu Funken; so dauerte es lange, bis Maximilian die Vereinigung des Markgräflerlands mit der unteren Markgrafschaft durch seinen badischen Freund und Vetter Christoph hinnahm.

Langfristig überwogen aber doch für beide Seiten die Vorteile dieses Klientelverhältnisses. Die Markgrafen waren am kaiserlichen Hof präsent als Berater oder als Vertreter des Kaisers in seinem Gericht. In dieser Funktion finden wir im übrigen auch die Markgrafen der Hachberger Linie. Markgraf Wilhelm von Hachberg und Markgraf Bernhard II. von Baden lösten sich als kaiserliche Kammerrichter geradezu ab. Wilhelm spielte als Vertreter des Kaisers, als Diplomat und nicht zuletzt als Protagonist am Basler Konzil eine markante Rolle. Wilhelms Sohn Rudolf sollte sich dann ganz am burgundischen, königsgleichen Hof orientieren. In der burgundisch-französischen Welt gelang der Hachberger Linie auch der Aufstieg in das fürstliche Connubium. Der Eintritt in westeuropäische Bindungen und Politik bahnte sich dabei seit der Mitte des 15. Jahrhunderts nahezu parallel für beide badische Familien an. Als schließlich das Haus Habsburg das burgundische Erbe übernahm und mit diesem Schritt eine epochale Wende europäischer Politik herbeiführte, öffnete sich auch für die Geschichte der Markgrafen ein neues Kapitel.

Markgraf Christoph I. begleitete Maximilian in die Niederlande, verwaltete Luxemburg als dessen Statthalter und erwarb luxemburgische Herrschaften auf Dauer für sein Haus. Sein Sohn Bernhard sollte sich über viele Jahre am spanischen Hof Philipps des Schönen aufhalten.

Nicht nur politisch erschloß sich der kaiserlichen Klientel hier eine größere Welt. Auch der Wandel im fürstlichen Repräsentationsbedürfnis, den wir schon kennengelernt haben, dürfte mit dieser Entgrenzung des Horizonts wesentlich zusammenhängen. Im Stundenbuch des Markgrafen Christoph besitzen wir ein besonders eindrucksvolles Beispiel für diesen Luxus neuer Art; es entstand in Nordfrankreich, wurde aber als Auftragswerk für den Markgrafen selbst entworfen.

Mit Funktionen am Reichskammergericht und Reichsregiment, mit der Übernahme von militärischen Aufgaben und mit Aufenthalten vor allem am spanisch-niederländischen Hof blieb der enge Kontakt zum Kaiser und zum Haus Habsburg auch im 16. und 17. Jahrhundert bestehen. Erst dieser Kontakt hatte den Markgrafen auch den Zugang zum Reichsepiskopat geöffnet und über mehrere Generationen offen gehalten. Ziel der kaiserlichen Politik war es, der Klientel geistliche Fürstentümer zu verschaffen und damit die eigene Position im Reich zu sichern. Bei den Markgrafen von Baden zeigt sich diese Vorbedingung besonders deutlich, da sie nicht etwa nahe gelegene Bistümer wie Speyer oder Straßburg besetzen konnten; hier hatten meist die Pfalzgrafen in eigener Person oder durch ihre ritterschaftliche Klientel die Hand darauf. »Regionale« Lösungen im Einverständnis mit dem jeweiligen Domkapitel wie bei der Wahl des Markgrafen Otto (II.) von Hachberg zum Bischof von Konstanz (1411–1434) waren es also gerade nicht, die die badischen Markgrafen als Bischöfe ins Spiel brachten. Viel eher ging es hier um die nachkonziliare, im Ganzen erfolgreiche Kirchenpolitik des Kaisers und der Kurie. 1456 fiel das Erzbistum Trier an Markgraf Johann von Baden, fast gleichzeitig das Erzbistum Mainz an einen nahen Verwandten aus dem Hause Nassau. In beiden Fällen war der Widerstand des Domkapitels oder anderer Bewerber groß. In Trier verschärfte er sich, als nach fast 50 Jahren der Regierung Johanns der Nachfolger wiederum aus dem Haus Baden kommen sollte; Johanns Großneffe Jakob (Erzbischof 1503–1511) hatte zu dieser Zeit bereits eine Karriere als Vorsitzender des Reichskammergerichts und als kaiserlicher Sprecher an der Kurie hinter sich. Die Besetzung des Trierer Suffraganbistums Metz (Markgraf Georg, 1459–1484) und der Kölner Suffragane Lüttich (Markgraf Markus, allerdings nur nominell) und Utrecht (Markgraf Friedrich, 1496–1514) führten direkt in den Zusammenhang habsburgischer Westpolitik. Erst die Konfessionsspaltung machte dieser extensiven Pfründenversorgung ein Ende.

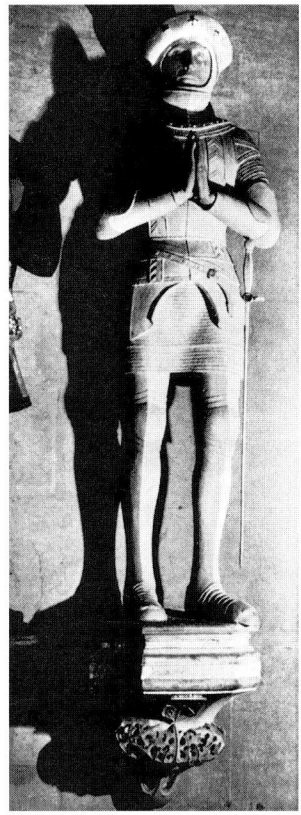

Statue des Markgrafen Rudolf IV. von Hachberg, Graf von Neuchâtel (1427–1487) in Neuchâtel. Rudolf gehörte zum Hof des Herzogs Karl des Kühnen von Burgund.

Gewölbeschlußstein des Baumeisters Hans Spryß im Chor der Pforzheimer Stiftskirche, um 1470. Hans Spryß aus Zaberfeld wirkte auch beim Neubau des Baden-Badener Schlosses mit.

Die katholische Linie der Markgrafen stellte lange Zeit keinen Kandidaten mehr für ein Bischofsamt, aber das lag wohl eher am genealogischen Zufall: die Söhne wurden jeweils zur Sicherung der Herrschaft gebraucht. Späte Versuche im 17. Jahrhundert, dieses geistliche Terrain wiederzugewinnen, blieben ohne Erfolg.

Wenn wir uns mit den Markgrafen im kaiserlichen Dienst beschäftigen, wenn wir von Königsnähe, von Patronage und Klientel sprechen, haben wir es mit einem Wesensmerkmal, ja eigentlich mit dem Kern vormoderner Herrschaft zu tun. Die Markgrafen handelten als Personen in einem Geflecht personaler Bezüge. Dieses Geflecht läßt sich nicht oder nur teilweise vom Territorialstaat her beschreiben. Viele der Phänomene – wie etwa die teuer erkauften geistlichen Karrieren – spielten für die Territorialbildung im Sinn moderner Staatengeschichte keine Rolle. Für das »Fürstentum« der Markgrafen, also für ihre Stellung in der Ranghierarchie des Reiches, sind sie aber von größter Bedeutung. Die Politik des Königtums »funktionierte« im Reich, jenseits der Hausmacht, nur durch solche personalen Bindungen.

Das gilt auch für die Herrschaft der Markgrafen selbst. Neben dem eigentlichen Besitz, dem Land, das kartographisch darstellbar ist, erstreckte sich das Fürstentum der Markgrafen auf eine Fülle von adligen Lehens- und Dienstbindungen, die mit dem Territorium nicht unbedingt in Beziehung standen. Hier waren die Markgrafen ihrerseits Patrone mit einer Klientel. Das älteste badische Lehenbuch von 1381 zeigt, daß die meisten dieser Adligen außerhalb der Markgrafschaft ansässig waren: aus dem Erbe der Grafen von Freiburg waren Lehen in der Ortenau an die Markgrafen gefallen, aus dem der Zähringer und der Grafen von Eberstein Lehen im Kraichgau und im schwäbischen Neckar-Schwarzwaldraum. Mit den pfälzischen oder österreichischen Lehenhöfen konnte der badische natürlich nicht konkurrieren. Im Gegenteil: da der Adel ja stets in mehrere Richtungen gebunden war, bedurfte es besonders behutsamer Politik, um Loyalitätskonflikte des adligen Gefolges zu vermeiden. Es ist wohl kein Zufall, daß es gerade im häufig umstrittenen Grenzgebiet zwischen Baden und Württemberg auch zu sinnfälligen Demonstrationen der Aussöhnung zwischen beiden Dynastien kam. Die Glasfenster in der Tiefenbronner Pfarrkirche vom Ende des 14. Jahrhunderts zählen zu den kostbarsten Zeugnissen dieser Art und der fast übergroße Hochaltar von 1469 zeigt das württembergische und das badische Wappen über dem Mittelfeld nicht nur zum Gedenken der Stifter, sondern auch als politisches Signet. Ortsherren waren seit Anfang des 15. Jahrhunderts die von Gemmingen – und kaum eine Familie besaß gleichzeitig so viele Verbindungen zu den Höfen in Stuttgart, Baden-Baden und Heidelberg wie sie.

Zum Adel des Kraichgaus konnten die Markgrafen wegen der

unumstrittenen pfälzischen Hegemonie nur einzelne Fäden spannen. Dagegen gelang die Beziehung zum Ortenauer Adel und darüber hinaus zu den Familien in der Baar und im Hegau auch auf der Ebene von weitgespannten Bünden und Einungen. Die Rolle der Markgrafen als Statthalter in den habsburgischen Vorlanden half hier wohl wesentlich. Für die Territorialbildung blieben diese Kontakte aber, wie gesagt, ohne Folgen. In der Ortenau mochten die Markgrafen gehofft haben, durch ein Bündnis mit der Ritterschaft (1474) einen besseren Hebel in die Hand zu bekommen, um die Reichslandvogtei an sich zu ziehen; auf Dauer blieb hier jedoch Österreich präsent. Wie weit außerhalb aller »staatlichen« Kategorien schließlich solche Bündnisse auch beschaffen sein konnten, zeigt am besten das Beispiel der Turniergesellschaft »im Leitbracken«. Wie die Pfalzgrafen bei der Turniergesellschaft »zum Esel«, standen die Markgrafen hier in der Mitte des 15. Jahrhunderts als vornehmste Mitglieder an der Spitze eines Ritterbundes, der sich weit bis in den schwäbischen Raum und an den Bodensee erstreckte.

Markgraf Bernhard II. auf einer Silbermünze von 1513. Markgraf Christoph I. verband die Bernhard-Verehrung mit dem neuen Typ des fürstlichen Münzbilds.

Solche ständischen Kontakte ohne die Basis direkter Herrschaft waren trotzdem für beide Seiten wichtig. Für den Adel gehörten die Bündnisse wesentlich zur Vorgeschichte der reichsritterschaftlichen Korporationen des 16. Jahrhunderts. Die Markgrafen fanden im Kreis eigener und fremder Lehensleute ihre Räte und Diener: ihren Hof. Wir sahen bereits, wie die Anforderungen an diesen Hof ständig wuchsen. Aus dem bescheidenen Gefolge des 13. und 14. Jahrunderts wurde ein Apparat, den schon Markgraf Christoph I. durch Hofordnungen im Sinn hausväterlicher Sparsamkeit zu beschränken suchte. Christoph selbst hatte aber bereits den entscheidenden Schritt getan und die Hofhaltung 1479 von der Burg Hohenbaden in das ausgebaute Stadtschloß verlegt. Die hochmittelalterlichen Burgen genügten nicht mehr, auch wenn sie – wie mit dem Bernhardsbau in Hohenbaden – großräumig erweitert worden waren. Das war in Rötteln nicht anders; die Markgrafen Rudolf und Philipp von Hachberg hielten sich eher in ihrer Stadt Neuchâtel auf als in der Festung hoch über Lörrach. Erst jetzt wurde auch Baden-Baden zur eigentlichen Residenz. Die Grablege der Markgrafen war schon vorher vom Hauskloster Lichtenthal in die Stadtpfarrkirche verlegt worden. Der Chorneubau von 1454 nahm die immer prunkvolleren Epitaphien der fürstlichen Familie auf; sein Baujahr fällt zeitlich zusammen mit der Erhebung der Pfarrkirche zur Stiftskirche. Da gleichzeitig auch in Pforzheim und Ettlingen Stiftsherrenpfründen eingerichtet wurden, scheint hier der Grundstock für den Lehrkörper einer eigenen badischen Universität gelegt worden zu sein.

Markgraf Christoph I., auf einem Drittel-Taler von 1518, Entwurf nach Hans Baldung Grien. Christoph hatte 1501 wohl nach dem Vorbild italienischer Fürsten begonnen, Porträtmünzen prägen zu lassen.

In dieser ersten Epoche fürstlicher Präsenz in der Stadt Baden-Baden nahm auch das badische Mäzenatentum andere Formen an. Tafelwerke, Chorgestühl, Andachtsbücher gingen in Auftrag. Wäh-

Siegel der Stadt Sulzburg von 1660. Der Silberbergbau, den das Siegel zeigt, erreichte seinen Höhepunkt vor dem 30jährigen Krieg.

Miniatur aus dem Wappenbrief König Wenzels für die Brüder Hans und Klaus Kunzmann vom 14. Februar 1392, in dem er den beiden badischen Amtleuten den rittergleichen Adel »von Staffort« verlieh.

rend die Hachberger Vettern die Rötteler Burg mit *heidnisch werk* – also Gobelins mit antiken Themen – ausstatten ließen, entstanden in Baden-Baden die ersten individuellen Porträts von Hans Baldung Grien; deren Verwendung bei der Münzprägung bezeugen ein ganz neues Verständnis für die Darstellung von Herrschaft. Kaum hundert Jahre nach dem Ausbau des Schlosses zur Residenz, in den 1570er Jahren, erhielt die Anlage über der Stadt durch Markgraf Philipp II. dann die Gestalt, die einer Hofhaltung der Renaissance entsprach.

Auf diesen Anspruch wollte auch die andere badische Linie nicht verzichten. In der Pforzheimer Residenz ließ Markgraf Ernst die Stiftskirche auf Dauer als Grablege umgestalten. Sein Sohn Karl II. erweiterte die alte Burg noch einmal; der Hof fand seinen eigentlichen Rahmen aber erst im neuen Durlacher Schloß, das nach seinem Erbauer die Karlsburg hieß. Der Umbau von Kloster Gottesaue zum aufwendigen Jagdschloß vor den Toren der Stadt kam 1588 dazu. Als Markgraf Georg Friedrich schließlich die kleine Residenz seines Großvaters Ernst in Sulzburg bedeutend vergrößerte, hatte auch die obere Markgrafschaft einen repräsentativen Schloßbau erhalten.

Fast alle diese Anlagen sind seit den oberrheinischen Kriegen des 17. Jahrhunderts immer wieder zerstört oder verändert worden. Unser Bild der badischen Residenzen ist wesentlich von den barocken Anlagen des 18. Jahrhunderts geprägt. So bedeutet das 17. Jahrhundert auch baugeschichtlich das eigentliche Ende einer Epoche, die mit der Entscheidung zur Talresidenz im 15. Jahrhundert begonnen hatte.

Fürstliche Hofhaltung und repräsentativer Schloßbau setzen eigentlich eine Finanzierung durch gleichmäßige, überschaubare Einkünfte voraus; ohne etablierte landesherrliche Verwaltung ist wiederum eine solche Finanzpolitik nicht möglich. Die hohe Verschuldung der Markgrafen im 16. Jahrhundert zeigt, daß auch im patrimonialen Staat der frühen Neuzeit von einer regelrechten Haushaltspolitik keine Rede sein konnte. Trotzdem hat die Forschung mit dem zunehmenden Interesse an verwaltungs- und strukturgeschichtlichen Zusammenhängen zeigen können, wie in Baden seit Markgraf Bernhard I., also seit der Zeit um 1400, der Verwaltungsapparat mit Kanzlei und Vögten immer klarere Konturen erhielt. In der Epoche, in der zum ersten Mal die adligen Lehensleute in Listen vermerkt wurden, entstand auch das erste badische Steuerverzeichnis. Vor allem das organisatorische Geschick von Markgraf Christoph I., »seine Beamten und seine Gesetze« (so der bezeichnende Titel eines Aufsatzes von Wolfgang Leiser), galten dann als Grundlagen der badischen Verwaltung. Es ist hier nicht der Ort, diese Entwicklung zu verfolgen – obwohl es sich lohnen würde, auch diese vielgesuchten »Vorformen des modernen Staates« abzuheben von Strukturen, die nicht in die Zukunft wiesen und doch für die Zeit wichtig waren.

In einer Gesellschaft, die mehr und mehr von der Geldwirtschaft abhing, erwies sich die Suche nach Geldquellen als mühsam genug. Die Pfandgeschäfte der Markgrafen mit ihren realen oder nur nominellen Summen gehören hierher. Um zu Bargeld zu gelangen, waren die Markgrafen oft auf die städtischen Geldmärkte in Speyer oder Straßburg angewiesen; so ließ sich auch ihre Politik gegenüber den Städtebünden selten auf eine gerade Linie bringen. Die Ansammlung von Vermögen bei geschäftstüchtigen Amtleuten wie den Göldlin von Pforzheim oder den Kunzmann von Ettlingen führte gerade unter Markgraf Bernhard I. zu politischen Skandalen größten Ausmaßes. Über den illegalen Machenschaften eines Aufsteigers darf man freilich nicht vergessen, daß das »Amt« in der alteuropäischen Welt ja lange Zeit eher mit einem Unternehmen als mit einer Beamtenstelle zu vergleichen ist.

Gegen die landesherrlichen Beamten richteten sich auch die zunehmenden Klagen der Untertanen an der Wende vom 15. zum 16. Jahrhundert. Die Beschneidung alter Dorfrechte, die extensive Handhabung der Fronen und der herrschaftliche Zugriff auf das dörfliche Gemeineigentum wie den Wald mußten als Willkür und Verstoß gegen das Herkommen verstanden werden. Hier fiel aber die Suche des Fürsten nach sicheren Einkünften gerade mit der gerühmten Ordnungspolitik des Patrimonialstaates zusammen. Rationalisierung und Verrechtlichung auf der einen Seite bedeutete für die Untertanen, daß Abgaben und Dienste unerbittlich fixiert und erschwert wurden. Der Bauernkrieg hat so auch die Markgrafschaft erfaßt. Daß er mit dem Renchener Vertrag zwischen Markgraf Philipp, dem Ortenauer Adel, der Stadt Straßburg und den Aufständischen glimpflicher als in der Pfalz, in Württemberg oder in Oberschwaben zu Ende ging, beruhte wohl nicht zuletzt auf der Tradition badischer Politik, mit Rücksicht auf die beschränkten eigenen Kräfte eher den Verhandlungsweg als die prinzipielle Entscheidung zu suchen.

Diese Tendenz zur Unentschiedenheit lag auch lange über der Konfessionspolitik der Markgrafen. Bauern und Reformatoren hatten sich im Affekt gegen die geistlichen Herrschaften getroffen. Schon in der vorreformatorischen Zeit hatten die Markgrafen ihrerseits keine Gelegenheit ausgelassen, als Landesfürsten, als Patronatsherren oder als Klostervögte in die kirchlichen Verhältnisse einzugreifen; dafür schuf die Reformation noch bessere Möglichkeiten, unabhängig von der Konfessionswahl. Wie die meisten Reichsstände verhielten sich die Markgrafen der evangelischen Predigt gegenüber zunächst abwartend und duldsam. Die Frage nach der eigenen Konfessionsangehörigkeit war lange kaum zu beantworten – sie stellte sich ja auch zunächst nicht in ihrer ganzen Tragweite. Wenn wir bisher von der katholischen und der evangelischen Linie der Markgrafen gesprochen haben, haben wir einen Generationenprozeß vom Endstadium her erklärt und vereinfacht; korrekter hätten wir die »bernhardinischen« von den »erne-

Grabstein des Klaus Kunzmann von 1438 aus der Martinskirche in Ettlingen. Er blieb auch nach dem Sturz seines Onkels Hans Kunzmann Vogt in Ettlingen und einflußreicher Finanzier der Markgrafen.

Kaspar Hedio aus Ettlingen, Reformator in Straßburg und Freund Bucers und Melanchthons. Medaille von Friedrich Hagenauer, 1543.

Hieronymus Veus (1484–1544), Kanzler des Markgrafen Philipp I. Als Befürworter innerkirchlicher Reform und Gegner der Reformation spielte er auf den Reichstagen von Worms (1521) bis Augsburg (1530) eine herausragende Rolle.

Evangelische Kirchenordnung des Markgrafen Karl II. von 1556. Die ernestinische Linie legte sich damit nach dem Augsburger Religionsfrieden wie Württemberg und Kurpfalz auf die Confessio Augustana fest.

stinischen« Markgrafen unterscheiden müssen. Natürlich fehlte es nicht an landesherrlichen Erklärungen. Zugeständnis des Laienkelchs und der evangelischen Predigt, aber Bewahrung der Messe und vor allem das Verbot allen Disputierens standen am Anfang dieses Weges, solange Markgraf Philipp die untere Markgrafschaft noch allein regierte. Mit der Teilung seines Erbes unter seine Brüder Bernhard und Ernst bzw. seit der ersten bayerischen Vormundschaft für Bernhards Söhne trieben die Hälften konfessionell auseinander. Von Markgraf Ernst hieß es noch 1542 in einem Spottvers, er falle bald ins Feuer und bald ins Wasser. Die evangelische Kirchenordnung seines Sohnes, Karls II., von 1556 schien den ernestinischen Teil im Sinn des Augsburger Religionsfriedens dem Lager von Kurpfalz und Württemberg zuzuordnen. Damit war aber weder die endgültige Entscheidung zwischen Luthertum und Calvinismus gefallen noch die Möglichkeit von Konversionen zum Katholizismus beseitigt – beides sollte noch heftige Unruhe in die Durlacher Markgrafschaft bringen. Umgekehrt bedeutete die Erziehung der bernhardinischen Prinzen in Bayern nicht, daß in Baden-Baden unter der Regierung von Philibert nicht auch lutherische Predigt zugelassen worden wäre. Erst Markgraf Philipp II. verfolgte mit Hilfe der Jesuiten den Weg der Gegenreformation und der innerkirchlichen Reform energischer. Durch das Desinteresse seines Neffen Eduard Fortunat und durch die Okkupation des katholischen Landesteils durch den evangelischen Ernst Friedrich war die Konfessionsfrage aber auch hier keineswegs entschieden.

Die verzögerte Konfessionsbildung in Baden hatte mit Toleranz freilich nichts zu tun. Wechselnde Bündnisse und politische Rücksichten spielten eine erhebliche Rolle. In Baden-Durlach neigte man auf Dauer eher zum württembergischen, lutherischen Bekenntnis als zum Calvinismus. Die ernestinischen Markgrafen konnten und wollten aber gleichzeitig die traditionelle Bindung an den Kaiser nicht einfach aufgeben; die österreichische Nachbarschaft im Markgräflerland zwang gleichfalls zur Vorsicht. Erst über die oberbadische Okkupation kam es hier zum endgültigen Bruch.

Auch wechselnde Berater bestimmten den jeweiligen Standort. Der Kanzler Markgraf Philipps I., Hieronymus Veus, wollte den Boden der altkirchlichen Reform nicht verlassen. Der disputierfeste, lutherische Pforzheimer Kanzler Dr. Martin Achtsynit galt dann als einer der Väter der evangelischen Kirchenordnung von 1556. Noch zu Lebzeiten seines Herrn, des Markgrafen Karl II., gerieten aber die Prinzen unter den sorgfältig verborgenen Einfluß calvinistischer Erzieher; einer von ihnen, Dr. Johann Pistorius, konvertierte später und wurde zum Protagonisten der Gegenreformation in Baden-Baden. Ohnehin war in jedem Landesteil jeder Richtungswechsel mit der Vertreibung und Flucht der Geistlichen verbunden. Reformation und Gegenreformation bedeuteten ja keinen »Siegeszug« religiöser

Erneuerung durch die Lande: die Konfessionsbildung vollzog sich viel häufiger in kleinen, oft kleinlichen Schritten, im alltäglichen Gezerr um Einzelfragen des kirchlichen Lebens. Selbst unter katholischer Herrschaft getrauten sich – wie in Ettlingen 1581 – die altgläubigen Bauern des Umlands nicht in die mehrheitlich evangelische Stadt, aus Angst, dort verprügelt zu werden; nur nachts oder am frühen Morgen konnten die Katholiken beichten oder kommunizieren. Auch gab es zwischen den verzahnten Herrschaftsgebieten keine Grenzen, die das »Hinüberlaufen« verhindern konnten. Um beim Ettlinger Beispiel zu bleiben: der katholische Stadtpfarrer war machtlos, wenn die Ettlinger im evangelischen Rüppurr das Abendmahl nahmen. Die Nähe von früh reformierten Städten wie Basel oder Straßburg tat ein Übriges, um die badischen Untertanen – auch unterschiedlich! – zu beeinflussen. Für die hin- und hergezogene Landbevölkerung lag es schließlich nahe, der Obrigkeit den rechten Weg zu überlassen. Übrig blieb Indifferenz. In einer evangelischen Befragung des Jahres 1609 antworteten Stollhofener Bauern lakonisch, sie folgten dem Glauben, in dem sie erzogen und unterwiesen seien – *lehrte man sie anderst, theten sie anderst.*

Konfessionsbildung fand in Baden erst mit dem 30jährigen Krieg bzw. dem Westfälischen Frieden ihren Abschluß. Die Stabilität der Grenzen und der Herrschaft befestigte auch den Glauben. Nicht zuletzt durch die Konfessionspolitik hatte die Herrschaft zur absolutistischen Form gefunden. Unsere Frage nach den Epochen badischer Geschichte erhält also auch hier eine Antwort: das 17. Jahrhundert kann einmal mehr als »Schwelle« zum neuzeitlichen Staat gelten. Rückwärts gewandt scheint die kirchliche Problematik freilich zunächst auf das 16. und 17. Jahrhundert beschränkt – und an der Zäsur durch die Reformation ist auch nicht zu deuten. Die Geschichte der Herrschaft führt aber in größere Zusammenhänge. In der Reaktion auf die Konzilien des 15. Jahrhunderts hatte sich das landesherrliche Kirchenregiment verfestigt. Klostervisitation und -reform gehörten schon vor der Reformation, gerade unter Markgraf Christoph I., zum landesherrlichen Brauch. Die Reformation hat die Bedeutung des Fürsten und seiner persönlichen Entscheidung in Glaubensfragen noch einmal erheblich verstärkt. Da durch das ganze Spätmittelalter aber die markgräfliche Familie als Ganzes – auch bei Teilungen – das »Fürstentum« der Markgrafschaft repräsentiert hatte, blieb die Sprengwirkung der Konfessionen zumindest im 16. Jahrhundert noch lange verdeckt; an der Zusammengehörigkeit der Familie bestand bei allem Streit kein Zweifel.

Johannes Pistorius (1546–1608) von Balduin Drentwett (?), 1584/85. Die Medaille bezieht sich wohl auf die Gründung des Gymnasiums illustre in Durlach durch Pistorius im Jahr 1583. 1588 konvertierte er und wurde zum gefürchteten Kontroverstheologen der Gegenreformation.

Sog. Gnadenpfennig des Markgrafen Wilhelm von 1627. Als Gedenkmedaille bezieht sich die Prägung wohl auf den ersten Ausgleich mit der Durlacher Linie, der 1627 in Wien unterzeichnet wurde.

Markgraf Rudolf I., seine Frau Kunigunde von Eberstein und ihr Sohn Rudolf II. auf Chorfenstern des Klosters Lichtenthal, die vermutlich als Dank für die badischen Stifter von einer Äbtissin um 1310 in Straßburg in Auftrag gegeben wurden. Aufnahme von 1904, die Originale sind verschollen.

Epitaph des Markgrafen Rudolf VI. (gest. 1372) in der Fürstenkapelle des Klosters Lichtenthal. Die Kapelle diente bis zum Ende des 14. Jahrhunderts als Grablege des badischen Hauses.

Stifterscheibe des Mark-
grafen Rudolf VI. im Chor
der Tiefenbronner Pfarr-
kirche. Der württember-
gisch-badische Fensterzyklus
geht wohl auf den »ewigen«
Frieden von 1370 nach dem
Überfall in Wildbad zurück.
In die Sühne war namentlich
auch Wolf von Stein eingeschlossen, dessen Familie
Herren von Tiefenbronn
waren.

St. Georgs-Fresko in der Pfarrkirche zu Niefern aus der ersten Hälfte des 15. Jahrhunderts. Die Markgrafen besaßen das Pfarrpatronat in Niefern seit 1323 und erwarben bis zum 16. Jahrhundert nach und nach die Ortsherrschaft.

Burg Hohenbaden, sog. Bernhardsbau, errichtet um 1400, Ende des 16. Jahrhunderts verbrannt. Mit dem Pallas wurde die badische Stammburg ein letztes Mal großräumig erweitert, bevor die Markgrafen das Baden-Badener Stadtschloß zu ihrer Residenz machten.

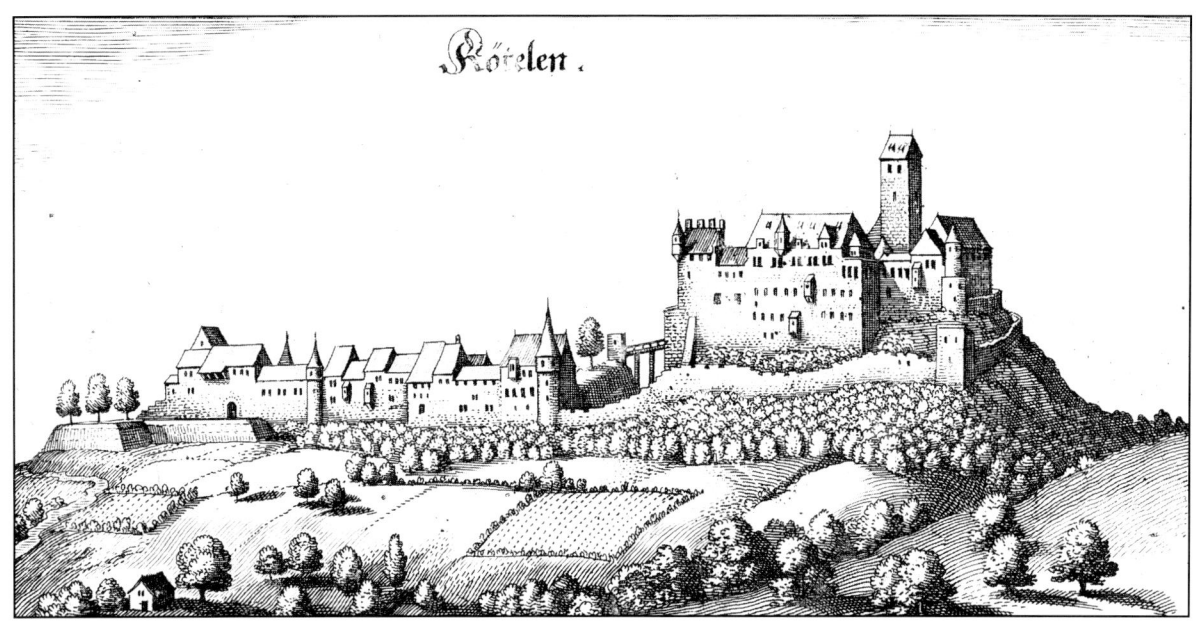

Burg Rötteln, Kupferstich von Matthäus Merian, 1644. Die Burg des 11. Jahrhunderts kam durch die Heirat des Markgrafen Rudolf I. von Hachberg und Agnes von Rötteln an die Markgrafen.

Epitaphien des Markgrafen Rudolf III. von Hachberg (1343–1428) und seiner Frau, Gräfin Anna von Freiburg (1347 bis nach 1427), in der Pfarrkirche von Rötteln.

Sakramentshaus, gestiftet um 1470 von Gräfin Agnes von Eberstein, in der St. Jakobskirche zu Gernsbach, die 1467 von den Grafen von Eberstein und den Markgrafen von Baden als Kondominatsherren gebaut wurde. Der Bildhauer stammt aus der Schule des Nikolaus Gerhaert von Leyden.

In der adligen Turniergesellschaft »Zum Leitbracken« (= Spürhund) waren die Markgrafen von Baden und von Hachberg die ranghöchsten Mitglieder. Miniaturen aus dem Wappenbuch Herzog Albrechts VI. von Österreich, des Schwagers des Markgrafen Karl I. von Baden, geschaffen 1459 von Hans Ingram.

Eppingen, Kupferstich von 1695. Die Stadt kam 1219 als staufisches Reichspfand an die Markgrafen, die sie aber 1463 endgültig an Kurpfalz überlassen mußten.

Das Mahl zu Heidelberg, Holzschnitt von *C(hristoph) S(timmer)*, um 1600. Kurfürst Friedrich I. hielt Markgraf Karl von Baden und Graf Ulrich von Württemberg nach der Schlacht von Seckenheim (1462) fast ein Jahr gefangen. Der Stich bezieht sich auf die Szene, in der der Sieger seinen Gefangenen das verwüstete Land zeigt.

Markgraf Karl I. und sein Bruder Johann, Erzbischof von Trier. Nach der Niederlage gegen Kurpfalz kam 1464 in Öhringen ein Friedensvertrag zustande. Wohl aus diesem Anlaß stifteten Baden und Württemberg gemeinsam Chorfenster für die Öhringer Stiftskirche.

Kreuzigung aus Kloster Herrenalb von 1464. Die Wappen von Württemberg, Kurpfalz, dem Reich, Baden und Eberstein deuten auf eine Gemeinschaftsstiftung nach dem Reichskrieg gegen Kurpfalz.

Hochaltar der Pfarrkirche von Tiefenbronn. Die Malereien des 1469 entstandenen Altars stammen von dem Ulmer Maler Hans Schüchlin, die Skulpturen von einem Bildschnitzer aus dem Umkreis des Hans Multscher. Die Wappen bezeichnen den Altar als Stiftung der Grafen von Württemberg und der Markgrafen von Baden.

Stifterfenster des Melchior von Neuenstein und seiner Frau Lucia von Großweier in der Pfarrkirche von Lautenbach, um 1482. Die von Neuenstein waren badische Lehensleute und gehörten zur Ortenauer Ritterschaft, mit der Markgraf Karl I. 1474 einen Schirmvertrag abschloß.

Der Lichtenthaler Annenaltar von 1503 bezieht sich wohl auf die Grablege des badischen Hauses: die Dynastie ist versammelt im Angesicht der Heiligen Sippe. Stifterin war die Äbtissin des Klosters, Markgräfin Maria.

Stiftskirche in Baden-Baden, Grablege der Markgrafen von etwa 1400 bis zum Aussterben der katholischen Linie Ende des 18. Jahrhunderts. Der Chor entstand 1453/54.

Bronzeepitaph des Markgrafen Friedrich, Bischof von Utrecht (1496–1516) in der Baden-Badener Stiftskirche, wohl von einem Nürnberger Rotschmied. Der flamboyante Stil der Architektur und das Vanitas-Motiv des doppelten Leichnams weisen auf burgundisch-niederländische Traditionen.

Torbau zum Neuen Schloß in Baden-Baden, Ende des 15. Jahrhunderts. Markgraf Christoph I. verlegte seine Residenz 1479 aus Hohenbaden in das ausgebaute Stadtschloß.

91

Miniaturen (Jüngstes Gericht, Markgraf Bernhard II.) aus dem Gebetbuch des Markgrafen Christoph I., um 1490. Die kostbare Handschrift aus Nordfrankreich wurde für Christoph angefertigt; jede Miniatur enthält seine – nicht sicher aufzulösende – Devise *T(reue) S(teht) O(hne) E(nde)*. Bernhard II. (gestorben 1458, selig gesprochen 1769) wurde wegen der Wunder an seinem Grab früh verehrt.

Belehnung des
Markgrafen
Christoph mit
Pforzheim, das
seit der Niederlage
von 1462/63
pfälzisches
Lehen war.
Zum Text von
1509 sind im
Lehenbuch des
Pfalzgrafen Lud-
wig V. das Wap-
pen von Baden
und als Namens-
anspielung eine
Badeszene
gesetzt.

Votivtafel des Markgrafen Christoph I. mit der Heiligen Anna Selbdritt von Hans Baldung Grien, um 1510. Hinter Christoph kniet der älteste Sohn Jakob als Erzbischof von Trier, neben Markgräfin Ottilie ihre Tochter Maria, Äbtissin des Klosters Lichtenthal.

Markgraf Philipp I. auf der Votivtafel des Markgrafen Christoph I. Philipp wird auf der Tafel als Nachfolger seines Vaters an Stelle seines älteren Bruders Bernhard in den Vordergrund gerückt.

Maria Jakobäa,
Tochter Philipps I.,
Frau des Herzogs
Wilhelm IV. von
Bayern. Gemälde
Hans Wertingers
von 1526. Über
Jakobäa schaltete
sich Bayern in die
badischen Vor-
mundschaften ein
und bestimmte da-
mit die gegen-
reformatorische
Politik der Baden-
Badener Linie.

Medaillon aus dem Chorgestühl des *H(ans) K(ern)* aus Pforzheim für die Stiftskirche in Baden-Baden. Das Gestühl wurde 1512 von Markgraf Philipp und seiner Frau, Pfalzgräfin Elisabeth, gestiftet, als Philipp bereits die badische Regentschaft für seinen Vater übernommen hatte. Es kam später in die Spitalkirche.

96

Epitaph des Markgrafen Ernst (1482–1552) und seiner zweiten Frau Ursula von Rosenfeld im Chor der Pforzheimer Schloßkirche. Die Grabplastik gehört zu den bedeutendsten Denkmälern der Renaissance in der Markgrafschaft; sie stammt wohl von Christoph von Urach.

Epitaphien der ernestinischen Linie im Chor der Schloßkirche von Pforzheim. Markgraf Ernst ließ um 1537 eine Krypta unter die Stiftskirche bauen, die bis ins 19. Jahrhundert als Grablege der Markgrafen diente.

Epitaph des Kanzlers Dr. Martin Achtsynit (1526–1592) und seiner beiden Frauen in der Nordkapelle der Pforzheimer Schloßkirche. Achtsynit gilt als der Vater der evangelischen Kirchenordnung von 1556. Sein Epitaph ließ er sich zu Lebzeiten hauen.

Die Niefernburg bei Pforzheim. Markgraf Karl II. schenkte die Burg 1555 seinem Kanzler Dr. Martin Achtsynit, der ihr im wesentlichen die heutige Gestalt gab.

Hardwald und Alb bei Mühlburg auf einer sog. Landtafel, einer Gerichtskarte um 1560. Die Karte entstand als Augenschein wohl in einem Prozeß um Weg- oder Zollrechte an der Grenze zwischen den beiden Markgrafschaften; daher ist der Verlauf der Alb und der Straßen möglichst genau eingezeichnet, während Mühlburg und die Rheinuferdörfer Schröck und Daxlanden nur stilisiert angedeutet sind.

Kuppenheim und der Schwarzwaldrand auf einer Gerichtskarte von Hans Kaspar Knoder, »Maler« aus Baden-Baden, 1559. In dem Prozeß ging es um Weiderechte von Kuppenheim und umliegenden Dörfern. Oft enthalten solche Gerichtskarten die ältesten Ortsdarstellungen und genaue Angaben über die Nutzung von Kulturflächen.

Schloß Gottesaue, Ansicht um 1900. Das Kloster wurde vor 1545 aufgehoben und 1588 zum Jagdschloß umgebaut.

Statue des Markgrafen Karl II. vom Durlacher Marktbrunnen von 1567. Der Markgraf hatte 1565 seine Residenz von Pforzheim in die neu erbaute »Karlsburg« in Durlach verlegt.

Brunnen aus Schloß Sulzburg, um 1600, heute im Badischen Landesmuseum.

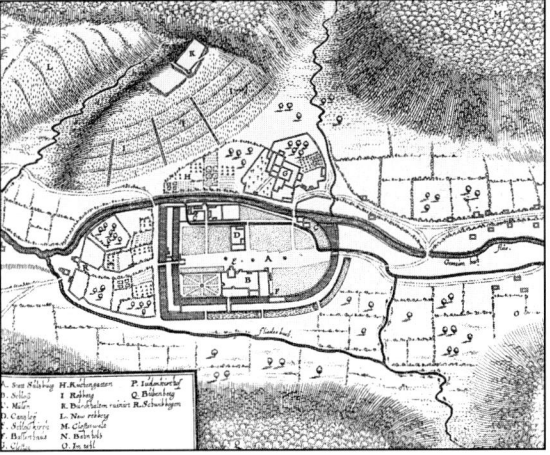

Ansicht und Lageplan Sulzburgs von Matthäus Merian, 1643. Die kleine Residenz des Markgrafen Ernst (bis 1533) wurde von Markgraf Georg Friedrich zur großen Schloßanlage ausgebaut. 1690 verbrannt.

Rheinlauf bei Schröck auf einer Karte vom Ende des 16. Jahrhunderts, die
die pfälzischen Hoheitsrechte zwischen Selz und Philippsburg festhält.

Epitaph des Schultheißen Bernhard Metz in der Knielinger Pfarrkirche von
1581. Metz legte im Auftrag des Markgrafen Karl II. um 1560 den Land-
graben zwischen Durlach und Knielingen an.

Markgraf Philibert (1536–1569). Das Gemälde des in Speyer tätigen Hans Besser (?) entstand 1549, während der ersten bayerischen Vormundschaftsregierung.

Gewölbe, um 1580 (?), in den Westarkaden des Ettlinger Schlosses, das im 16. und 17. Jahrhundert zur Vierflügelanlage ausgebaut wurde. Im Vergleich mit den Baden-Badener Neubauten fällt die stilistische Beharrung auf.

Brunnenfigur des Hans von Singen in Ettlingen
von 1549, wohl aus dem Kreis um Nikolaus
Hagenauer. Der Narr des Markgrafen Philipp I.
ist als Gegenstand anspruchsvoller Kunst ein
Beispiel für neue »Rollen« in der fürstlichen
Hofhaltung der Renaissance.

Stammbuch des Markgrafen Philipp II. mit den Email-Initialen *P(hilipp) M(arkgraf) Z(u) B(aden)*. In den Messingbeschlägen sind Musiker, Genien, Kriegsembleme und Masken dargestellt. Philipp II. gilt als Muster des kunstsinnigen fürstlichen Mäzens der Renaissance.

Baden-Baden. Zeichnung des durlachischen Hofarchitekten Johann Jakob Arhardt um 1650. Das Residenzschloß ist in der Form zu sehen, die ihm Markgraf Philipp II. geben ließ.

Loggia am Küchenbau des Baden-Badener Neuen Schlosses von 1579. Markgraf Philipp II. hatte den Baumeister Kaspar Weinhart aus der Münchner Residenz geholt und machte ihn 1582 zum *General-Bau- und Werkmeister*.

Haus des »Schiffsherrn« Johann Jakob Kast in Gernsbach von 1617. Als Hauptort der Grafschaft Eberstein gehörte Gernsbach seit 1387 zur Hälfte den Markgrafen, die damit wesentlichen Einfluß auf die Murgflößerei besaßen.

Innenräume wohl eines badischen Schlosses. Skizzen der Markgräfin Elisabeth (1620–1692), einer Tochter Georg Friedrichs. Die eher karge Einrichtung verrät einiges über den Lebensstil der nach außen repräsentationsfreudigen Renaissance.

Markgraf Wilhelm, um 1620.
Wilhelm lebte bis zur Wieder-
einsetzung in Baden-Baden von 1622
vorwiegend am Hof seines Vormunds
Erzherzog Albrecht in Brüssel.
Die kostbare Hoftracht und der
spanische Hut weisen auf diesen
Zusammenhang.

Markgraf Georg Friedrich regierte bis zum Tod seines Vaters 1604 in der oberen Markgrafschaft. Um das Medaillon von 1603 sind daher außer dem badischen nur die Wappen der Herrschaften Hachberg, Sausenberg, Badenweiler und Rötteln gruppiert.

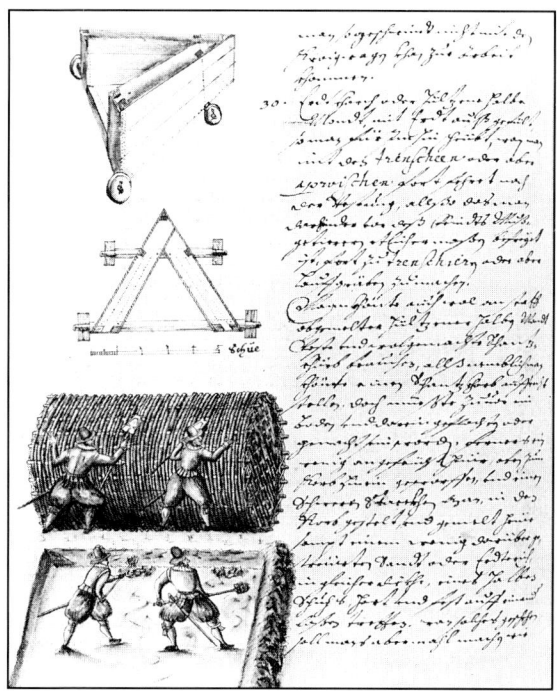

Erklärung zur Konstruktion von Kanonen und Befestigungen aus der Kriegslehre des Markgrafen Georg Friedrich für seine Söhne Karl und Christoph von 1617.

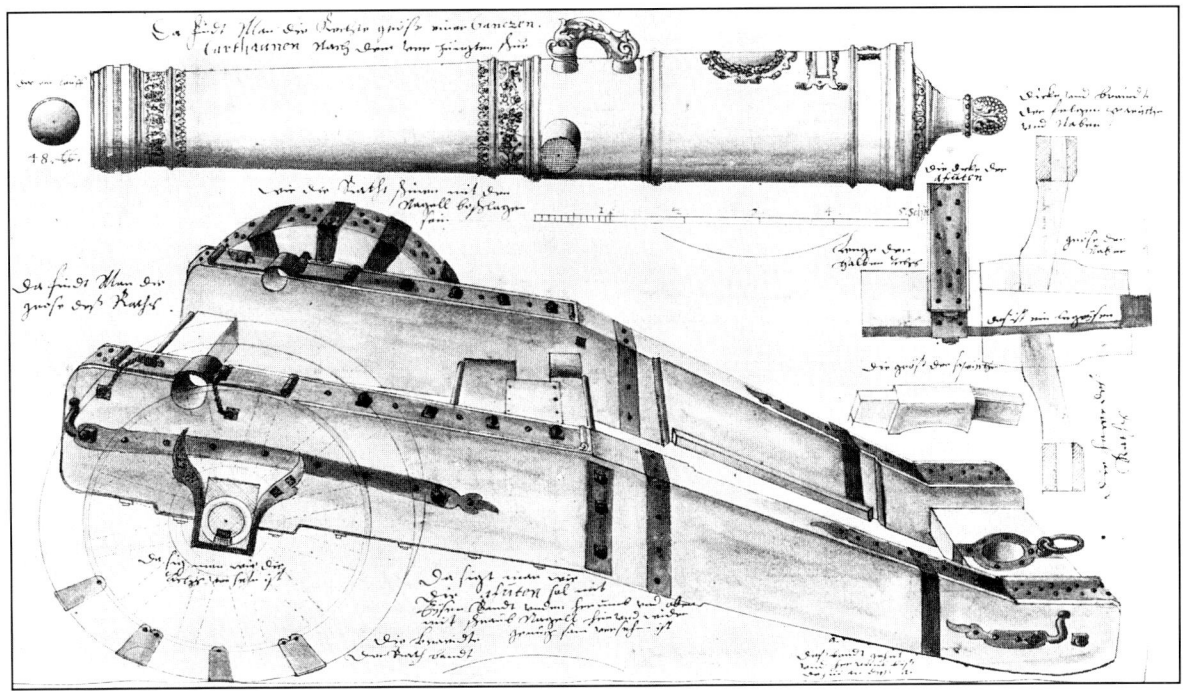

»Die goldene Sau von Kandern«, ein in Augsburg entstandenes Trinkgefäß, wurde 1605 von Markgraf Georg Friedrich als Willkomm in das Forsthaus von Kandern gestiftet.

Delphinbrunnen von Johannes Schoch im Ettlinger Schloß, 1612. Von Schoch stammt der Friedrichsbau des Heidelberger Schlosses, Markgraf Georg Friedrich hat den pfälzischen Baumeister offenbar »ausgeliehen«.

Von den Markgrafschaften zum Großherzogtum

Baden in der letzten Epoche des Alten Reiches 1648–1806

Dieter Stievermann

Die Markgrafschaften Baden-Baden und Baden-Durlach standen nach dem Ende des Dreißigjährigen Krieges (1618–48) vor ähnlichen inneren Problemen und sahen sich mit der gleichen politischen Großwetterlage konfrontiert.

Der Reichsverband als solcher war zwar erhalten worden, doch die Stellung des Kaisers schien geschwächt, die der Reichsstände aufgewertet – vor allem durch das Bündnisrecht, das ihnen jetzt auch förmlich zugestanden worden war, allerdings nicht gegen Kaiser und Reich gerichtet werden durfte. Es sollte sich aber zeigen, daß schon aufgrund der machtpolitischen Möglichkeiten nur eine begrenzte Anzahl von Territorien oder Landesstaaten des Heiligen Römischen Reiches deutscher Nation von diesem Bündnisrecht Gebrauch machen und als Völkerrechtssubjekte auftreten konnte. Die beiden Baden lagen dabei deutlich unter der Schwelle zu einer wirklich eigenständigen Politik, während der stärkere Nachbar Württemberg zwar zu den Schwellenländern zählte, aber wiederum klar hinter Kräften wie etwa Bayern, Brandenburg-Preußen und Kursachsen zurückblieb.

Es waren aber nicht nur die objektiven Größen- und Machtverhältnisse, die den politischen Spielraum der beiden Baden eingrenzten. Dazu kam eine seit 1648 bedrohlich veränderte geopolitische Lage. Mit dem Friedensschluß hatte sich Frankreich im Elsaß festsetzen können und war dadurch Anrainer geworden. Wenngleich dieses mächtige Königreich auch als Garantiemacht für die Friedensordnung (einschließlich der Grenzen) von 1648 sich etabliert hatte, so sah man sich am Rhein doch recht bald mit einer gefährlichen französischen Strategie konfrontiert. Ob sich diese nun als Politik der Expansion oder als eine Art von Vorfeldverteidigung darstellte, betroffen war man von ihr in jedem Falle. Dabei ging es nicht nur um die rechtsrheinischen badischen Lande. Das Haus Baden – vor allem Baden-Baden – war durch seine Besitzungen auf dem linken Rheinufer (die kleine Herrschaft Beinheim im Unterelsaß, Anteile an der Grafschaft Sponheim im pfälzischen Raum sowie im Luxemburgischen die Herrschaften Rodemachern und Hesperingen) an vielen Stellen verwundbar.

Die Ausgangslage

Der Gesandte zum Friedenskongreß: Johann Georg von Merckelbach unterzeichnete 1648 für Baden-Durlach das Vertragswerk. Portraitmedaille um 1735/40.

Diese Konstellation führte die Baden-Badener Linie der Markgrafen in das kaiserliche Lager. Daß aber auch Baden-Durlach trotz seines fortbestehenden konfessionellen Gegensatzes und seiner früheren tiefen Feindschaft zum Reichsoberhaupt hier mitzog – wenn auch nicht mit gleicher Entschiedenheit –, zeigt die starke Wirkung der objektiven Verhältnisse. Für eine Schaukelpolitik zwischen Kaiser und Frankreich, die insbesondere von Kurmainz unter Johann Philipp von Schönborn in dieser Epoche entwickelte Konzeption des »Dritten Weges«, fehlten allein schon die äußeren Voraussetzungen. Baden-Durlach setzte jedoch mehr auf die Reichsinstitutionen als auf den Kaiser; dabei stand die Reichskreisorganisation voran – allerdings hatte man es im Schwäbischen Kreis nicht leicht, sich gegen die württembergischen Vormachtsbestrebungen zu behaupten.

Der äußere Gleichklang, der in den Grundzügen der Politik der beiden Baden unverkennbar ist, darf jedoch nicht über die geschichtliche Erblast hinwegtäuschen, die zwischen den Linien gestanden hatte und die es – trotz der Regelungen im Friedenswerk von 1648 – noch zu bewältigen bzw. zu verarbeiten galt, bevor sich ein nur halbwegs vertrauensvolles Verhältnis zwischen den auch weiterhin konfessionell getrennten Exponenten des Zähringer Hauses und ihren Landesteilen bilden konnte. Die Bewältigung der Konfessionsfrage war dabei nach den häufigen Wechseln gerade in Baden kein leichtes Unterfangen. Der Friedensschluß von 1648 hatte für Baden die besondere Bestimmung getroffen, daß der Konfessionsstand im Sinne der Verhältnisse von 1618 wiederherzustellen sei, üblich war andernorts das Stichjahr 1624. Diese Festschreibung des Konfessionsstandes sollte die politische Problematik der deutschen Glaubensspaltung neutralisieren. Das hieß für Baden-Baden die Wiederherstellung des Katholizismus, für Baden-Durlach die der evangelischen Landeskirche. Wichtig für die innere Durchsetzung der Katholizität im Baden-Badener Gebiet waren neben verschiedenen Kapuzinerniederlassungen vor allem die Jesuiten – seit 1642 in Baden und 1663 in Ettlingen. In Baden-Durlach mußten die im Zuge militärischer Erfolge der katholischen Seite errungenen Positionen geräumt werden: Die Dominikaner und Franziskaner verließen 1649 Pforzheim, die Jesuiten Graben und die Benediktiner Gottesau, das der Landesherr erneut säkularisierte und in ein Schloß umwandelte. Mit der Konfessionsfrage verbunden war auch das Problem, neue Siedler für die verwüsteten Länder zu gewinnen – teilweise betrugen die Menschenverluste durch den Krieg und seine Folgen (Hunger, Seuchen, Flucht) über 50 Prozent. Auch die Neuankömmlinge, die aus den verschiedensten Regionen stammten, mußten sich konfessionell einordnen. Es war dabei von Bedeutung, daß die vom Krieg verschonte Eidgenossenschaft, die einen Bevölkerungsüberschuß besaß und daher besonders viele Menschen abgeben konnte, selbst bikonfessionell war; im übrigen hatten durch den Abbau der Heere und den strengen Konfessionalismus (z. B. Gegenreformation in Österreich) viele Menschen ihren Platz verloren, die man mit wirtschaftlichen Anreizen ins Land ziehen und halten konnte. Dennoch dauerte es Jahrzehnte, in manchen Gebieten fast ein Jahrhundert, bis die Vorkriegszahlen wieder erreicht wurden.

Der große Krieg hatte jedoch nicht nur Menschenleben und Sachwerte vernichtet. Er führte auch zu Veränderungen in der inneren Machtstruktur zugunsten der Landesherren: Mit dem allgemeinen Niedergang des Ständewesens erlitt die politische Kultur einen nachhaltigen Schaden. In Baden-Baden wurden seit 1656 die Stände nicht mehr einberufen, in Baden-Durlach seit 1668. Dieses Phänomen ist nicht nur auf ein neues fürstliches Selbstverständnis zurückzuführen, sondern hängt auch mit dem wirtschaftlichen Substanzverlust auf Seiten der Stände zusammen. Die vormalige Bedeutung der Landstände hatte ja wesentlich auf ihren finanziellen Möglichkeiten bei der Bewältigung landesherrlicher Finanznot beruht.

Wappen von Baden-Durlach auf einer Münze von 1626.

Landesherr Baden-Badens blieb noch lange über das Kriegsende hinaus Markgraf Wilhelm (1622–1677). Durch Sparsamkeit und eine geregelte Finanzwirtschaft war er bestrebt, die Kriegsfolgen in den Griff zu bekommen. Nachdem die baden-durlachischen Besitzungen gemäß den Friedensbestimmungen hatten herausgegeben werden müssen, bemühte er sich um anderweitige territoriale Gewinne: Vergeblich prozessierte er gegen Württemberg um Reichenbach und Herrenalb, auch die Erwerbung des Reichslehens Bühl gelang zunächst nicht. Dagegen konnte er seine Position in der Grafschaft Sponheim durch Verträge mit den Pfalzgrafen stabilisieren und die luxemburgischen Besitzungen seines Neffen Karl Wilhelm Eugen von Baden-Rodemachern (1627–1666) übernehmen.

In dieser Zeit (1660) erlosch auch der Mannesstamm der Grafen von Eberstein. Markgraf Wilhelm von Baden-Baden konnte allerdings erst nach langwierigen Auseinandersetzungen seine Erbansprüche durchsetzen, mußte dabei aber für Gernsbach die lehnshoheitlichen Rechte des Bischofs von Speyer anerkennen.

In den Reichsinstitutionen (Reichstag, Schwäbischer Kreis) wurde zur Vermeidung von Rangstreitigkeiten 1648 hinsichtlich Vortritt und Vorsitz die Abwechslung (»Alternation«) zwischen Baden-Baden und Baden-Durlach festgelegt, Friedrich V. von Baden-Durlach jedoch zu Lebzeiten der persönliche Vorrang eingeräumt.

Hatten ein durch leidvolle historische Erfahrungen geprägtes Augenmaß und eine damit einhergehende Kompromißbereitschaft genügt, um den innerdynastischen Konfliktstoff zu entschärfen, so waren die bedrückenden materiellen Folgen des Dreißigjährigen Krieges durch guten Willen sowohl in Baden-Durlach als auch in

Baden-Baden in der
Nachkriegsphase
unter
Markgraf Wilhelm
(1622–1677)

Baden-Baden allein nicht zu überwinden; eine lange Aufbauarbeit war hier zu leisten, bis die verwüsteten Felder und Weinberge wieder Erträge brachten, die zerstörten Häuser wieder bewohnbar und bezogen wurden.

Die anfangs skizzierte geopolitische Lage Badens bewirkte, daß das Land und seine Herrscher ganz besonders eng mit den Brennpunkten der Reichspolitik vor und nach 1700 verwoben wurden: mit den schweren kriegerischen Auseinandersetzungen im Gefolge der französischen Hegemonie- und Ausdehnungsbestrebungen ebenso wie mit den Türkenkriegen. Dabei spielte nicht zuletzt das meistens gute Verhältnis zum Kaiserhof eine Rolle. So gehörte schon Markgraf Wilhelm von Baden-Baden seit 1632 zur kaiserlichen Generalität; 1639/40 war ihm infolge des kaiserlichen Vertrauens die Würde eines Prinzipalkommissars am Reichstag zu Regensburg, dann 1652 das Richteramt (Vorsitz) am Reichskammergericht zu Speyer übertragen worden.

Der zweite Sohn Leopold Wilhelm (geb. 1626, gest. 1671) war aus schwedischen Diensten in die kaiserlichen gewechselt, hatte 1664 an der großen Türkenschlacht teilgenommen und schließlich die Position eines kaiserlichen Feldmarschalls erreicht; seine Frau Anna Silvia Caretto-Millesimo brachte die böhmische Herrschaft Lowositz in die Ehe und damit an das Haus Baden.

Markgraf Wilhelms dritter Sohn Hermann (geb. 1628, gest. 1691) folgte dann noch erfolgreicher dem Karriereweg, der für Baden-Baden in dieser Epoche typisch werden sollte: dem militärischen. Hermann hatte schon die verschiedensten Positionen und Aufgaben hinter sich (u. a. die eines Kandidaten für den polnischen Thron), als ihm 1671 der Kaiser den Rang eines Generalfeldzeugmeisters verlieh. Als solcher nahm er seit 1673 am Krieg gegen Frankreich teil und hatte z. B. 1675 den Breisgau zu verteidigen, wirkte 1676 bei der Eroberung des wichtigsten französischen Stützpunkts auf deutschem Boden, der Festung Philippsburg bei Speyer, mit. Der Friedensschluß in diesem Reichskrieg erfolgte 1679 zu Nimwegen und brachte Frankreich mit Kehl und Freiburg zwei wertvolle Positionen im deutschen Südwesten. 1681 erhielt Markgraf Hermann das Präsidentenamt im kaiserlichen Hofkriegsrat. Diesmal wurde die ungarisch-türkische Front sein Haupttätigkeitsgebiet, ohne daß dem Vormarsch der Türken entscheidender Widerstand entgegengesetzt werden konnte: 1683 standen sie vor Wien. In der großen Schlacht am 12. September, die mit polnischer, sächsischer und bayerischer Hilfe gewonnen werden konnte, befehligte der Markgraf das Fußvolk. Später schwächten gegen ihn gesponnene Intrigen seine Stellung: 1688 wurde Markgraf Hermann als kaiserlicher Prinzipalkommissar am Regensburger Reichstag zwar eine neue glanzvolle Aufgabe übertragen, doch eben außerhalb der Wiener Zentrale. In dieser reichspolitisch so exponierten Würde starb er 1691.

Vergleichbare militärische Positionen, aber noch größeren Ruhm erlangte Markgraf Ludwig Wilhelm (geb. 1655, 1677–1707), dem der Onkel Hermann die Bahnen geebnet hatte. Ludwig Wilhelm folgte in der Regierung unmittelbar dem Großvater Wilhelm, da sein Vater Ferdinand Maximilian (geb. 1625, gest. 1669) vorverstorben war. 1674 hatte Ludwig Wilhelm Dienste im kaiserlichen Heer genommen; dieser militärischen Laufbahn blieb er auch über seinen Regierungsantritt in Baden-Baden hinaus treu, 1679 wurde er Generalfeldwachtmeister. Sein Verhältnis zu Frankreich war persönlich belastet, da die Expansionspolitik des »Sonnenkönigs« Ludwigs XIV. auch eigene linksrheinische Besitzungen betraf. Der große Herrscher Frankreichs war übrigens Taufpate Ludwig Wilhelms, sein Minister Mazarin ihm verschwägert: ein Beleg für die, trotz aller Konflikte, fortbestehenden Verbindungen und familiären Strukturen der alteuropäischen Adelswelt.

Militärische Aktivitäten für den Kaiser waren zunächst im Türkenkrieg zu entwickeln, in dem der Markgraf erfolgreich kämpfte und weiter reüssierte: 1689 konnte er als Oberbefehlshaber u. a. Serbien und Siebenbürgen besetzen, 1691 erhielt er die höchste Charge eines kaiserlichen Generalleutnants.

Während der Landesherr im Südosten für den Kaiser stritt, wurden seine badischen Stammlande 1689 Opfer eines französischen Vorstoßes. Ettlingen, Rastatt, Kuppenheim, Steinbach, Stollhofen und schließlich Baden selbst mit dem Schloß gingen dabei in Flammen auf. Gleichwohl blieb Ludwig Wilhelm zunächst auf seinem Posten gegen die Türken und konnte 1691 einen glänzenden Sieg erringen.

1693 dann erhielt Markgraf Ludwig Wilhelm, dem infolge seiner Erfolge im Südosten der Übername »Türkenlouis« gegeben wurde, den Oberbefehl über die Truppen am Oberrhein – und zwar sowohl über die des Kaisers als auch die der Reichskreise, da er als General des Kaisers und des Reiches figurierte. Eine lange, wechselvolle militärische Tätigkeit im Westen begann. Gegen die überlegenen, modernen Armeen Frankreichs, die aus der Tiefe des Raumes operieren konnten, war er dabei sehr stark auf eine Defensivtaktik verwiesen. Immerhin konnte er bis zum Frieden von Rijswijk (1697) einen Durchbruch der Franzosen durch die Schwarzwaldpässe verhindern. Frankreich mußte 1697 zwar auf einen großen Teil seiner Expansionsgewinne verzichten, mit Straßburg konnte es jedoch den wirtschaftlichen und kulturellen Schwerpunkt der Oberrheinregion festhalten. Im Sinne einer Defensive aus eigener Kraft sind auch Ludwig Wilhelms schließlich erfolgreiche Bemühungen um engere Verbindungen der bedrohten Reichsteile zu sehen, die 1697 in der Assoziation der sechs vorderen Reichskreise gipfelten.

Auch nach Ausbruch des sog. Spanischen Erbfolgekrieges 1701 übernahm Ludwig Wilhelm erneut das Oberkommando am Ober-

Feldherr und Landesfürst: Baden-Baden in der Epoche Ludwig Wilhelms (1677–1707)

Türkisches Doppelbeil.

rhein. 1702 konnte noch der französische Durchbruchversuch (Schlacht von Friedlingen) abgewehrt werden; 1703 jedoch war die Vereinigung der Franzosen mit den ihnen verbündeten Bayern nicht zu verhindern. 1707 fielen auch die neu angelegten Stollhofener Linien (Verteidigungsanlagen zwischen Stollhofen und Bühl); es wurden jetzt die Ettlinger Linien (von Daxlanden nach Ettlingen) errichtet. Bereits in der Schlacht am Schellenberg bei Donauwörth am 2. Juli 1704 hatte Ludwig Wilhelm eine Verwundung erhalten, an deren Folgen er später starb. Die größten Siege und den dauernden Nachruhm dieses Krieges mußte er dem ihm verwandten Prinzen Eugen von Savoyen (der für den Kaiser und das Haus Österreich focht) und dem Herzog von Marlborough (Exponent des englischen Engagements gegen Frankreich) überlassen.

Aus der Doppelrolle als kaiserlicher Feldherr und Reichsfürst erwuchsen erhebliche Spannungen – nicht zuletzt deshalb, weil Ludwig Wilhelm hochambitioniert war. Vergeblich erstrebte der Markgraf eine Rangerhöhung, vergeblich engagierte er sich 1696/97 beim Kandidatenkarussell für die polnische Thronfolge; die Erbansprüche seiner Frau Sibylle (1675–1733, Eheschließung 1690) auf das niedersächsische Herzogtum Lauenburg waren gegen die Welfen ebenfalls nicht durchsetzbar. Dagegen lieferten die von der Gattin eingebrachten böhmischen Besitzungen wertvolle Erträge für den Herrn eines immer wieder vom Krieg heimgesuchten Landes.

In Ludwig Wilhelms Portraits spiegelt sich deutlich das machtvolle herrscherliche Selbstverständnis der Potentaten seiner Epoche, die man kunst- und geistesgeschichtlich als Barock, verfassungsgeschichtlich als Absolutismus bezeichnet. Dieses Selbstverständnis erhält seinen Ausdruck ganz besonders augenfällig in den grandiosen Schloßbauvorhaben, die freilich nicht nach den alle faktischen Möglichkeiten übersteigenden Gesamtkonzepten verwirklicht werden konnten.

1697 begann Ludwig Wilhelm im 1689 zerstörten Rastatt mit dem Bau einer Festungsstadt und des ersten deutschen Schlosses nach dem Vorbild des französischen Versailles. Die Kosten für das ehrgeizige Rastatter Projekt sollen mindestens 12 Millionen Gulden betragen haben. 1700 erhob der Markgraf Rastatt zur Stadt und verlegte 1705 die Residenz aus dem traditionsreichen Baden an diesen bevorzugten Platz.

Die wertvollen Dienste, die Ludwig Wilhelm dem Kaiser leistete, schlugen sich auch in territorialen Erwerbungen nieder, mit denen das Haus Österreich einen wichtigen Parteigänger an der gefährdeten Westflanke des Reiches zu stabilisieren und zu entschädigen versuchte. 1700 wurde Ludwig Wilhelm mit Kehl, das auch als Reichsfestung diente, sowie der Reichsvogtei Ortenau (einschließlich der Vogtei über die Reichsstädte Offenburg, Zell am Harmersbach und

Medaille auf den Frieden von Rastatt, 1714: Über dem badischen Schloß, in dem die Verhandlungen stattfanden, schwebt die Friedenstaube.

Gengenbach sowie das Kloster Gengenbach) belehnt; 1706 folgte noch die Herrschaft Willstätt bei Kehl (die Heimat des Barockdichters Moscherosch) aus der Hanau-Lichtenberger Erbmasse.

Die militärischen Dienste für Kaiser und Reich brachten dem Markgrafen aber nicht nur Ruhm und Gewinn, sie forderten von Ludwig Wilhelm schließlich den höchsten Tribut: 1707 starb er auf seinem neuen Schloß zu Rastatt an den Folgen einer alten Verwundung.

In Baden-Durlach war Markgraf Friedrich V. (1622–1659) durch den allgemeinen Friedensschluß von 1648 wieder Herr seiner angestammten Landesteile geworden. Die vormalige Beute Baden-Baden mußte zwar endgültig preisgegeben werden, doch kamen die in äußerster Not an Baden-Baden verpfändeten Ämter Stein und Remchingen zurück. Seine vollständige Restitution hatte er ganz wesentlich dem diplomatischen Rückhalt Schwedens zu verdanken, das ein Territorium nicht fallen ließ, das am entschiedensten für die protestantische Sache eingetreten war.

Neben der Förderung von Neuansiedlung und Wiederaufbau richtete Friedrich V. sein Augenmerk auch auf die administrativen Aufgaben. Bereits 1622 waren eine Landesordnung und ein Landrecht veröffentlicht worden, die nun 1654 erneut offiziell publiziert wurden und auch das ganze 18. Jahrhundert hindurch in Kraft blieben. Bereits 1649 hatte der Markgraf die Kirchenordnung in einer dritten, verschärften Auflage erscheinen lassen, seit 1654 wurden auch wieder die Kirchenvisitationen durchgeführt. 1659 konnte Friedrich V. sich mit den Grafen von Nassau vertraglich einigen, wobei er Lahr als Schuldpfand erhielt (bis 1727 bei Baden-Durlach) und dort die Reformation durchführte. Die über die zweite seiner fünf Frauen erworbenen Anrechte an Hohengeroldseck waren jedoch nicht durchsetzbar; auch die Okkupation, die 1692 sein Nachfolger vornahm, blieb Episode.

Die allgemeine Friedlosigkeit und konfessionelle Problematik der Epoche zeigt sich nicht zuletzt in den Lebensläufen von Friedrichs Söhnen, die auf beinahe allen europäischen Kriegsschauplätzen Verwendung fanden. Prinz Carl Magnus (geb. 1621) starb nach einem bewegten Leben 1658 als schwedischer Generalfeldmarschall; dessen Sohn Carl Friedrich (geb. 1651) wurde katholisch, schloß sich den Malteserrittern an und war bei seinem Tod 1677 kaiserlicher General. Prinz Gustav Adolf (geb. 1631, gest. 1677, benannt nach dem großen Schwedenkönig) trat zunächst in schwedische Kriegsdienste, konvertierte jedoch 1660 und nannte sich jetzt programmatisch Bernhard Gustav; 1664 nahm er an der großen Türkenschlacht bei St. Gotthard teil, wurde dann 1667 Benediktinermönch zu Rheinau, 1667 Abt (und damit auch geistlicher Fürst) zu Fulda, 1673 zu Kempten; 1672 hatte er sogar die Kardinalswürde erlangt.

Baden-Durlach nach dem Großen Krieg und während der neuen Kriegsphase (1648–1709)

Münzportrait Friedrichs V. von Baden-Durlach, 1626.

Stammtafelauszug

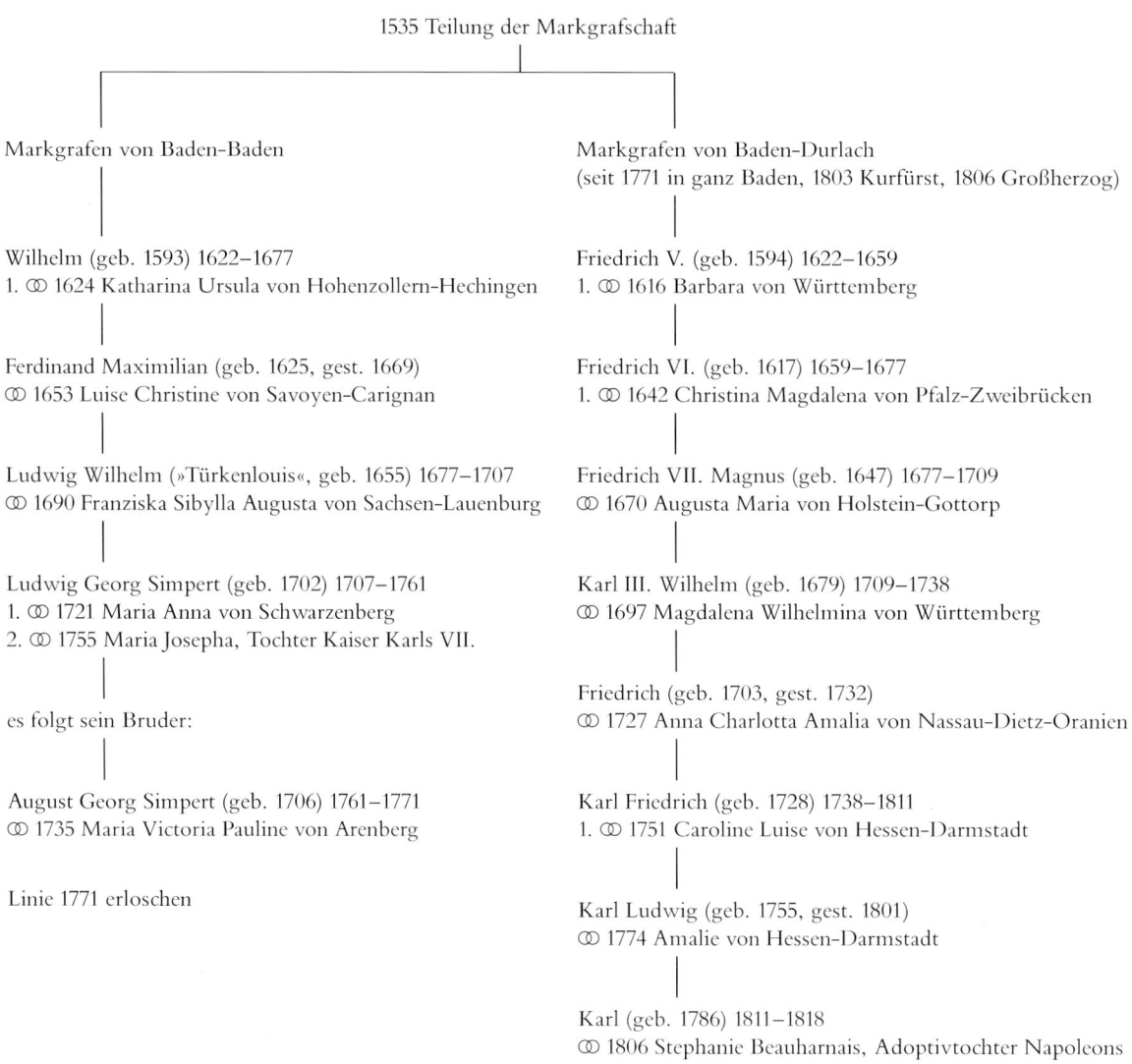

Christoph I. (1475–1527)

1535 Teilung der Markgrafschaft

Markgrafen von Baden-Baden

Wilhelm (geb. 1593) 1622–1677
1. ⚭ 1624 Katharina Ursula von Hohenzollern-Hechingen

Ferdinand Maximilian (geb. 1625, gest. 1669)
⚭ 1653 Luise Christine von Savoyen-Carignan

Ludwig Wilhelm (»Türkenlouis«, geb. 1655) 1677–1707
⚭ 1690 Franziska Sibylla Augusta von Sachsen-Lauenburg

Ludwig Georg Simpert (geb. 1702) 1707–1761
1. ⚭ 1721 Maria Anna von Schwarzenberg
2. ⚭ 1755 Maria Josepha, Tochter Kaiser Karls VII.

es folgt sein Bruder:

August Georg Simpert (geb. 1706) 1761–1771
⚭ 1735 Maria Victoria Pauline von Arenberg

Linie 1771 erloschen

Markgrafen von Baden-Durlach
(seit 1771 in ganz Baden, 1803 Kurfürst, 1806 Großherzog)

Friedrich V. (geb. 1594) 1622–1659
1. ⚭ 1616 Barbara von Württemberg

Friedrich VI. (geb. 1617) 1659–1677
1. ⚭ 1642 Christina Magdalena von Pfalz-Zweibrücken

Friedrich VII. Magnus (geb. 1647) 1677–1709
⚭ 1670 Augusta Maria von Holstein-Gottorp

Karl III. Wilhelm (geb. 1679) 1709–1738
⚭ 1697 Magdalena Wilhelmina von Württemberg

Friedrich (geb. 1703, gest. 1732)
⚭ 1727 Anna Charlotta Amalia von Nassau-Dietz-Oranien

Karl Friedrich (geb. 1728) 1738–1811
1. ⚭ 1751 Caroline Luise von Hessen-Darmstadt

Karl Ludwig (geb. 1755, gest. 1801)
⚭ 1774 Amalie von Hessen-Darmstadt

Karl (geb. 1786) 1811–1818
⚭ 1806 Stephanie Beauharnais, Adoptivtochter Napoleons

Bernhard Gustavs Karriere zeigt beispielhaft, welche Belohnungen hochgestellten Persönlichkeiten bei der Rückkehr in den Schoß der alten Kirche winkten.

Markgraf Friedrich VI. (geb. 1617, gest. 1677) folgte seinem Vater 1659 als Landesherr. Auch er hatte im Dreißigjährigen Krieg gedient. Durch seine Frau Magdalene von Pfalz-Zweibrücken wurde er Schwager des Schwedenkönigs Carl Gustav.

Trotz der großen Wiederaufbauanstrengungen widmete Friedrich VI. als Landesherr Zeit und Geld auch seinen Bilder- und Antiquitätensammlungen. Für das Gymnasium in Durlach, die hochrangigste Bildungsstätte des Landes, erwarb er die wertvolle Bibliothek des bekannten Philologen Freinsheim in Worms.

Der gebildete Landesherr kümmerte sich intensiv um die Verwaltung, nahm meist an den Sitzungen der Kanzlei teil und kontrollierte regelmäßig die Protokolle der obersten Landesbehörden. Neben dem Hofrat waren von besonderer Bedeutung das Hofgericht für die Rechtspflege, die Rentkammer für die Finanzen und landesherrlichen Einkünfte sowie der Kirchenrat für die Angelegenheiten der Landeskirche. 1677 wurde zur unmittelbaren Beratung des Landesherren noch ein Geheimratskollegium eingerichtet.

Die Phase nach dem Erschöpfungsfrieden von 1648, in der das Land von unmittelbaren Kriegseinwirkungen verschont blieb, neigte sich langsam dem Ende zu. Schon 1664 führte der Durlacher Markgraf, der sich persönlich zum Reichstag nach Regensburg begeben hatte, gemeinsam mit dem Fürstbischof von Münster das Präsidium im Kriegsrat gegen die Türken. Nachdem das Reich gegen Frankreich 1674 in den sog. Holländischen Krieg eingetreten war, wurde Markgraf Friedrich VI. zum Reichsfeldmarschall ernannt. Für sich und seine Familie verlegte er den Wohnsitz aus Sicherheitsgründen nach Basel; dahin nahm man auch das Münzkabinett und die Bibliothek mit, die dort bis 1765 verblieben. Nach längerer Belagerung konnte Friedrich VI. 1676 die wichtige französische Festung Philippsburg bei Speyer zur Kapitulation zwingen, starb aber noch vor Friedensschluß 1677.

Der Sohn Friedrich VII. Magnus (geb. 1647) übernahm die Regierung in schwerer Zeit. Gleichwohl konnte er durch diplomatisches Taktieren ein Übergreifen der Kriegshandlungen auf Baden zunächst noch verhindern.

Die immer wieder aufflammenden militärischen Auseinandersetzungen mit Frankreich haben den Ländern am Oberrhein nach dem großen Krieg von 1618–1648 aber bald noch eine weitere lange Kriegsperiode beschert. Hier wurden immer wieder immense Vermögenswerte abgeschöpft oder sinnlos zerstört, die Bevölkerung einem starken Leidensdruck ausgesetzt. So mußte Markgraf Friedrich Magnus infolge der französischen Strategie der verbrannten Erde

Kardinal Bernhard Gustav von Baden-Durlach (1631–1677).

1689 ins Exil nach Basel; die Bevölkerung wurde um ein Viertel reduziert, Baden-Durlach entstand ein Schaden von 9 Millionen Gulden.

Trotz dieser hohen Tribute, die infolge der exponierten Lage Badens immer wieder zu entrichten waren, verzichteten die Markgrafen gleichwohl nicht darauf, ihre herrscherliche Position zeitgemäß zu demonstrieren. Im Sinne des gefürchteten, aber gleichwohl faszinierenden französischen Vorbildes bedeutete das einen Ausbau der Herrschaft nach innen und aufwendige Herrschaftsdemonstration nach außen. Baden-Durlach wollte auf dem Felde der herrscherlichen Repräsentation gegenüber Baden-Baden nicht nachstehen und forcierte 1698–1700 den großzügigen Wiederaufbau der Karlsburg in Durlach, die wie viele Ortschaften 1689 von den Franzosen verbrannt worden war. Für das Hofleben ging man ebenfalls zu Neuerungen im Stile der Zeit über.

Die aktuellen Attitüden des Militärs und des absolutistischen Herrschers verdrängten (bzw. überlagerten) jedoch nur teilweise die traditionelle Rolle des patriarchalischen Landesvaters. 1670 wurde Mühlburg (heute Stadtteil von Karlsruhe) zur Stadt erhoben. Bei der Beseitigung der Kriegsschäden nach 1648 waren die Landesherren besonders gefordert gewesen – und auch in dieser Phase fanden sich nur zu häufig Anlässe zu ähnlichen Initiativen. In Baden-Durlach kam dabei eine neue Aufgabe hinzu: die Ansiedlung von vertriebenen Protestanten aus Westeuropa (Hugenotten, Waldensern) seit 1699; die Neugründungen Friedrichstal und Welschneureut gehen auf diese Glaubensflüchtlinge zurück.

Ein kontinuierliches Aufbauwerk war jedoch nicht möglich. Nach dem Feuersturm von 1689 kam die Kriegsfurie wiederholt zurück: Seit 1701 mußte Markgraf Friedrich Magnus mehrmals nach Basel flüchten; auch als er 1709 starb, war ein dauerhafter Friede noch nicht in Sicht.

Karl III. Wilhelm von Baden-Durlach, Goldmünze zum Regierungsantritt 1709.

Baden-Durlach im Zeitalter des Hochabsolutismus unter Karl III. Wilhelm (1709–1738)

Nach den europäischen Friedensschlüssen 1713/14 folgte auch für das schwer geprüfte Badener Land eine Zeit, die für zwei Jahrzehnte nicht mehr von kriegerischen Einfällen unterbrochen werden sollte. Karl Wilhelm hatte selbst noch am Spanischen Erbfolgekrieg teilgenommen und es bis zum kaiserlichen Generalfeldzeugmeister gebracht. Im Schwäbischen Kreis konnte er jedoch in der obersten Kommandostelle nicht die Nachfolge seines Onkels Karl Gustav (1648–1703) antreten, sondern hier kam Württemberg zum Zuge. Durch seine norddeutsche Verwandtschaft besaß er zeitweilig sogar Chancen auf den schwedischen Königsthron. Die Heirat mit Magdalene Wilhelmine von Württemberg 1697 befestigte und erneuerte die traditionell engen Beziehungen zum großen protestantischen Nachbarterritorium.

Ordnung der Verwaltung und Reduzierung der in den Kriegen aufgelaufenen Verschuldung hieß zunächst die politische Parole. Die Prosperität der Friedenszeit erlaubte dann auch die Schuldentilgung bei gleichzeitig nicht unerheblichen persönlichen Ausgaben des Landesherrn.

Karl III. Wilhelm hatte in seiner Jugend im Ausland (Schweiz, Niederlande) studiert und einen großen Teil Europas besucht, dabei vielerlei Anregungen erfahren. So gewann er für sein Amt wichtige Kenntnisse, entwickelte aber auch einen anspruchsvollen Lebensstil, der erhebliche Finanzmittel erforderte. Dabei stehen auf der kleinen Bühne Baden-Durlachs für den deutschen Hochabsolutismus mehr oder weniger typische Leistungen, aber auch Perversionen fast unvermittelt nebeneinander.

1715, unmittelbar nach Herstellung des Friedens, schuf sich der Durlacher Markgraf mitten im Hardtwald eine neue Residenz: sein Karlsruhe, als kombinierte Schloß- und Stadtanlage. Die radiale Straßenführung sollte im Sinne der Zeit die Stellung des Monarchen als Mittelpunkt und Beweger des Ganzen versinnbildlichen.

Karl Wilhelm förderte Karlsruhe bewußt als neues Zentrum des Landes: 1718 wurden die Zentralbehörden von Durlach nach Karlsruhe verlegt, 1724 folgte sogar das Gymnasium Illustre.

Um diese Stadtgründung »auf der grünen Wiese« als Bürgergemeinde lebensfähig zu machen, mußten Ansiedler herangezogen werden. Als Lockmittel dazu erteilte der Landes- und Stadtherr Vergünstigungen und Privilegien. Ungewöhnlich und für eine im allgemeinen noch unduldsame Epoche der Zeit weit voraus war die Entscheidung Karls, nicht nur dem im Lande herrschenden Luthertum, sondern auch den Reformierten, Katholiken und Juden in seiner neuen Stadt die Religionsausübung zu gewähren. Hier wurde die damals vielgepriesene preußische Toleranz noch übertroffen. Dem preußischen Beispiel eiferte man allerdings auch in negativer Hinsicht nach: so mit der Sucht, in alles persönlich hineinzureden und alles möglichst persönlich zu entscheiden.

Ebensoviel Beachtung wie die Karlsruher Toleranz fanden auch die Auswüchse des landesherrlichen Sexuallebens, die selbst im Zeitalter der Mätressen den Zeitgenossen ungewöhnlich erschienen. Nicht weniger als 160 sogenannte »Gartenmägdlein« sollen zeitweilig angestellt gewesen sein, als seine liebreizende Leibgarde und persönliche Bedienung. Die Ehre, mit Serenissimus die Nacht zu verbringen, wurde allabendlich durch das Kartenglück ermittelt, es gab jedoch auch die ganz persönliche Einladung über die installierten direkten Klingelzüge – so berichtet es die Skandalchronik.

Karl III. beschäftigte sich aber nicht nur mit der neuen Zentrale seines kleinen Landesstaates. Ebenfalls im Zug der Zeit lag die Einrichtung eines kombinierten Waisen-, Irren-, Arbeits- und Zucht-

Medaille auf die Grundsteinlegung für das Karlsruher Schloß 1715, geprägt nach 1720.

Landrecht für Baden-Durlach, Druck 1710.

hauses (1716–1718) in Pforzheim, das damals immer noch die größte Stadt war. Diese Institution verweist mit ihrer aus heutiger Sicht fragwürdigen Konzeption auf die sozialen Nöte, die hinter den Barockfassaden in nicht geringem Ausmaß vorhanden waren. Im Zeichen einer wieder ansteigenden Bevölkerungszahl war es für viele nicht mehr möglich, sich ein angemessenes Auskommen zu verschaffen.

Die Bemühungen, in Baden-Durlach ein striktes persönliches Regiment des Landesherrn zu errichten, zeitigten schließlich die gleichen nachteiligen Folgen wie später in Preußen. Als der Monarch den Anforderungen des Systems geistig und körperlich nicht mehr gewachsen war, verkehrte sich die geplante Ordnung in ihr Gegenteil, stockte der Gang der Regierungsgeschäfte.

Die Regierungszeit Karl Wilhelms verlief überwiegend friedlich. Allerdings wurde das Land am Oberrhein 1733 noch einmal von einem großen europäischen Konflikt in Mitleidenschaft gezogen. Im Zuge des sog. Polnischen Thronfolgekrieges kamen einmal mehr die Franzosen ins Land; am 29. Oktober nahmen sie Kehl. Aber auch die Österreicher und deren Verbündete (unter ihnen erstmals russische Truppen) forderten ihren Tribut. Wie schon seine Vorfahren flüchtete sich Karl Wilhelm ins neutrale eidgenössische Basel, wo das Haus einen Sitz und sogar das Bürgerrecht besaß. Das Schweizer Vorbild und die tragischen Erfahrungen der Oberrheinregion als Kampfplatz der europäischen Mächte inspirierten ihn dazu, zwischen 1722 und 1735 für die Lösung vom Reich zu arbeiten, um so ebenfalls den Status eines Neutralen zu gewinnen; dieser Politik war allerdings kein Erfolg beschieden.

Nicht lange nach seiner Rückkehr starb Markgraf Karl Wilhelm (1738), in dem sich viele zwar gegensätzliche, aber gleichwohl zeittypische Züge verbanden. Gemäß seinem letzten Willen wurde er in der Karlsruher Stadtkirche beigesetzt; die über seinem Grab errichtete Pyramide, das Monument des Stadtgründers, wurde zum Wahrzeichen der neuen, aufblühenden Stadt. Die großzügige Neugründung Karlsruhe war auch Ausdruck dafür, daß Baden-Durlach unter Karl Wilhelm das längere Zeit glanzvollere Baden-Baden überholt hatte.

Der stille Ausgang der Linie Baden-Baden (1707–1771)

Nach dem Tod des »Türkenlouis« im Jahre 1707 vermochte seine Witwe als Regentin für ihren unmündigen Sohn die Dinge lange recht erfolgreich in der Hand zu halten. Ihre Begabung, aber auch die Einkünfte aus ihrem reichen väterlichen Erbgut in Böhmen kamen dem Land dabei zugute.

Sibylla Augusta war die Tochter des letzten Herzogs von Sachsen-Lauenburg, Julius Franz, dessen Familie ähnlich wie viele Vertreter des Hauses Baden im Dienste Österreichs ihr Glück gesucht und

gemacht hatten. Die niederdeutschen Stammlande dieses traditionsreichen Geschlechts waren zwar an die Welfen zu Lüneburg-Celle
gefallen, Julius Franz hatte jedoch bedeutende Besitzungen in Böhmen zu vererben gehabt: neben acht weiteren vor allem die Herrschaft Schlackenwerth mit der prächtigen Schloßanlage.

Das reiche Erbe im damals sicheren Böhmen hat zweifellos das
starke Selbstbewußtsein der Regentin mit geprägt, es gab ihr auf
jeden Fall beträchtliche, von Baden unabhängige finanzielle Spiel-
räume. So waren Mittel vorhanden, den Kunstsinn in die Tat umzu-
setzen: Das Schlößchen Favorite bei Rastatt ist im wesentlichen ihr
Werk.

Maria Victoria von Baden-
Baden (1770), Gattin August
Georgs: energische Kämp-
ferin für die katholische
Kirche.

Die Frömmigkeit der reichen und stolzen Askanierin steigerte sich
später zur Bigotterie, so daß sie große Teile ihrer Bildersammlung in
der Favorite auf Anraten des Beichtvaters als unsittlich verbrennen
ließ; auch Bußübungen und Kasteiungen unterwarf sie sich in ihrer
Einsiedelei im Schloßpark.

Politisch bedenklicher war es, daß Sibylla Augusta dem Erbprinzen
Ludwig Georg Simpert (geb. 1702), der beim Tod des Vaters erst
sieben Jahre alt war, zwanzig Jahre lang eine vormundschaftliche
Regierung führte. Zwar tilgte die Regentin erfolgreich die in der
langen Kriegszeit aufgelaufenen Landesschulden, doch bescherte sie
Baden-Baden einen schwachen Nachfolger für den großen »Türkenlouis«.

Als 1735 der Polnische Thronfolgekrieg ausbrach, floh der Baden-
Badener Markgraf – der immerhin im Range eines Generalfeldzeugmeisters des Schwäbischen Reichskreises stand – auf seine böhmischen Güter und kam erst nach Friedensschluß 1736 zurück. Der
Markgraf hatte sich so zwar persönlich den Kriegsläuften entziehen
können, dem badischen Land war aber daraus keinerlei Vorteil
erwachsen: Es war einmal mehr schwer geschädigt worden, vor
allem das Murgtal und die Ortenau.

Auf Ludwig Georg war also zweifellos nicht der kriegerische Geist
des Vaters vererbt worden, statt dessen hatte er eine fromm-katholi-
sche Prägung durch die Mutter erfahren. Diese ging soweit, daß seine
Keuschheitsideale zu einer Gefahr für die Dynastie zu werden drohten. 1736 stiftete er zu Rastatt eine Piaristen-Klosterschule. Die
ausgeprägte Devotion verband sich bei diesem Baden-Badener Landesherrn mit einer großen Jagdleidenschaft, wie sie damals auch an
vielen anderen Höfen zu finden war.

Da Ludwig Georg Simpert aus seinen beiden Ehen keine überle-
benden Söhne erhielt, folgte ihm 1761 der Bruder August Georg
Simpert (geb. 1706). Dieser hatte zunächst die geistliche Laufbahn
eingeschlagen (Domkapitel zu Köln und Augsburg), wie es für
nachgeborene Söhne katholischer Häuser beinahe selbstverständlich
war. Dann setzte sich jedoch die kriegerische Ader der Familie durch,

Markgraf Bernhard von
Baden (gest. 1458): Seligsprechung 1769, Landespatron
für Baden-Baden 1770.

und er trat 1730 in österreichische Kriegsdienste, wo er es zum
Generalfeldmarschall brachte.

August Georgs Ehe blieb kinderlos; so mußte das katholische
Baden-Baden gemäß dem Reichsherkommen und den Hausgesetzen
an das evangelische Baden-Durlach fallen. Insofern war die Aushand-
lung des 1765 geschlossenen Erbvertrags mit Baden-Durlach, der
einen geordneten Übergang und die Positionen der katholischen
Kirche sicherstellte, die größte Regierungstat des ebenfalls wie sein
Bruder kirchenfreundlichen und schwachen, aber gleichwohl nicht
unpopulären August Georg.

Die Seligsprechung Markgraf Bernhards (gest. 1458) im Jahr 1769
kann als Höhepunkt und Abschluß der staatlich getragenen exklu-
siven Katholizität in Baden-Baden gelten. Vergeblich arbeiteten
Rastatter Hofkreise an einem abenteuerlichen Projekt: Der konvertierte Karl Wilhelm Eugen von Baden-Durlach (1713–83, aus einer
Nebenlinie) sollte mit der Tochter Elisabeth des Markgrafen Ludwig
Georg verheiratet und die Erbfolge des evangelischen Karl Friedrich
so verhindert werden. Das verdeutlicht schlaglichtartig, welcher
Stellenwert dem Wechsel von 1771 zugemessen werden konnte.

In der letzten Phase der Baden-Badener Eigenständigkeit hatte sich
(u. a. durch Mißwirtschaft am Hof) wieder eine große Schuldenlast
angesammelt, die der Lebensfähigkeit dieses an sich schon kleinen
Landesstaates noch weiter Abbruch tat. Insofern war es, trotz der
konfessionellen Problematik, ein Glücksfall, daß die beiden Baden
durch das Erlöschen der Manneslinie zu Baden-Baden 1771 wieder
zusammenfanden – zumal dies unter einer so integren Persönlichkeit
wie Karl Friedrich von Baden-Durlach geschah. Nach wiederholten,
wesentlich durch die Verhältnisse der Dynastie bedingten Katastrophen fügten sich gegen Ende der Geschichte des Alten Reiches die
badischen Geschicke wieder glücklicher – mit positiven Optionen für
die Zukunft, die in der Tat auch eingelöst werden sollten.

Das Zeitalter
Karl Friedrichs
(1746–1811)

Karl Friedrich konnte in der Regierungspraxis in vielerlei Hinsicht
auf dem Werk des Großvaters Karl Wilhelm aufbauen, obwohl er im
Lebensstil und den sittlichen Grundsätzen völlig von diesem abwich.
Sein Vater, Erbprinz Friedrich (1703–1732), war früh gestorben.
Unter dem Einfluß seiner württembergischen Großmutter erhielt der
zukünftige Landesherr Baden-Durlachs eine christlich-lutherische
Erziehung, die sein Wesen prägte und ihn später dem Pietismus
zuneigen ließ.

1728 geboren, übernahm Karl Friedrich 1746 selbstverantwortlich
die Regierung. 1751 schloß er eine nach gewissen Anfangsproblemen
schließlich ausgesprochen glückliche Ehe mit der gebildeten Caroline
Luise von Hessen-Darmstadt, die man wegen ihrer für die Zeit

außergewöhnlichen Kenntnisse und Fähigkeiten die »hessische Minerva« nannte. Aus einem nach Größe, reichspolitischer Ausrichtung und lutherischer Prägung vergleichbaren Landesstaat stammend, vermochte Caroline Luise durch ihre Vorzüge die positiven Ansätze Karl Friedrichs zu verstärken, zumal sie wegen der zerrütteten Finanzen in Darmstadt das Sparen gelernt hatte.

Medaille auf die Erneuerung der Lörracher Stadtrechte 1756.

Ein weiterer äußerer Umstand kam der Regierung Karl Friedrichs glücklich zustatten: Der Südwesten blieb für Jahrzehnte von unmittelbaren Kriegseinwirkungen verschont, wenngleich Europa und das Reich durchaus Kriege sahen – nicht zuletzt seit 1740 das Ringen zwischen Österreich und Preußen.

Es war insbesondere das vom Vorgänger übernommene und bereits disziplinierte Beamtentum, das zu den positiven Erbteilen zählte und das sich unter einem arbeitsamen, gerecht denkenden Herrscher weiter entfaltete.

Die aufmerksame Rezeption der modernen europäischen Geistesentwicklung (Aufklärung, physiokratische Staats- und Wirtschaftslehre) setzte sich im Karlsruher Schloß nicht nur in theoretische Reflexionen des Monarchen, sondern durchaus auch in praktische Impulse für die Landespolitik um: 1767 wurde in Baden-Durlach die Tortur als Mittel der Beweisfindung im Gerichtswesen abgeschafft. Bereits 1752 war eine neue Hofgerichtsordnung erlassen worden, die eine Beschleunigung der Verfahren bewirken sollte. In den Kontext einer aufgeklärten Reformpolitik gehört ferner die Gemeindeordnung (»Communeordnung«) von 1760.

Neben Recht und Verwaltung geriet jedoch auch der Bildungssektor in das Blickfeld des Monarchen. Auf die Schulkandidatenordnung für angehende Volksschullehrer 1757 folgte schon 1768 in Karlsruhe die Gründung eines Seminars, in dem der Schulmeisternachwuchs für die Landschulen ausgebildet werden konnte. Der Gymnasialunterricht in Karlsruhe und an den vier weiteren höheren Schulen des Landes wurde verbessert, so daß er einen Teil des Universitätsstudiums ersetzte.

Ein besonders glücklicher Umstand erweiterte den Aktionsradius und die Möglichkeiten des Fürsten. Da die katholische Linie Baden-Baden im Mannesstamm ausgestorben war, fiel Baden-Baden 1771 an Baden-Durlach: Die Zeit der unseligen badischen Teilungen war für immer vorbei. Die Einwohnerschaft stieg durch den Erbfall von etwa 82 000 auf 175 000, das – allerdings nach wie vor nicht zusammenhängende – Herrschaftsgebiet Karl Friedrichs von ca. 29,5 auf 65 Quadratmeilen (davon jedoch 13,5 auf dem linken Rheinufer – Gebiete, die später ganz verlorengingen). Die Reformpolitik wurde nach Möglichkeit auch in den neuen Landesteilen fortgesetzt. 1773 – nach der päpstlichen Aufhebung des Jesuitenordens – errichtete Karl Friedrich in Baden-Baden und Ettlingen katholische Gymnasien. Die

Goldwäscher am Rhein bei Karlsruhe um 1800.

Dank- und Gedenkstein der Gemeinde Eutingen zur Aufhebung der Leibeigenschaft 1783.

Aufhebung der Leibeigenschaft 1783 war dann ein besonders spektakulärer Akt.

Wichtige Impulse gingen auch in die Förderung der Landwirtschaft (Mustergüter, neue Produktionstechniken) und des Gewerbes bzw. der Manufakturen (z. B. Wiederbelebung der Durlacher Fayenceherstellung, Textildruckerei zu Lörrach und Schmuckwarenproduktion zu Pforzheim).

Der Anfall Baden-Badens bedeutete jedoch nicht nur ein Geschenk der Vorsehung, es war auch eine Herausforderung. Die trotz der eigenen lutherischen Prägung sehr wohl ausgeprägte Toleranz Karl Friedrichs half die konfessionspolitischen Fußangeln weitgehend zu umgehen – allerdings nicht ganz: Um die Witwe Maria Victoria des vormaligen Baden-Badener Markgrafen sammelte sich eine oppositionelle katholische Partei, die Karl Friedrich in einen langen Prozeß am Reichshofrat verwickelte. Schwierigkeiten machte ferner die hohe Schuldenlast, die mitübernommen werden mußte, wobei noch die einträglichen böhmischen Herrschaften der vormaligen Rastatter Herren als Privatbesitzungen dem ungeliebten protestantischen Erben bewußt vorenthalten wurden.

Territorialpolitisch besonders schmerzhaft erwies sich schließlich die Tatsache, daß das österreichische Kaiserhaus die Landvogtei Ortenau (mit Rechten an den Reichsstädten Offenburg, Gengenbach, Zell am Harmersbach) als heimgefallenes Lehen einbehielt. Kehl ging jedoch in den Besitz Karl Friedrichs über, der die ebenfalls als Wirtschaftsplatz wichtige Festung 1774 zur Stadt erhob; 1779 wurde hier die erste Gesamtausgabe der Werke Voltaires gedruckt.

Trotz aller Verluste und Belastungen lag in der Erbschaft von 1771 eine große Chance, die von Karl Friedrich auch hinreichend genutzt wurde: im Inneren, aber auch in der Außenpolitik. Bereits 1756, noch mit dem kleinen Stammland, hatte sich Karl Friedrich lange dagegen gesträubt, für Österreich und gegen Preußen Partei zu ergreifen. Zu dieser selbständigen, nicht risikolosen Politik gegen das nahe und übermächtige Österreich sollte Karl Friedrich auch später weiter neigen – ja, sie prägte selbst im weiteren Verlauf des 19. Jahrhunderts noch die deutschlandpolitische Konzeption Badens.

Den bevorstehenden Anfall Baden-Badens hatte sich Karl Friedrich bezeichnenderweise von Preußen und Dänemark, darüber hinaus sogar von der aufstrebenden Hegemonialmacht Rußland absichern lassen; mit dem Kaiser bzw. mit Österreich kam es nicht zu einem solchen Arrangement, statt dessen zu einer Verstimmung, die den Übergang jedoch nicht verhinderte.

Noch stärker exponierte sich Karl Friedrich 1785 in seiner antiösterreichischen Haltung. 1741 zwar waren alte österreichische Ansprüche auf Rötteln, Badenweiler und Sausenberg gegen eine Geldzahlung abgegolten worden, das Mißtrauen war jedoch geblieben, zumal man ja beim Erbfall 1771 Einbußen am alten baden-badischen Besitzstand hatte hinnehmen müssen. Vor allem das massierte österreichische Herrschaftsgebiet im Breisgau konnte als latente Bedrohung für die zersplitterten südlichen Landesteile empfunden werden. Als nun Kaiser Joseph II. um 1780 danach strebte, seine süddeutschen Besitzungen zu arrondieren und zu vergrößern, mußte dies Baden offen in das Lager der Opposition treiben. 1785 schloß sich Karl Friedrich dem Fürstenbund gegen die kaiserliche Veränderungspolitik an, der von den drei Kurfürsten von Brandenburg (König von Preußen), von Hannover (König von England) und Sachsen angeführt wurde.

Die österreichischen Ambitionen in dieser Phase scheiterten. Gleichwohl war es recht bald mit der Ruhe des Reiches und der Sicherheit der Besitzstände vorbei. Der Anstoß zum Umsturz kam jedoch von außen; es waren die Wellen der 1789 ausgebrochenen Französischen Revolution, die das überkommene Reichsgebäude und seine territoriale Ordnung zum Einsturz bringen sollten. Der besonders von Straßburg und später auch Basel ausstrahlende revolutionäre Geist inspirierte dabei wohl einzelne Unruhen, eine wirkliche Gefahr für die alte Herrschaftsordnung bildeten gleichwohl nur die Armeen des neuen Frankreich.

Der Zugriff des revolutionären Frankreich auf die linksrheinischen Besitzungen des Hauses Baden und anderer deutscher Dynasten führte zunächst noch nicht zum offenen Konflikt, da Entschädigungen durch Säkularisationen geistlicher Gebiete und Mediatisierung (Einverleibung) von Reichsstädten in Aussicht standen. Durch den Einsatz deutscher Mächte, vor allem Österreichs und Preußens, für das französische Königshaus kam es dann doch zur großen Eskalation: Die Offensive gegen die Revolution blieb aber bald stecken, der französische Gegenschlag machte am Rhein nicht halt. Im September 1792 hatte sich auch Baden der antirevolutionären Koalition angeschlossen, als sich der Feldzug bereits in der Krise befand: Speyer, Worms, Mainz, Frankfurt wurden von den Franzosen eingenommen – der Oberrhein blieb aber zunächst noch verschont.

Nach wechselvollem Kriegsverlauf, in dem sich Frankreich letztlich auch gegen eine europäische Koalition behaupten konnte, schied Preußen aus dem Krieg im Westen aus und schloß im April 1795 den Sonderfrieden von Basel. Das verbesserte die Lage Frankreichs entscheidend: General Moreau überschritt am 24. Juni 1796 bei Kehl den Rhein, besetzte am 5. Juli Rastatt und kam auch nach Karlsruhe, das der Landesherr in Richtung Franken verlassen hatte; der badische Minister Reitzenstein sah sich gezwungen, zu Paris am 22. August 1796 einen Sonderfrieden abzuschließen. Baden geriet gleichwohl in arge Bedrängnis, da vorübergehend Österreich wieder die Oberhand errang. Markgraf Karl Friedrich zögerte die Ratifikation des Friedens

Joh. Georg Schlosser (1739–1799), Jurist und Schriftsteller, Schwager Goethes, seit 1773 in badischen Diensten, 1790 Direktor des badischen Hofgerichts. Sein Rechtssinn scheute selbst vor Konflikten mit dem Landesherrn nicht zurück.

Wilhelm von Edelsheim (1737–1793), seit 1758 in badischem Dienst, 1788 Präsident des Geheimen Rates, prägte lange die Politik mit (Erbvertrag, Fürstenbund).

bis zum 15. Dezember 1797 hinaus – das wiederum verärgerte die Franzosen, die sich letztlich als die Stärkeren erwiesen. Land und Volk am Oberrhein erlitten schwerste Schäden von beiden Seiten; man war im wahrsten Sinne des Wortes zwischen die Fronten geraten und hatte immens hohe Kriegskosten aufzubringen.

Mit großer Erleichterung wurde daher gerade am Oberrhein der Friedensschluß von Campo Formio zwischen Österreich und Frankreich im Oktober 1797 aufgenommen. Die belgischen und italienischen Gebiete des Hauses Habsburg waren davon in erster Linie betroffen – aber auch der Breisgau, der an den Herzog von Modena abgetreten werden mußte.

Die Frage der Entschädigungen und des Reichsfriedens war damit aber noch nicht allgemein geregelt. Hier rückte Baden einmal mehr in den Blickpunkt des europäischen Interesses, da (wie schon 1713/14) Rastatt zum Ort des Friedenskongresses gewählt wurde. Unter militärischem Druck Frankreichs (Besetzung der Rheinschanze bei Mannheim) stimmten die Reichsstände schließlich den Abtretungen auf dem linken Rheinufer zu. Während der Verhandlungen näherte sich aber Österreich Rußland und England zu einer neuen antifranzösischen Koalition. Seit dem 1. März 1799 befanden sich Österreich und Frankreich wieder im Kriegszustand, obgleich die meisten Glieder des Reiches weiter verhandeln wollten. Als der Rastatter Kongreß bereits in der Auflösung war, verursachten österreichische Husaren einen eklatanten Zwischenfall, der gegen alle Gepflogenheiten der europäischen Diplomatie verstieß: Dem sog. Rastatter Gesandtenmord am 28. April 1799 fielen zwei französische Diplomaten zum Opfer.

Süddeutschland wurde 1799/1800 erneut von dem wechselnden Kriegsgeschehen schwer mitgenommen. Frankreich, das seit 1799 unter der Führung Napoleons stand, konnte nicht besiegt werden, Österreich mußte am 9. Februar 1801 zu Luneville erneut einen Frieden schließen, der u. a. das linke Rheinufer definitiv preisgab. Jetzt kam die Entschädigungsfrage in das entscheidende Stadium. Die interessierten Mächte Deutschlands bemühten sich bei Frankreich, aber auch beim nach wie vor mächtigen Rußland um diplomatische Unterstützung im Überlebens- und Vergrößerungskampf.

Baden gehörte schließlich zu den ganz großen Gewinnern. Die verwandtschaftlichen Beziehungen zum russischen Zarenhaus spielten dabei eine wesentliche Rolle. Formell wurden die territorialen Entschädigungen in den ersten Monaten des Jahres 1803 im sog. Reichsdeputationshauptschluß geregelt. Die vorher ausgehandelten Erwerbungen nahm man jedoch überwiegend schon im September/ Oktober 1802 in Besitz. Baden erhielt dabei das Hochstift Konstanz mit den Abteien Reichenau und Öhningen, die Reichsstifte Petershausen und Salem, die Reichsstädte Überlingen und Pfullendorf, rechtsrheinische Gebiete der Hochstifter Basel und Straßburg (zu letzterem hatte z. B. Oppenau gehört, aber auch Oberkirch und Renchen, zwei Lebensstationen des großen Barockschriftstellers Grimmelshausen), die Abteien Ettenheimmünster und Allerheiligen, die Herrschaft Lahr, das Reichsstift Gengenbach, die Reichsstädte Gengenbach, Offenburg und Zell am Harmersbach, die hessen-darmstädtischen Ämter (vormals Hanau-Lichtenberg) Lichtenau und Willstätt, rechtsrheinische Besitzungen von Hochstift und Domkapitel Speyer, die kurpfälzischen Oberämter Heidelberg, Ladenburg und Bretten mit den Städten Mannheim und Heidelberg, die Reichsstädte Wimpfen und Biberach (letzteres 1806 an Württemberg vertauscht), schließlich die Güter der Abteien Schwarzach, Frauenalb und Lichtenthal.

Mit der Vergrößerung einher ging ferner die Erhebung zur Kurwürde; damit verbunden war u. a. das Recht, an der Wahl des Kaisers mitzuwirken; im übrigen besaß man jetzt gleichen Rang wie der nachbarliche Konkurrent Württemberg. Der kurfürstliche Status sollte jedoch eine nur ganz kurze Etappe in dieser Phase sich beschleunigender Veränderungen bilden.

Österreich, das den aus seiner Sicht ungünstigen einschneidenden Umsturz der Verhältnisse nicht akzeptieren wollte, wagte nochmals einen Waffengang mit Frankreich. Die süddeutschen Staaten hatten jedoch aus dem Vorhergegangenen ihre Lektion gelernt; sie setzten nicht auf die absteigende Macht des Kaisers und Österreichs, sondern auf die aufsteigende des Korsen Napoleon, die auch für sie selbst neue Chancen versprach. Ihre Option erwies sich als richtig und wurde belohnt. Österreich mußte im demütigenden Frieden von Preßburg (26. Dezember 1805) weitere Gebiete abtreten. Baden erhielt den größten Teil des Breisgaus mit Freiburg, die Landvogtei Ortenau, die Stadt Konstanz und die Deutschordenskommende Mainau.

Die machtpolitischen Verschiebungen in Deutschland und Mitteleuropa wurden nun auch verfassungsrechtlich manifest. Der österreichische Monarch hatte bereits 1804 für Österreich die Kaiserwürde angenommen und damit selbst die überkommene Reichsstruktur schon entscheidend getroffen. Die eigenen Machteinbußen, schwerer französischer Druck und der Untergang der ihm immer besonders eng verbunden gewesenen kleinen Reichsstände veranlaßten den Kaiser von Österreich 1806, die Krone des Reiches niederzulegen, nachdem sich ein großer Teil der übriggebliebenen deutschen Staaten im sog. Rheinbund zusammengeschlossen und mit Napoleon verbunden hatte. Noch einmal gab es zu diesem Anlaß territoriale Beute aus der Reichskonkursmasse an die französischen Bundesgenossen zu verteilen: Baden sicherte sich (u. a. durch Tausch mit Württemberg) die Grafschaft Bonndorf, die Herrschaft Blumegg, das Fürstentum Heitersheim und andere Besitzungen des Malteserordens wie auch

Symbol des 1806 untergegangenen Alten Reiches: Reichsadler als Wasserzeichen des Ettlinger Papiermachers S. Schmidt (1689).

133

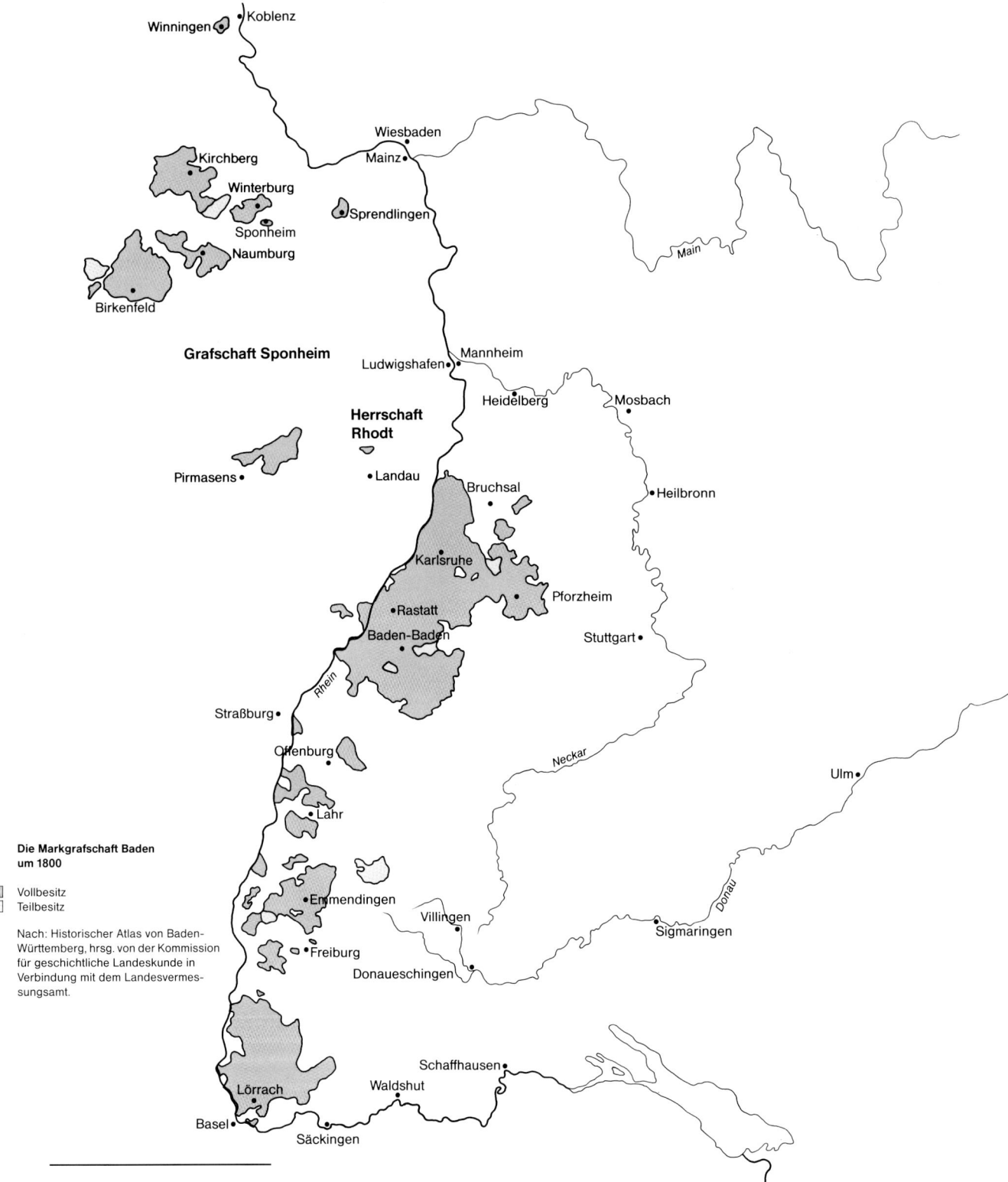

Winningen ● Koblenz

Wiesbaden ●
Mainz ●

Kirchberg ●
Winterburg
● Sponheim
Naumburg ●
Birkenfeld

Sprendlingen ●

Grafschaft Sponheim

Ludwigshafen ● Mannheim ●

**Herrschaft
Rhodt**

Heidelberg ● Mosbach ●

Pirmasens ● ● Landau

Bruchsal ●
Karlsruhe ●
Heilbronn ●

● Rastatt
Baden-Baden
Pforzheim ●

Straßburg ● Stuttgart ●

Offenburg ●
Neckar

Lahr ● Ulm ●

**Die Markgrafschaft Baden
um 1800**

Vollbesitz
Teilbesitz

Nach: Historischer Atlas von Baden-
Württemberg, hrsg. von der Kommission
für geschichtliche Landeskunde in
Verbindung mit dem Landesvermes-
sungsamt.

● Emmendingen
Villingen ●

Donau

● Freiburg
Sigmaringen ●
Donaueschingen

Schaffhausen ●

Lörrach
Waldshut ●

Basel ●
Säckingen ●

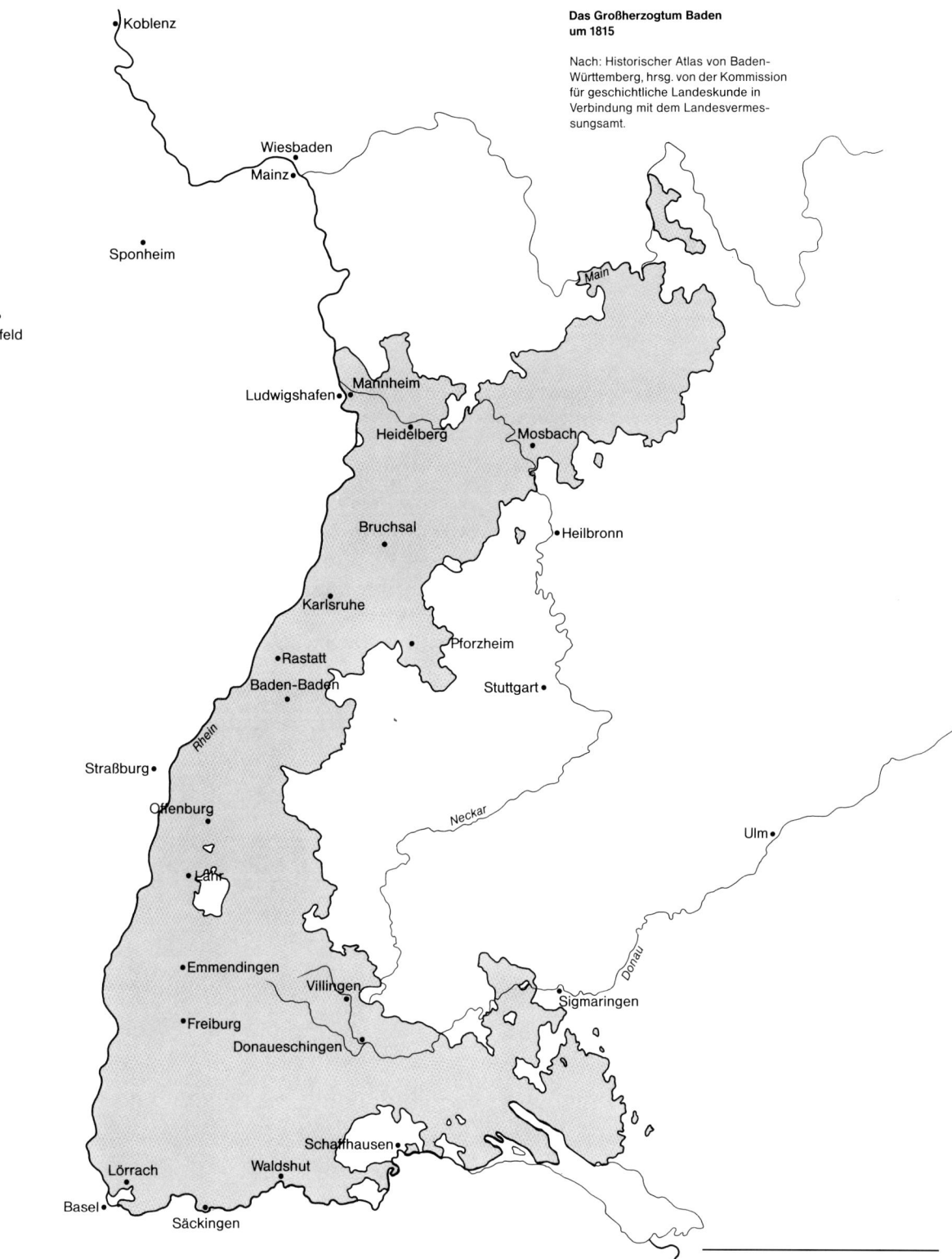

Das Großherzogtum Baden
um 1815

Nach: Historischer Atlas von Baden-
Württemberg, hrsg. von der Kommission
für geschichtliche Landeskunde in
Verbindung mit dem Landesvermes-
sungsamt.

Koblenz

Wiesbaden

Mainz

Sponheim

Birkenfeld

Main

Ludwigshafen Mannheim

Heidelberg Mosbach

Bruchsal Heilbronn

Karlsruhe

Pforzheim

Rastatt

Baden-Baden Stuttgart

Rhein

Straßburg

Offenburg Neckar

Ulm

Lahr

Emmendingen

Villingen Donau

Freiburg Sigmaringen

Donaueschingen

Schaffhausen

Lörrach Waldshut

Basel Säckingen

Wohl aus Anlaß der Erhebung zum Kurfürsten ließ sich Karl Friedrich einen neuen Thronsessel (Entwurf Percier & Fontaine) fertigen; Greif und Löwe, die Wappentiere des Hauses Baden, bilden die Seitenwangen.

solche des Deutschordens, die vormals österreichischen Städte Villingen und Bräunlingen, das meiste aber von den Fürstenbergern: die Landgrafschaft Baar (mit Donaueschingen), Stühlingen, Meßkirch, Hausach, Heiligenberg, dazu von den Fürsten Auersberg die Grafschaft Thengen, von den Fürsten Schwarzenberg die Landgrafschaft Klettgau, weitere Besitzungen der Häuser Leiningen, Löwenstein-Wertheim sowie zahlreicher Reichsritter. Die alte Welt des rund tausendjährigen Reiches war damit endgültig untergegangen. Auch die Würde eines Kurfürsten hatte ihren Sinn verloren: Karl Friedrich, jetzt Herrscher über 249 Quadratmeilen und 902 500 Einwohner, nahm im August den Titel eines Großherzogs von Baden an.

Durch die im April 1806 geschlossene Ehe von Karl Friedrichs Enkel, Kurprinz Karl (1786–1818; der Vater war bereits 1801 gestorben), mit der Nichte und Adoptivtochter Napoleons, Stephanie Beauharnais (1789–1860), wurden auch persönliche Bande zum neuen Herrn Europas geknüpft; Napoleon, seit 1804 Kaiser von Frankreich, suchte erfolgreich den Anschluß an den Familienkreis der legitimen europäischen Monarchen – der mit den Herrschern Rußlands und Schwedens verschwägerte badische Kurprinz besaß dabei einen nicht unwesentlichen Stellenwert. Der altfürstliche hohe Rang des Hauses Baden hatte sich so an der Wende zur Moderne noch einmal als entscheidendes Aktivkapital für die Staatsbildung ausgewirkt.

Das System Napoleons und des Rheinbundes stellte sich schließlich nur als eine kurze Zwischenlösung heraus – Badens neue, vergrößerte Gestalt erwies sich dagegen als dauerhafter. Neben den territorialen Gewinnen, die eine im wesentlichen sinnvolle Flurbereinigung der politischen Landkarte am Oberrhein gebracht hatten, dürfen jedoch die damit einhergehenden großen Opfer an Blut und Gut nicht übersehen werden. Die Veränderungen waren eben im Kontext kriegerischer Auseinandersetzungen vor sich gegangen, und weitere Kriege und Opfer sollten noch folgen.

Das Haus Baden 1648–1806:
Dynastie und Staat

Glück oder Unglück, Fähigkeit oder Unfähigkeit, Kindersegen oder fehlende Nachkommen, die Richtung der Ehebündnisse, ja lange selbst die konfessionelle Entscheidung im Herrscherhaus betrafen in der Zeit der Monarchie unmittelbar das Land mit, das vom regierenden Hause eben nicht nur den Namen erhalten hatte: So besitzen die Angehörigen der landesherrlichen Familie durchaus ihre selbstverständliche Bedeutung auch für eine moderne Landesgeschichte, die sich von den unreflektierten Traditionen dynastischer Anhänglichkeit gelöst hat. Im übrigen gibt es kaum Anlaß, sich über ältere Fixierungen auf das Fürstenhaus zu mokieren, wenn man das erstaunlich breite Interesse der Gegenwart an altgekrönten Häuptern und neukreierten Idolen aller Art zur Kenntnis nimmt, mit dem die Medien gute Geschäfte machen.

Wie alle vergleichbaren Dynastenfamilien haben sich auch die Angehörigen des Hauses Baden regelmäßig portraitieren lassen. Der hohe Rang, den man in der alteuropäischen Adelsgesellschaft beanspruchte, kommt dabei vielfach in der besonderen Qualität einer Großzahl dieser Bilder zum Ausdruck.

Die Portraits in ihrer chronologischen Reihenfolge (zuerst die katholische Linie Baden-Baden, dann das evangelische Baden-Durlach) spiegeln neben dem Individuellen ganz deutlich auch die Entwicklung des Zeitgeschmacks: im Kostüm, in der Pose. Vom Kriegerischen geht es hier über das Pompöse des barocken Hochabsolutismus bis zu einer sich verbürgerlichenden Haltung, die selbst in die landesherrliche Familie im späteren 18. Jahrhundert Eingang fand.

Das große, im Schloß verwahrte Portrait konnte bei Empfängen und offiziellen Anlässen das herrscherliche Selbstverständnis für die Elite verdeutlichen. Es ist Teil einer »offiziellen« Herrschaftskultur, der etwa auch die gewaltigen, repräsentativ-demonstrativen Schloßbauten zuzuordnen sind. Breiteste Kreise erreichte das Münzbild mit einer ähnlichen Zielsetzung. Parallel dazu entstehen aber auch schon Familienbilder, die sehr viel stärker einen intim-privaten Charakter besitzen.

Zweifellos kann das Betrachten der Portraits viele Elemente einer versunkenen Epoche sinnlich erfahrbar machen, die durch das Wort in adäquater Weise nicht zu vermitteln sind.

Markgraf Hermann von Baden-Baden (1628–1691). Als nachgeborener Sohn machte er im kaiserlichen Militär Karriere und vertrat seit 1688 das Reichsoberhaupt am Regensburger Reichstag.

Ferdinand Maximilian von Baden-Baden (1625–1669),
der Vater des großen Ludwig Wilhelm, starb an den
Folgen eines Jagdunfalls, bevor er zur Regierung kam.

Luise Christine von Savoyen-Carignan (1627–1689),
Gattin Ferdinand Maximilians. Sie ließ sich nicht dazu
bewegen, vom glanzvollen französischen Hof nach
Baden überzuwechseln. Die Portraits der Eheleute
werden Heinrich Lihl zugewiesen und gehen auf Vorla-
gen von 1654/55 zurück.

Leopold Wilhelm von Baden-Baden (1626–1671). Der
Bruder Ferdinand Maximilians brachte es bis zum kaiserlichen Feldmarschall. In der Tracht der Türken, mit
denen er sich militärisch auseinanderzusetzen hatte,
wurde er 1663 durch Benjamin von Block portraitiert.

Markgraf Ludwig Wilhelm von Baden-Baden (1655–1707). Der Kämpfer für Kaiser und Reich gegen Türken und Franzosen ist hier in der Pose des großen Feldherrn dargestellt.

Markgräfin Sibylla Augusta von Baden-Baden, geborene Herzogin von Sachsen-Lauenburg (1675–1733).
Sie brachte ihrem Gatten Ludwig Wilhelm große böhmische Besitzungen in die Ehe.

Markgräfin Augusta Maria Johanna von Baden-Baden
(1704–1726), Tochter Ludwig Wilhelms, wurde 1724
an Ludwig von Orleans verheiratet und knüpfte damit
ein Band zur französischen Königsfamilie.

Markgraf Ludwig Georg Simpert von Baden-Baden (1702–1761). Dieser Sohn und Nachfolger des großen Ludwig Wilhelm konnte nicht aus dem Schatten des Vaters heraustreten.

Markgräfin Maria Josepha von Baden-Baden (1734–1776), 1755 Gattin Ludwig Georg Simperts, geboren als Tochter des Herzogs Karl Albrecht von Bayern, der 1742 als Karl VII. zum Kaiser gewählt wurde. Diese Ehe erhöhte noch einmal den Glanz des Hauses Baden-Baden, überlebende Söhne blieben jedoch versagt.

Markgraf August Georg Simpert von Baden-Baden (1706–1771), Bruder und 1761 Nachfolger Ludwig Georgs. Mit ihm erlosch die männliche Linie des Hauses Baden-Baden.

Verehrung des heiligen Nepomuk durch das Markgrafenhaus Baden-Baden. Durch dieses Fresko von C. D. Asam in der Schloßkapelle zu Ettlingen, wo Sibylla Augusta ihren Witwensitz hatte, wurde der Familie und ihrer barocken Frömmigkeit ein dauerndes, künstlerisch hervorragendes Denkmal gesetzt.

Markgraf Friedrich VI. von Baden-Durlach (1617–1677). Rund die Hälfte seiner Lebenszeit war vom Dreißigjährigen Krieg (1618–1648) ausgefüllt. Der Alltäglichkeit des Krieges entspricht auch die martialische Pose.

Hochzeitszug des Markgrafen Friedrich VII. Magnus von Baden-Durlach (1647–1709) vor Schloß (Karlsburg) und Stadt Durlach 1670. Die aufwendige Inszenierung mit ihrer geplanten Ordnung entspricht dem barocken Willen zur herrscherlichen Selbstdarstellung.

Markgraf Friedrich VII. Magnus von Baden–Durlach
(1647–1709).

Markgraf Friedrich VII. Magnus von Baden–Durlach und
seine Familie (um 1695).

Augusta Maria von Baden-Durlach (1649–1728), Gemahlin des Markgrafen Friedrich Magnus, geborene Herzogin von Holstein-Gottorp. Das Haus Holstein-Gottorp (Gottorf) ist eng mit der Geschichte der nordischen Königskronen verbunden. Eine reizvolle Komposition zeichnet das Gemälde (um 1686; Johann Georg Wagner zugewiesen) aus: im Hintergrund das Portrait des Gatten, vor der Mutter der junge Sohn, Erbprinz Karl Wilhelm.

Markgraf Karl Wilhelm von Baden-Durlach (1679–1738) ist der Gründer von Schloß und Stadt Karlsruhe. Als Militär brachte er es bis zum Kaiserlichen Generalfeldzeugmeister.

Während seiner 65jährigen Regierungszeit erlebte Markgraf Karl Friedrich (1728–1811) 1803 den Aufstieg zum Kurfürsten und 1806 zum Großherzog von Baden.

Karoline Luise, geborene Landgräfin von Hessen-Darmstadt (1723–1783) war die erste Gemahlin des Markgrafen Karl Friedrich. Sie war außergewöhnlich gebildet und vielseitig begabt; sie zeichnete, malte und fertigte Radierungen. Ihr großes Interesse galt den Naturwissenschaften. Die Gemäldegalerie, die heutige Staatliche Kunsthalle Karlsruhe, und das Naturkundemuseum erwuchsen aus ihren Sammlungen. Das Gemälde von der Hand des Hofmalers Joseph Melling, der auch die Supraporten und Deckengemälde im Karlsruher Schloß ausgeführt hatte, zeigt die Fürstin mit ihren beiden ältesten Söhnen Karl Ludwig (1755–1801) und Friedrich (1756–1817).

Baden in der großen Politik 1648–1806:
Krieg und Frieden

Den Ausgangspunkt und weiterwirkenden Rahmen des politischen Geschehens bildeten die Normen des umfassenden Friedenswerkes von 1648. Gleichwohl waren es vor allem kriegerische Auseinandersetzungen und ihre Folgen, die der badischen Außenpolitik nach 1648 ihr Gepräge gaben. Eine bestimmende Rolle war dabei den badischen Landesherrn kaum möglich, sah man sich doch in das epochale Ringen um das französische Hegemoniestreben in West- und Mitteleuropa eher passiv-leidend verwoben.

Gleichwohl ergriffen einzelne Exponenten des Hauses auch die gebotenen Chancen, in aktivem Engagement ihr Glück zu suchen. In vorzüglicher Weise gilt das für Ludwig Wilhelm von Baden-Baden, der sowohl im Osten für das Reich und das Haus Österreich gegen die Türken focht als auch im Westen – unmittelbar betroffen – sich der kriegerischen Herausforderung durch Frankreich stellte.

Wesentlich als Außenpolitik auf reichsrechtlicher Ebene mit europäischen Querverbindungen bieten sich ebenfalls die Beziehungen zwischen dem katholischen Baden-Baden und dem evangelischen Baden-Durlach dar, bis 1771 der Erbfall das Ende der unglückseligen Trennung und die Vereinigung brachte.

Selbst die ausgedehnteren friedlicheren Phasen des 18. Jahrhunderts vergrößerten den politischen Spielraum kaum. In den nach 1790 immer wieder ausbrechenden europäischen Kriegen konnte eine eigene Position nur schwer entwickelt werden; es galt, sich durchzuhelfen, auch mögliche eigene Chancen für Statusverbesserungen zu nutzen. Die vielen Ansätze zu einer erneuerten Friedensordnung erwiesen sich dabei über einen langen Zeitraum hinweg als brüchig und kurzlebig. Die Friedenshoffnungen der Menschen wurden damals wie heute oft enttäuscht.

Der Münstersche Friedensbote 1648: Ein Postreiter bringt die ersehnte Nachricht; im Hintergrund die Hauptstädte der wichtigsten friedensschließenden Parteien: Wien, Paris, Stockholm (Teil eines zeitgenössischen Flugblattes).

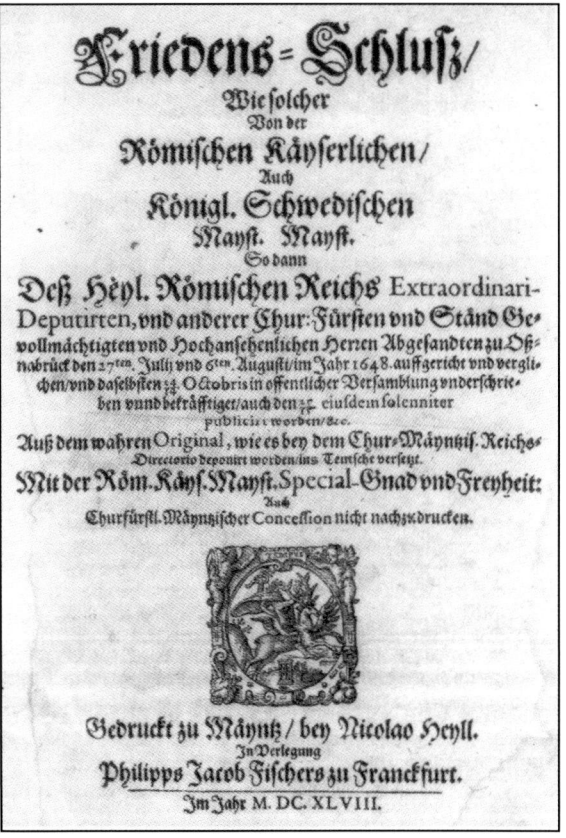

Der Westfälische Frieden von 1648 (abgeschlossen in den westfälischen Städten Münster und Osnabrück) beendete den Dreißigjährigen Krieg (1618–1648), in den Baden durch den politisch-konfessionellen Streit zwischen den beiden Linien ganz besonders stark verwickelt worden war.

152

Die Rheinbrücke bei Kehl von Wenzel Hollar, 1665: Das Fuhrwerk symbolisiert den friedlichen Verkehr an dieser wichtigen Verbindungsstelle zwischen den traditionell so eng verbundenen linksrheinischen und rechtsrheinischen Gebieten, die seit 1648 jedoch in einem schmerzhaften Prozeß durch eine Staatsgrenze getrennt wurden. Gegenüber dem 1648 erhofften friedlichen Austausch dominierte bald wieder für lange Zeit die militärische Konfrontation.

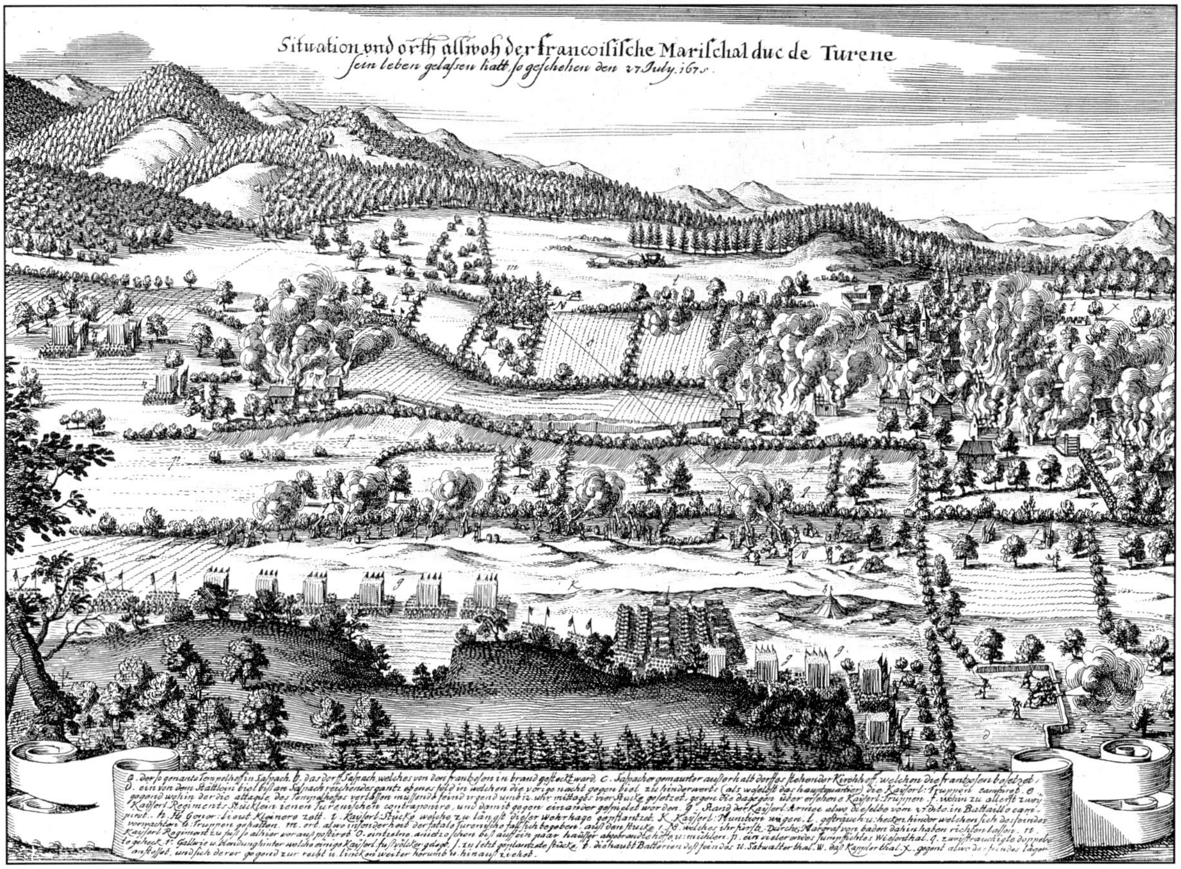

Gefecht bei Sasbach (Ortenaukreis), 1675, zwischen französischen Truppen und den kaiserlichen unter Montecuccoli; dabei fand der berühmte französische Marschall Turenne den Tod.

Prunksättel und Reit-
zeug stammen aus der
»Türckischen Kam-
mer« der Markgrafen
von Baden und sind
Beutestücke aus den
Kriegen gegen die
Türken auf dem
Balkan kurz vor und
nach 1700.

Zerstörung von Schloß und Stadt Baden durch französische Truppen 1689. Dieses Bild verweist auf die schon damals angewandte Strategie der verbrannten Erde.

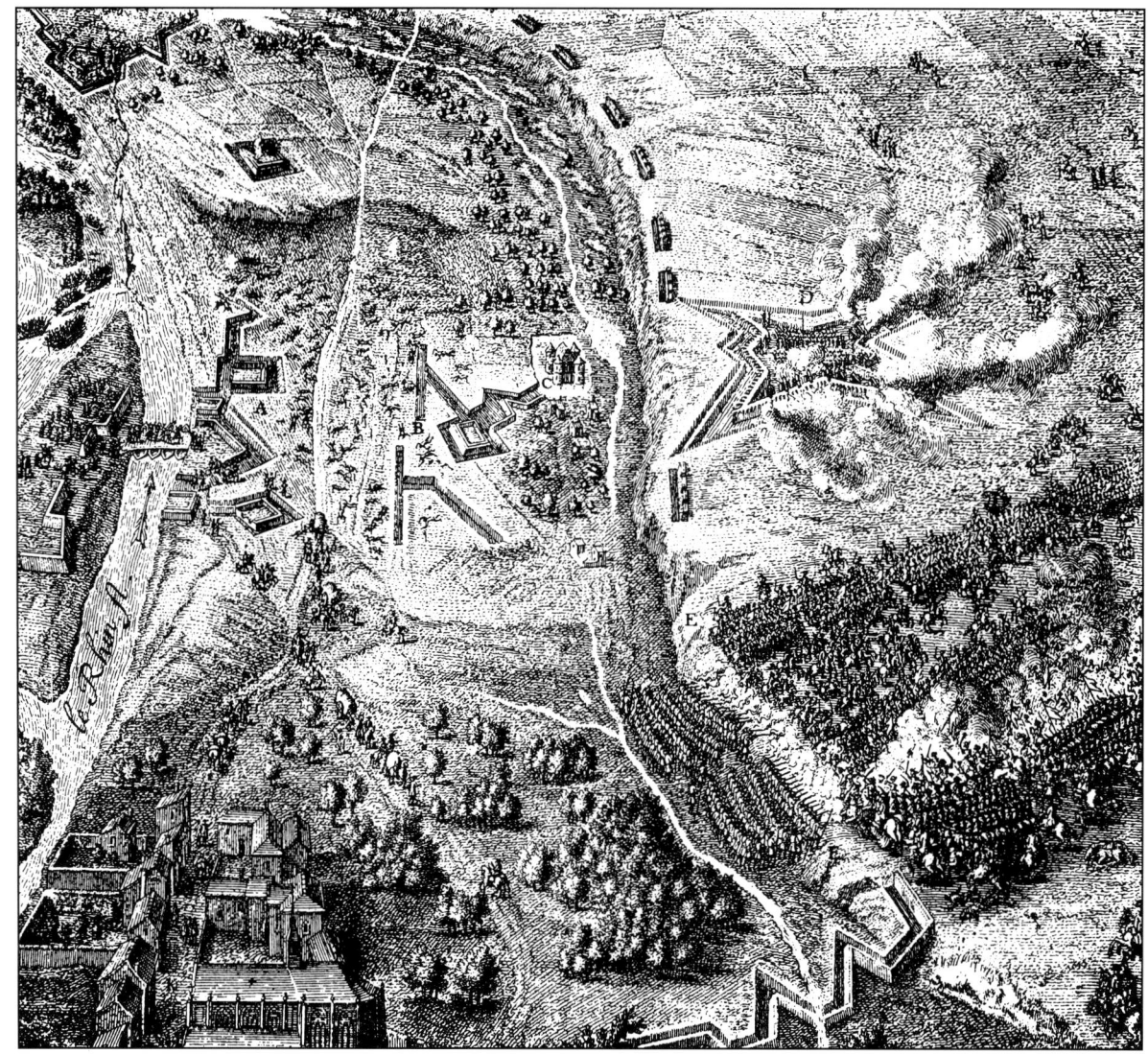

Schlacht bei Friedlingen am 24. Oktober 1702. Hier, im Raum Lörrach, wurde unter dem Kommando des Markgrafen Ludwig Wilhelm von Baden-Baden durch die Truppen von Kaiser und Reich das Vordringen französischer Heere ins innere Schwabens verhindert.

Friedenskongreß in Rastatt 1714. Im Schloß der badischen Markgrafen schlossen der Kaiser und Frankreich nach ▶ schweren Kämpfen um das spanische Erbe einen Frieden von europäischer Bedeutung.

Erbvergleich von 1765: Die vorauszusehende, 1771 dann eingetretene Erbfolge Baden-Durlachs in Baden-Baden ▶ wird geregelt (»Grundgesetz für die badische Wiedervereinigung«).

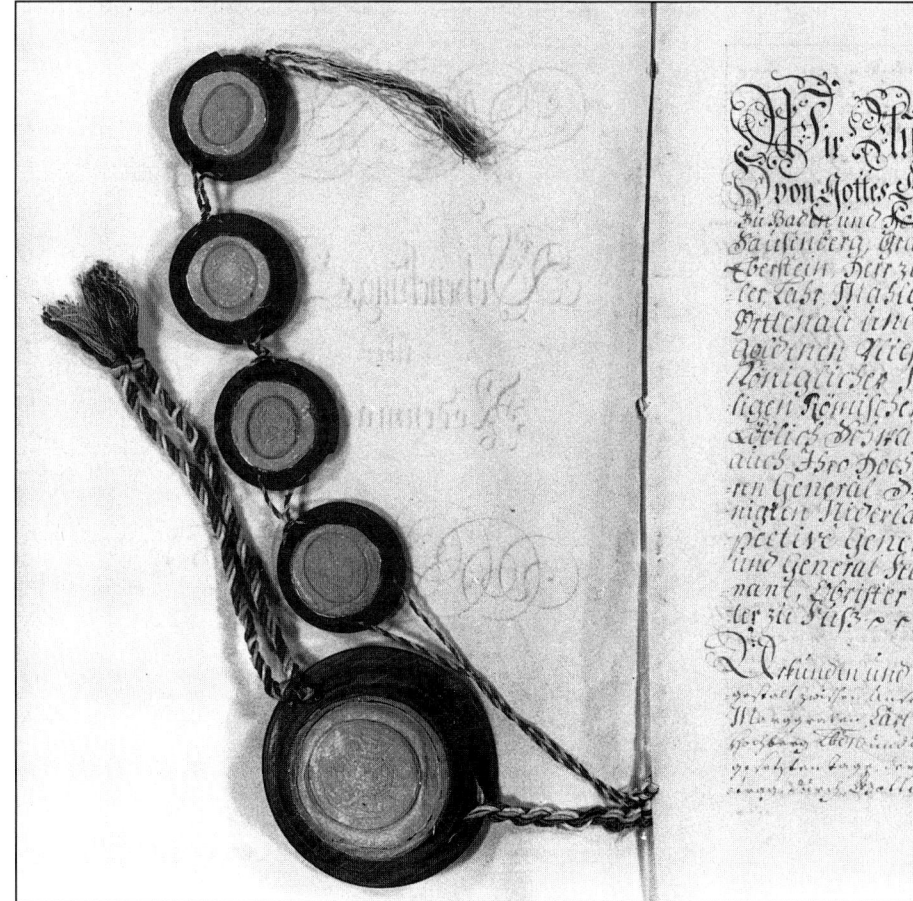

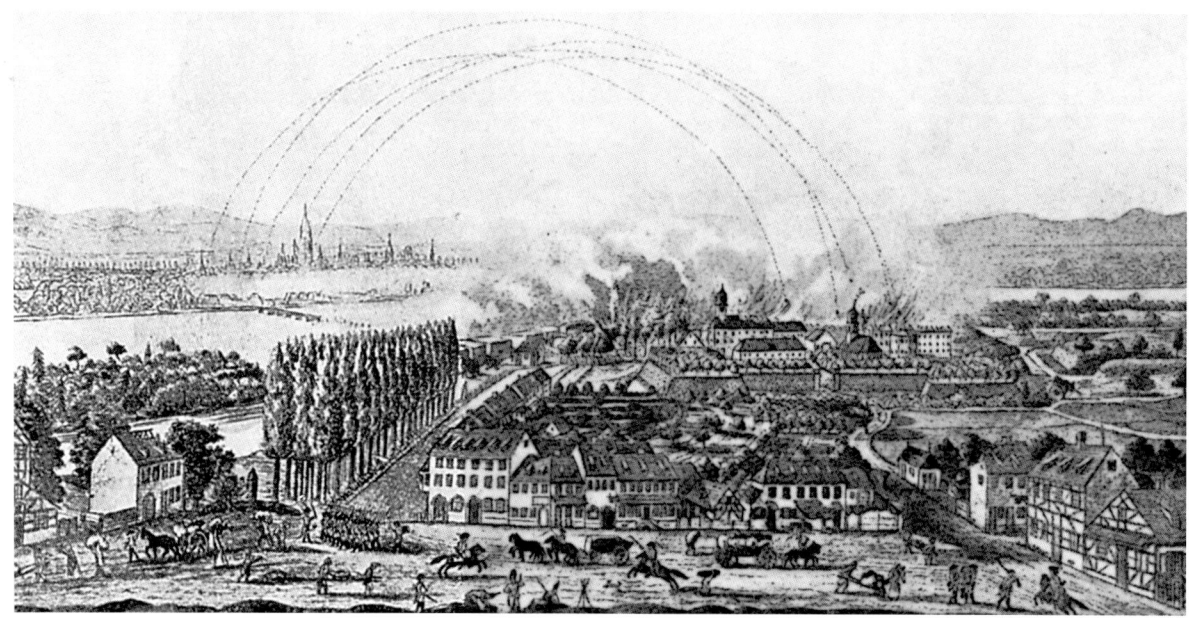

Beschießung Kehls durch französische Truppen 1793. Nach einer langen Friedenszeit begann 1792 am Oberrhein erneut eine verlustreiche Kriegsphase.

Rastatter Gesandtenmord 1799. Die Ermordung von zwei französischen Gesandten zum Rastatter Friedenskongreß durch österreichische Husaren erregte europaweites Aufsehen und führte wieder in den offenen Krieg.

1801 schlossen Deutschland und Frankreich Frieden. Die Friedenshoffnungen für das neue 19. Jahrhundert symbolisiert dieser in Karlsruhe aufgelassene Luftballon – sie zerplatzten jedoch bald wie Seifenblasen.

Das Badische Land:
Burgen, Schlösser, Städte, Klöster

Das vorhandene ältere Bildmaterial führt immer wieder auf wenige wichtige Punkte: das durchschnittliche Dorf oder Städtchen erschien aus früherer Perspektive eben nicht darstellenswert.

Die solchermaßen von vornherein begrenzte Auswahl von Ansichten verweist in ihrer Zusammensetzung aber bereits auf die Genese des Landes aus einzelnen Bausteinen, die mit einem namengebenden Mittelpunkt (Burg, später auch Stadt) einer Teilherrschaft bzw. einem Amt häufig genug den Namen gaben. Solche Teile wurden von energischen Herrschergeschlechtern, wenn sie erfolgreich waren, im Laufe einer langen Entwicklung wie ein Puzzle zu größeren Territorien zusammengefügt. Auch die Herrschaftsansprüche (Vogteirechte) gegenüber Klöstern führten dazu, daß diese dem Land mehr oder wenig fest zu- oder eingeordnet wurden.

Neben dem Landeskern um Ettlingen, Baden, Durlach und Pforzheim (der jedoch noch bis 1771 geteilt war) spielten verstreute inselartige Teilherrschaften für das Haus Baden aber noch eine große Rolle: Ihre Existenz verweist auf das Unfertige und auf die schweren Rückschläge in der älteren badischen Geschichte. Erst nach 1806 konnte ja der charakteristische geschlossene Halbmond des modernen badischen Landes gebildet werden.

Viele der hier gebotenen Abbildungen, die ihrerseits wieder die allgemeine darstellerische Entwicklung repräsentieren, verdanken ihre Entstehung militärischen Ereignissen: Sie dienten zur Dokumentation (etwa von Schäden), aber auch zur Propaganda (etwa gegen den Feind). Propagandacharakter besitzen auch die großen Pläne und Abbildungen der Residenzschlösser und Residenzstädte im Hochabsolutismus: Auf diesem Feld kommt Baden ein Rang zu, der über seine objektive Größe hinausgeht und mit dem hohen Anspruch der Dynastie zusammenhängt. Einen reizvollen Kontrast dazu bilden jedoch Ansichten der gleichen Orte (Rastatt, Karlsruhe) aus einer intimeren, bürgerlichen Perspektive. Der historischen Selbstvergewisserung in einer Spätzeit und der romantischen Gefühlswelt sind die ästhetisch reizvollen Darstellungen der mittelalterlichen Burgruinen zuzuordnen, die um 1800 entstanden.

Schloß Mahlberg, hier in einer kriegerischen Szene von 1641, stellte einen wichtigen Herrschaftsmittelpunkt und eine bedeutende Festung für die südlichen Landesteile dar; auch 1677 nahm es der Krieg schwer mit.

Der repräsentative Renaissancebau der Karlsburg in Durlach (Ansicht von 1652) fiel größtenteils 1689 der Zerstörung anheim.

Baden-Baden vor der Verwüstung von 1689, im Hintergrund das schon um 1600 durch Brand zerstörte alte Schloß (Hohen-Baden), von dem Dynastie und Land den Namen haben.

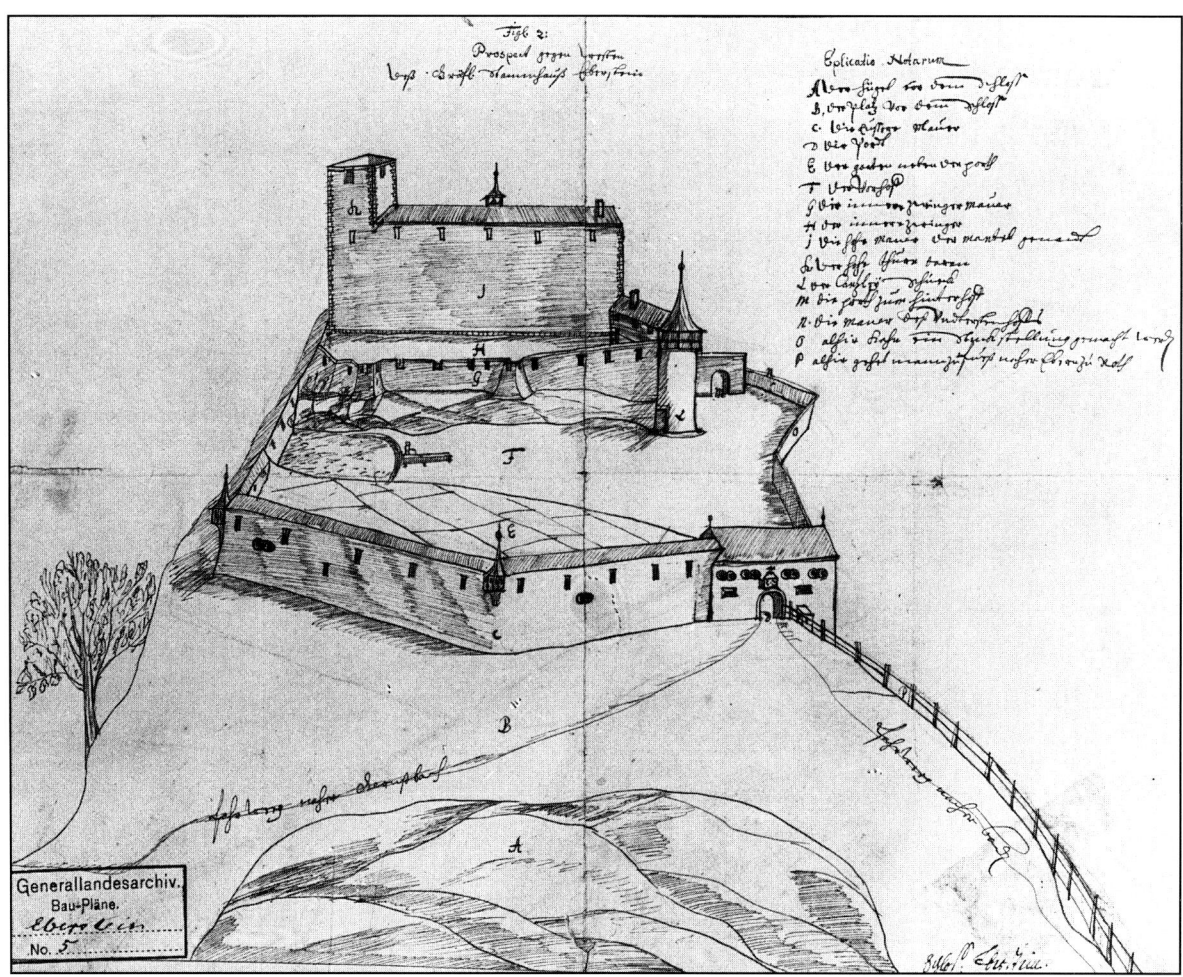

Burg Eberstein (Neueberstein) bei Gernsbach in der zweiten Hälfte des 17. Jahrhunderts. In einem langen und zähen Ringen sicherten sich die Badener einen Großteil der Besitzungen des einstmals bedeutenden Grafenhauses Eberstein, nachdem sie schon 1283 die Stammburg Alteberstein (bei Baden-Baden) erworben hatten. Die Grafen von Eberstein waren Gründer der Stadt Gernsbach sowie der Klöster Herrenalb und Frauenalb.

Die Schönheit des alten Baden-Baden mit dem prachtvollen Stadtschloß überliefert dieses reizvolle Ölbild von 1667 ganz besonders eindringlich.

Idealplan des Schlosses Durlach (Karlsburg), wie es seit 1698 von Markgraf Friedrich VII. Magnus in erweiterter, dem Barock verpflichteter Form erneuert wurde.

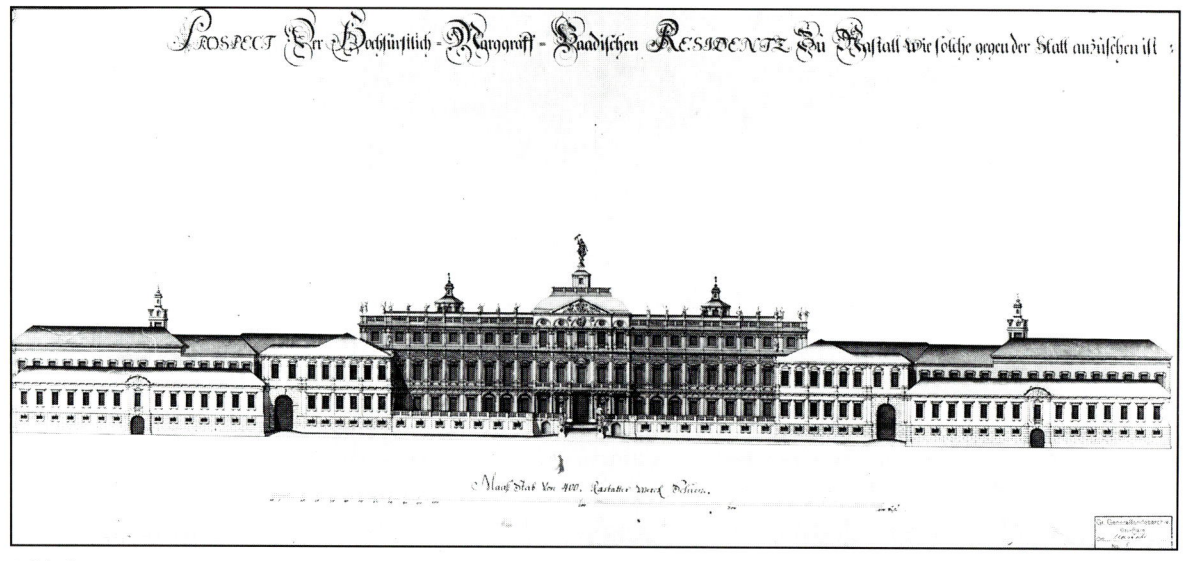

Schloß Rastatt. 1702 war der Rohbau dieses neuen aufwendigen Residenzschlosses für Markgraf Ludwig Wilhelm von Baden–Baden weitgehend vollendet.

166

Schloß Favorite bei Rastatt. 1710–1712 als Sommerresidenz für Sibylla Augusta, die Witwe Markgraf Ludwig Wilhelms von Baden-Baden, erbaut.

Ansicht des Rathauses in Durlach 1716. Auch hier sind repräsentative Impulse aus dem Charakter der Stadt als markgräflicher Residenz wirksam geworden.

Blick auf Lörrach Richtung Blauen 1747, in der Mitte die Ruine der Burg Rötteln, ehemals Zentrum der Herrschaft Rötteln-Sausenberg.

Die Reichsstadt Offenburg war immer wieder Ziel badischer Erwerbsabsichten; 1707–1771 besaß Baden-Baden dort Herrschaftsrechte, 1803 wurde sie endgültig erworben.

Der erste Marktplatz von Karlsruhe war beträchtlich kleiner als der jetzige; in der Mitte stand die lutherische Stadtkirche, westlich (rechts) davon, mit Erker, das Rathaus.

Die Ansicht des englischen Ingenieurs und badischen Landvermessers Burdett zeigt das Karlsruher Schloß von Norden nach dem Umbau unter Karl Friedrich mit dem Turm und an den Ecken vorspringenden Risaliten.

170

1715 begann Karl Wilhelm im Hardtwald mit dem Bau eines neuen Schlosses »Carolsruh«. Zentrum der Anlage ist der Turm, von dem 32 Radialalleen ausgehen. Der Stich nach Christian Thran von 1739 zeigt einen so nie realisierten Idealzustand.

Große Teile der Grafschaft Sponheim (heute Bundesland Rheinland-Pfalz) mit der Vogtei über das Kloster gehörten zu den Besitzungen des Hauses Baden.

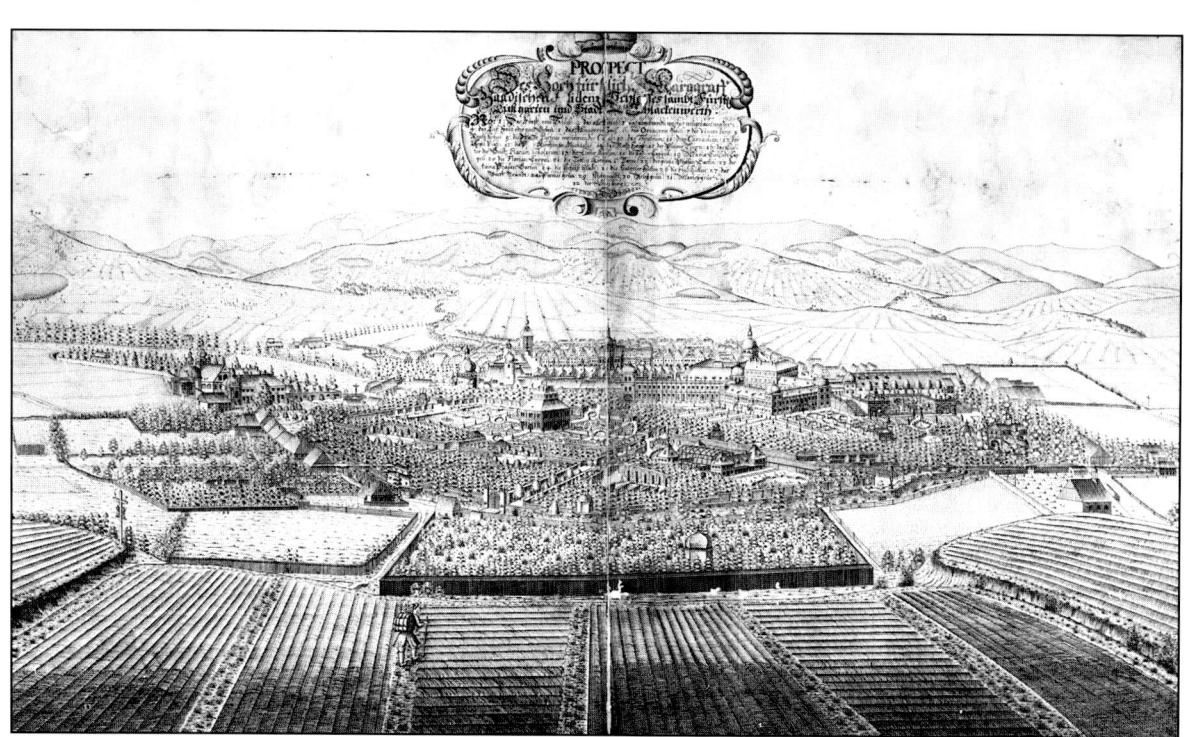

Die Herrschaft Schlackenwerth in Westböhmen (unter österreichischer Landeshoheit) zählte zu der reichen Erbschaft, die Sibylla Augusta von Sachsen-Lauenburg ihrem Gatten Ludwig Wilhelm von Baden-Baden in die Ehe brachte.

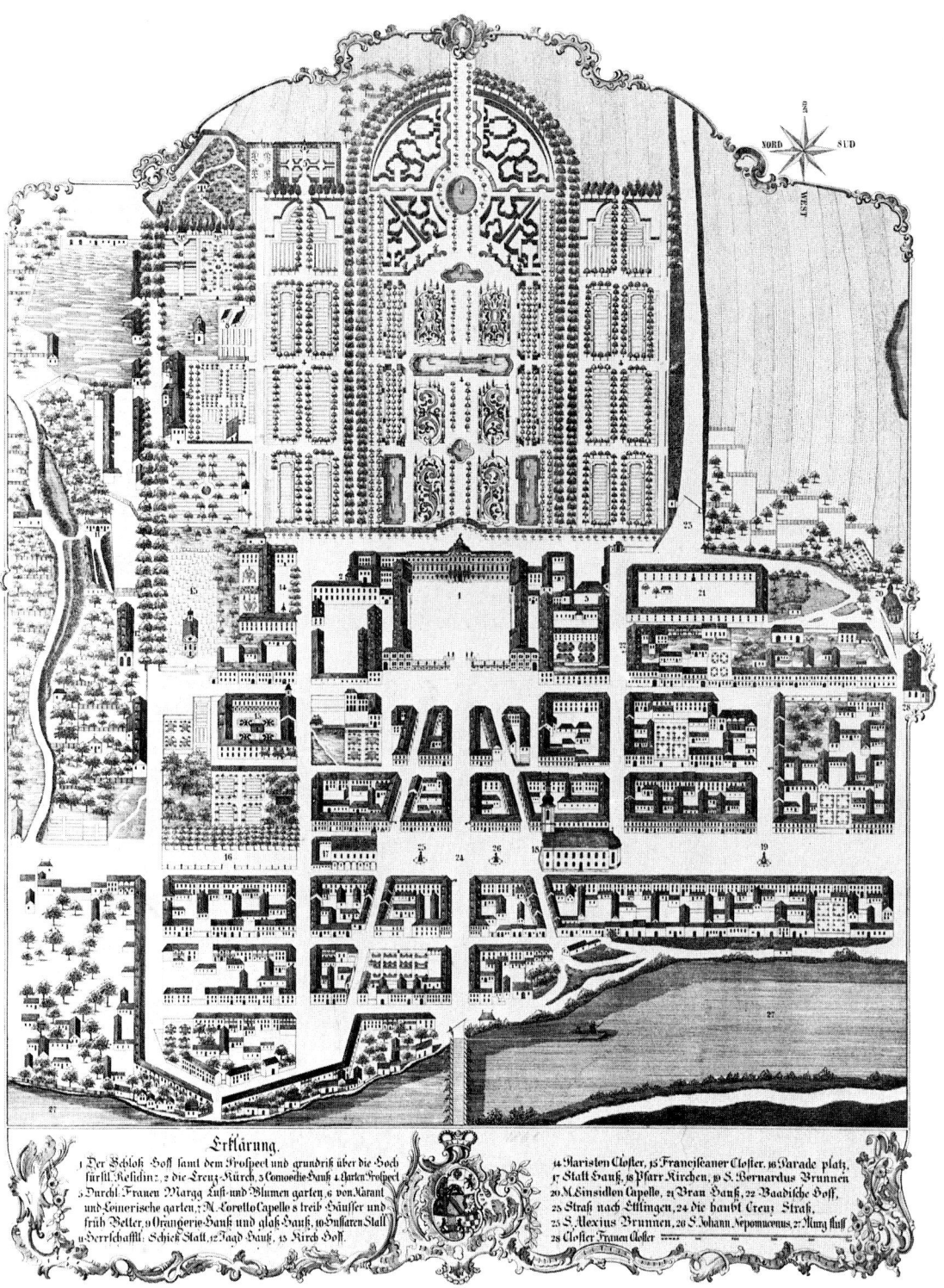

Dieser Plan von Stadt, Schloß und Schloßgarten Rastatt, am Ende des 18. Jahrhunderts aus der Vogelperspektive gezeichnet, vermittelt einen Eindruck von der imposanten Gesamtanlage. 1705 hatte Rastatt Baden-Baden als Residenz abgelöst.

Ländlich-beschaulich wirkt dieser Blick auf die Residenz Rastatt und die Stadtbefestigung: Der Kontrast von Anspruch und Wirklichkeit im deutschen kleinstaatlichen Hochabsolutismus wird hier deutlich.

Kloster Frauenalb am Ende des 18. Jahrhunderts: die bedeutende Kirche war seit 1727 von Peter Thumb erbaut worden. In der Nachfolge der Grafen von Eberstein hatte Baden die Vogtei erworben. Der Streit um die Klosterherrschaft prägte die Beziehungen bis zur Säkularisation 1802/03.

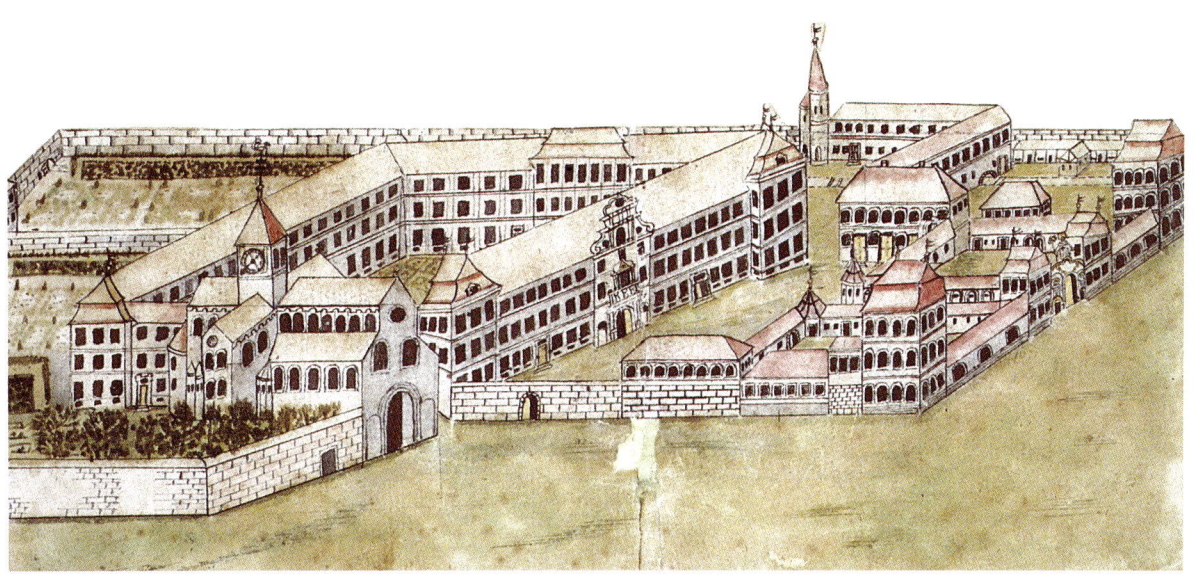

Über das in der Karolingerzeit gegründete Benediktinerkloster Schwarzach beanspruchte Baden schon lange die Landeshoheit; der Widerstand dagegen fand mit der Säkularisation 1803 sein Ende.

Kloster Lichtenthal,
um 1775: Die
Äbtissin empfiehlt
das Kloster der
Schutzmantel-
Madonna. Das vom
Haus Baden gestiftete
Zisterzienserinnen-
kloster diente anfangs
als Grablege,
1802 wurde es nicht
aufgehoben, doch der
Besitz säkularisiert.

Die Wände des reich dekorierten Ahnensaals im Rastatter Schloß sind mit plastischem Stuck (Türkensklaven) und Ahnenporträts des Markgrafen Ludwig Georg (1702–1761) von Baden-Baden und seiner ersten Gemahlin Maria Anna von Schwarzenberg versehen.

1719 beauftragte Markgräfin Sibylla Augusta von Baden-Baden ihren Architekten Johann Michael Rohrer mit dem Bau der Schloßkirche und löste damit ein Gelübde ihres Gemahls Ludwig Wilhelm ein, der Bevölkerung der Stadt Rastatt ein Gotteshaus zu errichten. 1723 fand die Einweihung durch den Fürstbischof von Speyer, Damian Hugo von Schönborn, statt. Der Innenraum mitsamt seiner außergewöhnlichen Ausstattung verkörpert in eindrucksvoller Weise eine theatralische Inszenierung im Sinne der Gegenreformation. Im Deckengemälde ließ sich die Markgräfin als heilige Helena bei der Kreuzauffindung darstellen.

Das Spiegelkabinett in Schloß Favorite bei Rastatt gehört zu den frühesten in Deutschland. An der Decke und ringsum an den Wänden sind Spiegel wie »riesige facettierte Edelsteine« eingetieft oder konvex hervortretend angeordnet. Dem sich reflektierenden Betrachter bieten optische Effekte ein verwirrendes Bild und zeugen von der Sinnenfreude des Barock. Hinzu kommen Damenporträts und kleine auf Pergament gemalte Darstellungen der Markgräfin Sibylla Augusta von Baden-Baden, ihres Gemahls und ihrer Kinder in allerlei Trachten und Kostümen.

Blick auf die Stadt Gernsbach mit der Murgbrücke. Gernsbach gehörte zum Ebersteiner Erbe, bis 1803 mußte Baden hier bischöflich-speyerische Mitherrschaftsrechte akzeptieren.

1811 zeichnete Großherzogin Stephanie von Baden die malerische, 1122 erstmals erwähnte und 1678 durch französische Truppen zerstörte Feste Badenweiler.

Ruine der Burg Rötteln um 1800.

Ruine der Burg Zähringen um 1800.
Die Vorliebe der Romantik für Ruinen und das historische Interesse führten zum bildlichen Festhalten dieser wichtigen Stätten aus der Geschichte des Hauses Baden.

Badische Innenpolitik 1648–1806:
Herrschaft, Verwaltung und Reform

Die inneren Verhältnisse eines deutschen Territorialstaates der Frühneuzeit mit zeitgenössischem Material darzustellen, ist nicht ganz einfach: Zeugnisse einer Alltagskultur standen lange nicht im Interesse der Sammlungen, sie sind auch oft ästhetisch wenig attraktiv. Im Sinne der allgemeinen Zielsetzung dieses Bandes lag das Schwergewicht auf dem Politischen, auf dem staatlichen Handeln im Lande, das vielfältig von der Dynastie geprägt wurde.

Die hier versammelten Abbildungen belegen wichtige Elemente aus der Palette staatlich-administrativer Tätigkeit, die im Verlauf der frühen Neuzeit dauernd zunahm. Dabei griff sie auch auf die Wirtschaft stärker aus – durch Verbesserungen im Bereich der Landwirtschaft, insbesondere aber durch Förderung der Manufakturen, die als moderne, arbeitsteilig organisierte Produktionsstätten häufig aktuelle Luxusartikel für einen größeren Markt herstellten. Das traditionsreiche zünftisch organisierte Handwerk hatte dagegen den Zenit überschritten, konnte sein überkommenes hohes Selbstverständnis gleichwohl noch in künstlerischer Weise zum Ausdruck bringen. Die alltägliche Arbeitswelt repräsentieren dazu Zeugnisse des in Baden so wichtigen Weinbaus.

Neben dem Sektor Wirtschaft behielten die älteren Felder landesherrlicher Politik (bzw. der »Polizei« – nach der Sprache der Zeit) weiterhin ihre Bedeutung: Förderung und Regulierung der Städte, Fürsorge für das Kirchen- und Bildungswesen, dazu auch die Rechtspflege: Gerade hier konnte der in Baden herrschende aufklärerische Geist durch Reformen von oben wirken. Das geschah nicht immer mit augenblicklich durchschlagendem Erfolg, prägte jedoch langfristig die politische Kultur auch im später vergrößerten Land.

Bauordnung Markgraf Friedrichs V. für die Stadt Durlach 1654. Schon durch die Schriftform soll die überragende Stellung des Landesherrn, der alle seine Titel aufführt, betont werden.

Über Unsere

CARLS,

Marggrafens zu Baden und

Hochberg/ Landgrafens zu Saufenberg/ Grafens
zu Sponheim und Eberstein/ Herrns zu Rötelen/ Badenweiler/ Lahr
und Mahlberg ꝛc. ꝛc. Der Röm. Keyserl. und Königl. Cathol Maj.
wie auch des Löbl Schwäbischen Craises respectivè General-
Feld-Marschalls und General-Feld-Zeugmeisters/ auch
Obristens über ein Keyserl. Regiment zu Fuß ꝛc.

Der Feurs-Gefahr halben ins gemein gemachte

Verordnung/

Soll bey der

Stadt Durlach

Insonderheit folgendes beobachtet/ und deme
nachgelebet werden.

I.

WAnn ein Feuer bey Hoff oder in der Stadt
solcher Gestalten entstehet/ daß die Flame würck-
lich ausbricht/ solle der Mößner so gleich mit
allen Glocken anschlagen/ wann aber/ es seye bey
Tag oder Nacht auff dem Land ein Feuer gesehen wird/ soll
er nicht ehe Sturm schlagen/ es sey ihme dann solches von
denen Beambten oder denen Vorgesetzten anbefohlen/ solchen
falls aber/ da es befohlen ist/ soll er dannoch nur mit der
kleinesten Glocken alleine anschlagen lassen.

2.

Weilen in der besonderen denen Hoff- und Cantzley-Be-
dienten vorgeschriebenen Verordnung allschon versehen ist/

A   daß

Brandordnung Markgraf Karls III. Wilhelm für Durlach 1715. Der Feuerpolizei gehörte in
der Frühen Neuzeit die besondere Aufmerksamkeit der Obrigkeit.

Privilegien für die Stadt Lörrach; Lörrach hatte 1682 die Stadtrechte erhalten. 1756 wurden sie durch Markgraf Karl Friedrich erneuert. Der prächtige Ledereinband mit dem badischen Wappen läßt erkennen, wie hoch man solche Gunsterweise einschätzte, obwohl die große Zeit der Stadtfreiheiten bereits vorüber war. Lörrach, als südlicher badischer Vorposten, wurde von den Landes- und Stadtherren im 18. Jahrhundert besonders gefördert.

Plan des Oberamtes Durlach von 1800. Zu den Grundlagen einer verbesserten Verwaltung am Vorabend der Moderne gehörte neben der aufkommenden Statistik auch die kartographische Erfassung des Landes, die in dieser Phase nicht nur praktischen Gesichtspunkten diente, sondern auch noch in ausgesprochen ästhetischer Form erfolgte.

186

Weingarten bei Karlsruhe um 1610.

Durlach.

Verordnung / wie es künfftig hin mit denen Win-
gart-Bau-Kosten / Taglöhnen / auch Ackerlohn
dahier zu halten.

Weingart Bau-Kosten / Arten weiß.

Von einem Viertel Wingert die Pfähl außzuziehen mit geschlossenen Hauffen.	15. kr.
Mit offenen Hauffen aber	12. kr.
Vom Schneiden.	24. kr.
Vom Bogen machen.	12. kr.
Vom Häufflen machen	30. kr.
Vom Pfähl schlagen.	15. kr.
Vom Anhefften.	12. kr.
Die Häufflen zu verziehen.	24. kr.
Vom Erbrechen	24. kr.
Vom erstenmahl binden.	28. kr.
Vom erstenmahl rühren.	24. kr.
Vom zweyten mahl binden.	20. kr.
Vom zweyten mahl rühren	20. kr.
Summa	4. fl. 8. kr.

Welche Gebühr bezahlt werden soll / wann der Wingert
Artenweiß gebaut wird / wo aber Jahrlohn gemacht wird / und
das Viertel wohl gestockt ist / solle passiren.   4. fl. --

Taglohn-weiß.

In Weingärten / Gärten auch Heuen zu arbeiten / einem Mann ohne Kost / aber ein Schoppen Wein und stück Brod	16. kr.
Mit der Kost.	12. kr.

Wobey Mittags warms auff den Abend ein Stück
Brod und Trunck / Nachts aber nichts zugeben.

Einem Weib bey der ersten Beschaffenheit.	12. kr.
Bey der andern aber.	9. kr.

Ackerlohn.

Vom viertel zu ackern.	15. kr.
Und eggen.	5. kr.

Das weitere Fuhrlohn mit Dung / auch Holtz / und dergleichen Fuhren / solle nach dem Gewand ob solches nahe oder ferne künfftig regulirt werden.

Wornach sich / bey Straff 3. fl. die der Ubertretter /
Er seye Meister oder Taglöhner / ohn nachläßig zu zahlen
hat / also zu richten. Datum Durlach den 25. Martii 1715.

Burgermeister / Gericht
und Rath alda.

Durlacher Verordnung über die Lohnkosten im Weinbau von 1715. Der Weinbau gehörte zu den bedeutendsten Wirtschaftszweigen Badens; er unterlag daher der Reglementierung durch die Obrigkeit.

187

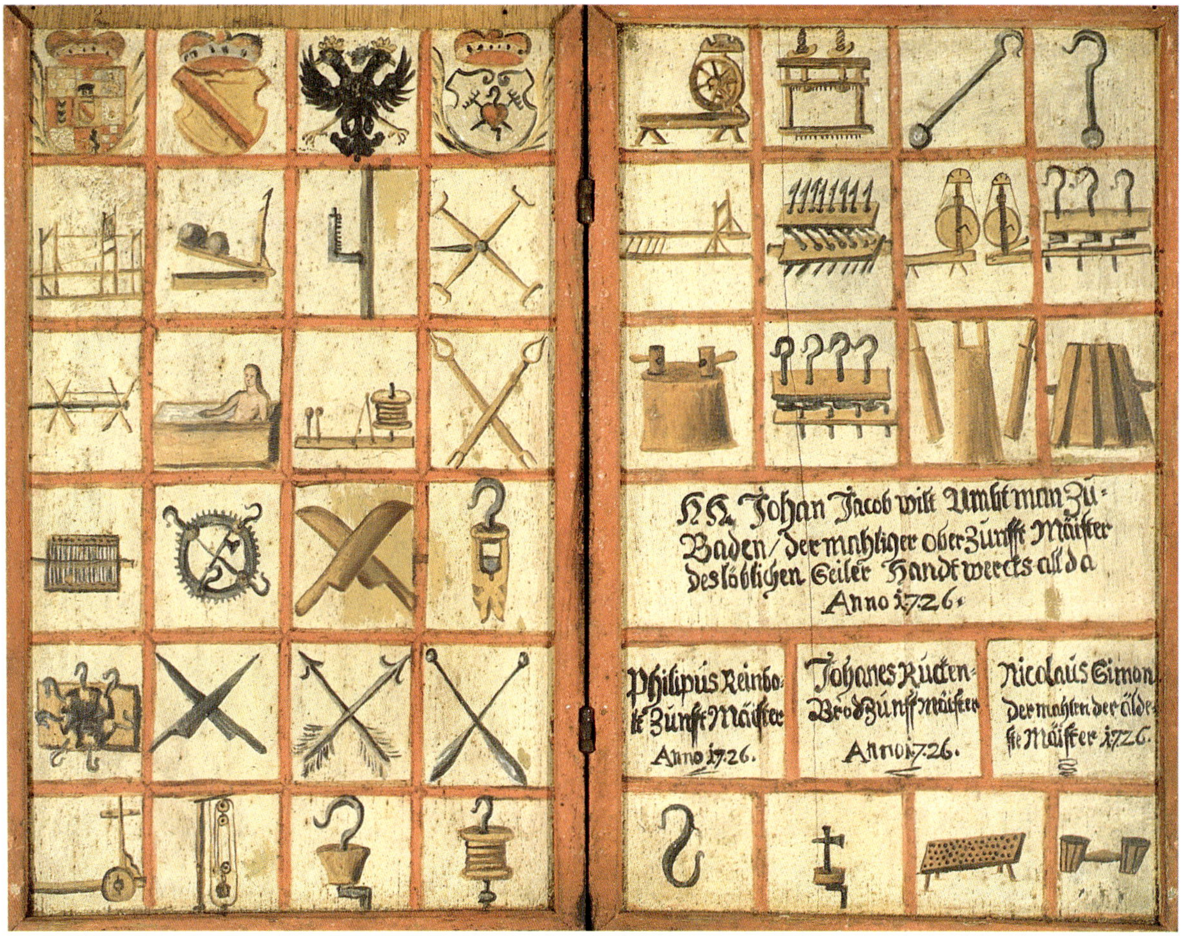
HH. Johan Jacob wilt Umbtman zu-
Baden/ der mahliger ober Zunfft Mäister
des löblichen Seiler Handtwercks allda
Anno 1726.
Philipus Reinbo-
le Zunfft Mäister
Anno 17.26.
Johanes Rucken-
Brod Zunfft Mäister
Anno 1726.
Nicolaus Simon
der mahlen der älde-
ste Mäister 1726.

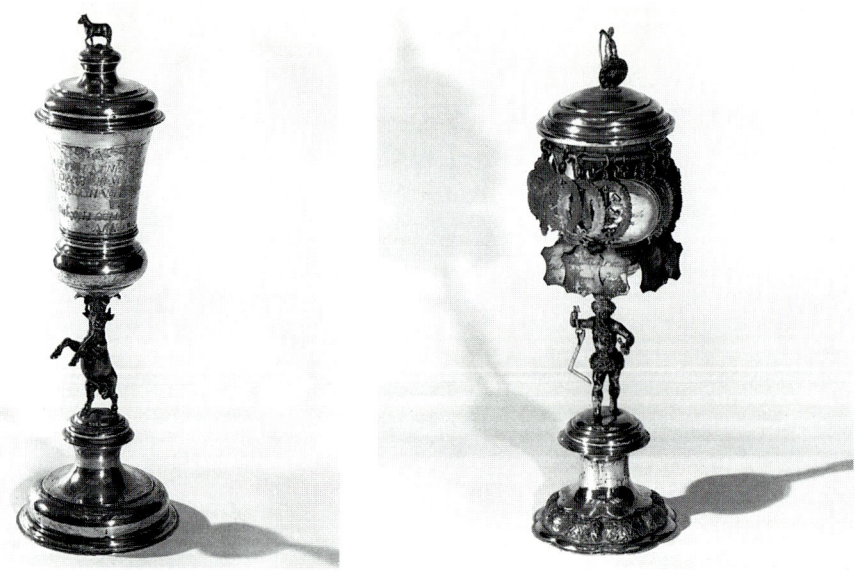

Karlsruher Arbeitszeugnis aus dem Jahre 1809 für einen wandernden Schreinergesellen. Die »Wander«-Zeit zur Fort- und Weiterbildung war noch allgemein üblich, insbesondere für angehende Meister, und wurde sorgfältig dokumentiert. Das prächtige Formular mit der dominierenden Karlsruher Stadtansicht konnte im ganzen neugeschaffenen Großherzogtum benutzt werden.

◀ Zunfttafel der Baden-Badener Seiler 1726. Wappen, verschiedene Werkzeuge und die Namen von Amtsträgern zeigt dieses repräsentative Stück, das vom hohen Selbstverständnis eines in Baden-Baden wichtigen und traditionsreichen Handwerks zeugt.

◀ Zunftbecher der Lörracher Metzger 1753. (Rechts)

◀ Lörracher Zunftbecher 1752: Schreiner, Schlosser und Uhrmacher. (Links)

1721 gründete Heinrich Wachenfeld, der über Straßburg aus Ansbach kam, mit markgräflichem Privileg in Durlach eine Fayencemanufaktur, die bis 1840 produzierte. Wichtigste Dekore auf der cremig weißen Glasur sind »indianische« und »deutsche« Blumen, Chinoiserien und Landschaften. Zu den frühesten Produkten zählt ein 1729 an den Hof geliefertes Service mit dem von Greifen gehaltenen badischen Wappen. Dieses zeigt die Einzelwappen der historischen Landesteile, umschlossen vom Band des Hausordens der Treue.

Der 1783 entstandene Birnkrug für Wein gehört zu den beliebten Verlobungs- und Hochzeitskrügen, die den Namen der Brautleute, den Beruf des Mannes sowie das Entstehungsdatum tragen. Auf diesem Stück ist ein Weingärtner bei der Arbeit dargestellt.

Taschenuhr aus Pforzheim, um 1770. Auch für die Entstehung der Pforzheimer Schmuckherstellung waren landesherrliche Maßnahmen wichtig.

In Lörrach gedruckte Luther-Bibel 1748. Das mitgedruckte Bildnis des Landesherrn verweist ebenso wie das Vorwort der Kirchenbehörde (Consistorium) auf den dominierenden landeskirchlichen Bezug; das in der Reformation geschlossene »Bündnis von Thron und Altar« zerbrach erst durch die Revolution 1918/19.

Im Jahre 1798 begann der kurz zuvor aus Italien zurückgekehrte Architekt Friedrich Weinbrenner mit dem Bau einer Synagoge in »orientalischem Stil«; die Fertigstellung zog sich bis 1810 hin. Der Komplex, an dessen Stelle bereits ein Vorgängerbau gestanden hatte, befand sich an der Ecke Kronen- und Lange-(heutige Kaiser-)straße. Der nach Osten sich erstreckende Bau umfaßte den nach Westen orientierten Eingangsbereich; zwei Türme flankierten einen Mittelbau mit spitzbogigem Durchgang und spitzbogiger Fensterzeile darüber. Im Norden schloß sich das Wohnhaus des Rabbiners an, im Süden das israelitische Gemeindehaus. Der Durchgang führte zu einem von dorischen Säulen umgebenen Innenhof, der dem eigentlichen Kultraum vorgelagert war. Die Weinbrennersche Anlage brannte 1870 ab und wurde durch einen Neubau des Architekten Joseph Durm ersetzt.

Die relativ tolerante Tradition Baden-Durlachs hatte bereits im 18. Jahrhundert der kleinen jüdischen Minderheit mehr Möglichkeiten eingeräumt als in den meisten Nachbarterritorien.

H. R. N. 696.

Carl Friderich, von GOttes Gnaden, Marggrav zu Baden und Hochberg ꝛc. ꝛc.

Unſern Gruß! Edle, Hochgelehrte, Würdige, Liebe Getreue.

Seit dem Wir die von dem Allerhöchſten Uns anvertraute Regierung Unſerer Lande übernommen, haben Wir nichts ſo ſehr in Betrachtung gezogen, als die Geiſt- und Leibliche Wohlfahrt Unſerer lieben getreuen Unterthanen auf das beſte nach allen Stücken zu beſorgen.

Da nun der Grund zu aller wahren Glückſeeligkeit, auf einem geſchickten Unterricht der Jugend in den Schulen, vornehmlich beſtehet, wodurch den zarten Herzen bey Zeiten eine lebendige Erkänntnis der Tugend und wahren Gottesfurcht eingepräget, und ihr Verſtand in denen Dingen, die ihnen in deren folgenden Lebens-Jahren nützlich und unentbehrlich ſind, gründlich und auf das leichteſte unterrichtet wird: Als haben Wir um die Schulen des Landes mit tüchtigen Perſonen beſtellen zu können, nicht nur bey Unſerm Gymnaſio illuſtri die Veranſtaltung vorkehren laſſen, daß die künftige Schulmeiſter auf demſelben wohl unterrichtet werden mögen, ſondern auch gegenwärtige Unſere Verordnung wegen derſelben erforderlichen Geſchicklichkeit und Examinirung zu publiciren gnädigſt befohlen. Wir wollen demnach

§. I.

Daß hinkünftig ein jeder, der ſich zum Schul-Examen meldet, wenigſtens in folgenden Stücken hinlängliche Erkenntnis habe; Und zwar ſolle er

Imo nicht nur das Buchſtabiren, ohne welches das Leſen niemal gründlich erlernet wird, ſelbſten wohl verſtehen, ſondern auch im Stande ſeyn, den Kindern, wann ſie fehlen, zu zeigen, warum ſie ſo und nicht anders buchſtabiren müſſen.

IIdo Sowohl das gedruckte als geſchriebene fertig leſen, ſo ſich von ſelbſten verſtehet.

IIItio nebſt einer ſaubern leſerlichen Handſchrift orthographiſch zu ſchreiben wiſſen.

X   IVte

An das Fürſtliche Conſiſtorium.

Verordnung Markgraf Karl Friedrichs an das Konsistorium zur Lehrerbildung und -prüfung 1757.

Aus dem Dokument spricht der vom Geist der Aufklärung beeinflußte und um die »Wohlfahrt« seiner »lieben getreuen Unterthanen« besorgte patriarchalische Landesherr. Es belegt die einsetzende Konjunktur der Bildungspolitik, aber auch noch den engen Zusammenhang von Kirche und Schule bzw. Religion und Bildung.

Johann Christian Sachs

Professors an dem Gymnasio Illustri zu Carlsruhe

Einleitung

in die

Geschichte

der

Marggravschaft

und des

marggrävlichen altfürstlichen Hauses

Baden.

Erster Theil.

Carlsruhe,
verlegts Wilhelm Fridrich Lotter 1764.

Badische Erwerbungen nach 1802:
Ein deutscher Mittelstaat entsteht

Der Zusammenbruch des in rund tausend Jahren gewachsenen Reichsgebäudes zwischen 1802 und 1806 eröffnete dem Haus und Land Baden neue, ungeheure Perspektiven, an die man vorher kaum hatte denken können. Eingeschnürt von den mächtigeren Nachbarn Österreich (Breisgau), Frankreich (Elsaß), Württemberg und der Kurpfalz, waren die Entwicklungsmöglichkeiten seit langer Zeit eigentlich minimal gewesen.

Es bedeutete aus badischer Sicht daher einen unerwarteten Glücksfall, daß im Zuge der Neustrukturierung Mitteleuropas die Kurpfalz und die vorderösterreichischen Lande in die Verschiebemasse kamen. Die linksrheinischen Verluste (Sponheim, luxemburgische Herrschaften) erhielt man infolge guter dynastischer Beziehungen und eines geschickten politischen Kalküls überreich ersetzt. Die wichtigen österreichischen Städte Konstanz und Freiburg fielen genauso an den Karlsruher Landesherren wie Heidelberg und Mannheim als die glanzvollen Zentren der ehrwürdigen Kurpfalz, dazu noch Gebiete zahlreicher größerer und kleinerer Herren.

Das neue, vergrößerte Baden konnte sich jetzt zu einem geschlossenen Land entwickeln, wiewohl mit einer sehr langen Grenze gegenüber Frankreich und einem nur schmalen Zentrum. Für den geborenen Markgrafen Karl Friedrich (1728–1811) war es dabei ein langer Weg gewesen vom minderjährigen Herrn des bescheidenen Landesteils Baden-Durlach (1738) über den angesehenen Herrn des wiedervereinigten ganzen Altbaden (1771) bis zum Großherzog des neuen Baden (1806), das sich in die Reihe der deutschen Mittelstaaten einfügte. Ebenfalls nicht selbstverständlich war es, daß sich die noch junge Hauptstadt Karlsruhe gegenüber dem imposanten Mannheim bzw. den so viel älteren Landeszentren und Universitätsstädten Heidelberg und Freiburg in seiner Rolle behauptete.

Ansicht von Mannheim auf einer
Steingutplatte (hergestellt in Zell
am Harmersbach).

Mannheim: Truppenrevue 1815.
Mit Mannheim konnte Baden
die prächtige Residenzstadt der
katholischen pfälzischen Kurfürsten des 18. Jahrhunderts erwerben und gleichzeitig einen der
wichtigsten Plätze für die deutsche Kultur dieser Epoche.

Heidelberg, das traditionsreiche Zentrum der alten protestantischen Kurpfalz, ist auf diesem Bild des weltberühmten englischen Malers William Turner in einer überwirklichen vergeistigten Schau dargestellt – nicht ohne Grund besteht für diesen Ort am Neckar eine Vorliebe der Angelsachsen.

Wertheim vom rechten Mainufer, Kupferstich 1817. Wertheim war eine alte gräfliche Residenz, erst spät gelang den Grafen von Löwenstein-Wertheim der Erwerb des Fürstentitels.

Blick auf Zwingenberg am Neckar, das eine bewegte Geschichte hinter sich hatte: als reichsritterschaftlicher Ort, als Besitz des pfälzischen Kurfürsten Karl Theodor und dann seines Sohnes Karl August von Bretzenheim.

Der Grottensaal im Bruchsaler Schloß der Bischöfe von Speyer entstand, da im Treppenhaus auf Höhe der Bel Etage eine Decke eingezogen werden mußte.

Burgruine Steinsberg, ein markantes Beispiel der versunkenen reichsritterschaftlichen Herrlichkeit im Kraichgau.

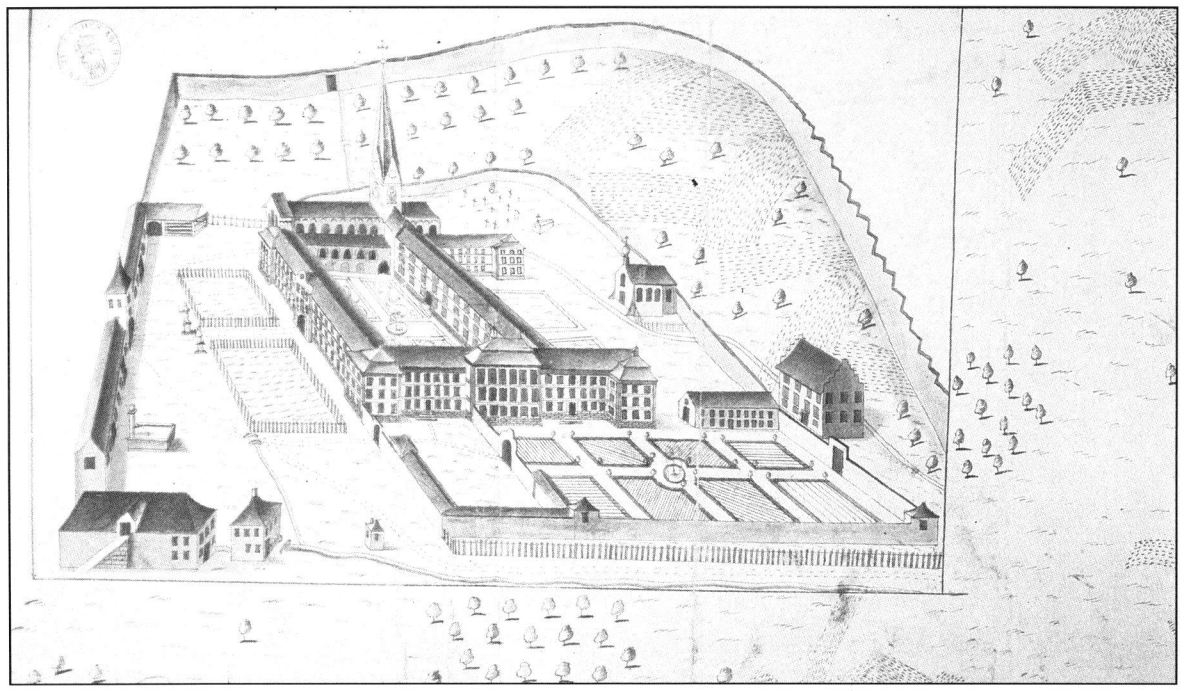

Das ehemalige Zisterzienserkloster Tennenbach bei Emmendingen war lange zwischen Österreich und den Markgrafen umstritten; nach der Säkularisation 1807 wurde es abgebrochen.

Das Freiburger Münster 1821, Wahrzeichen der ehemals vorderösterreichischen Regierungs- und Universitätsstadt; unter badischer Herrschaft (seit 1805) erfolgte eine Aufwertung als Bischofssitz.

202

Donaueschingen hatte in der Mitte des 18. Jahrhunderts einen Aufstieg als Zentrum der vereinigten fürstenbergischen Besitzungen erfahren. Schloßkirche und Schloß prägen das Ortsbild; gleichwohl wird der dominierende ländliche Charakter aber nicht unterschlagen.

Heiligenberg, Besitz des Hauses Fürstenberg seit 1534, ist eines der mächtigen Renaissanceschlösser in Oberschwaben und am Bodensee. Mit seinen Porträts an den Wänden und der Kassettendecke von Jörg Schwarzenegger gehört der Rittersaal zu den eindrucksvollsten Festsälen seiner Art.

◀ Das Kloster St. Blasien – durch eine reiche geschichtliche und gelehrte Tradition ausgezeichnet. Gegen die Herrschaftsbestrebungen des Hauses Österreich hatten die Benediktiner keinen leichten Stand, 1746 wurde der Abt gefürstet; nach dem Brand von 1768 erstand das Kloster in größerer Pracht.

◀ Das Benediktinerkloster St. Peter, im Hochmittelalter Hauskloster und Grablege der Zähringer, mußte sich den österreichischen Vogteiansprüchen beugen; 1773 empfing es den Markgrafen Karl Friedrich feierlich als Zähringer-nachkommen.

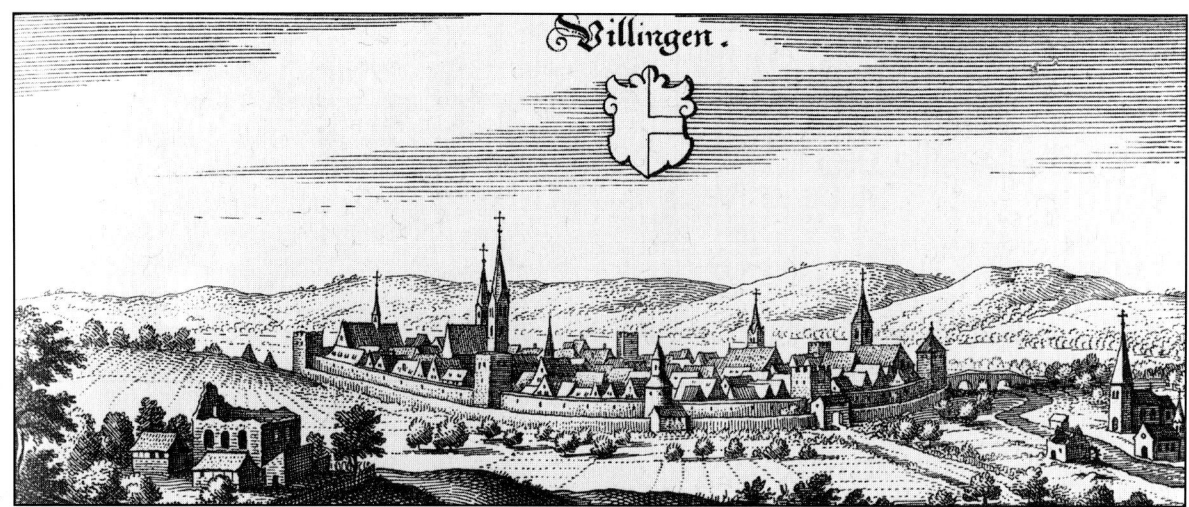

Das wohlbefestigte Villingen (gestochen von Merian 1643), eine Stadtgründung der Zähringer, kam nach einem Fürstenberger Intermezzo schon im 14. Jahrhundert unter österreichischen Schutz, fiel 1805 an Württemberg, 1806 dann folgte die badische Herrschaft.

Das Münster in Konstanz (vor 1850) war zwar die Hauptkirche des 1821 aufgehobenen Bistums, doch hatte Österreich die ehemals reichsfreie Stadt 1548 seiner Herrschaft unterwerfen können.

Meersburg am Bodensee 1848, die anmutige Residenz der Konstanzer Fürstbischöfe mit altem und neuem Schloß (1740–50 erbaut nach Plänen Balthasar Neumanns).

Wallfahrtskirche St. Marien zu Birnau. Kloster Salem als Herr ließ das prächtige Rokokobauwerk 1747–50 durch Peter Thum errichten.

Das ehemalige Zisterzienserkloster Salem 1824 – zur Zeit des Alten Reiches ein geistliches und politisches Zentrum im Bodenseeraum; es dient heute der Familie von Baden als Schloß und beherbergt darüber hinaus eine bekannte Internatsschule.

Das stimmungsvolle Bild zeigt den Karlsruher Schloßpark nach seiner Umgestaltung in einen englischen Garten sowie das Schloß von Norden. Das 1804 gemalte Bild stammt von dem Mannheimer Künstler Karl Kuntz (1770–1830). Ein Jahr später wurde er zum badischen Hofmaler ernannt, und seit 1808 war er in Karlsruhe ansässig. Ein Jahr vor seinem Tod wurde er Direktor der großherzoglichen Gemäldegalerie. Trotz aller Neuerwerbungen blieb Karlsruhe die administrative Mitte und Residenz des vergrößerten, souveränen Baden.

Von Napoleon zur Novemberrevolution

Das Großherzogtum 1806–1918

Gerhard Kaller

Als Markgraf Karl Friedrich von Baden-Durlach 1746 die Regierung übernahm, herrschte er über einen in mehrere Landesteile aufgesplitterten Kleinstaat, als er 1811 starb, war er Großherzog eines dem Rheinbund angehörigen Mittelstaates, der zwar kleiner war als das benachbarte Württemberg, aber vom Main bis an den Bodensee reichte und um ein Vielfaches die Größe der alten Markgrafschaft übertraf.

Die Zeit Karl Friedrichs ist die Zeit der großen Wandlungen. Die rein evangelisch-lutherische Markgrafschaft Baden-Durlach erhielt 1771 durch den Erbanfall der katholischen Markgrafschaft Baden-Baden einen erheblichen Zuwachs. Baden verlor 1796 wohl einige linksrheinische Besitzungen, wurde aber durch den Reichsdeputationshauptschluß von 1803 reich entschädigt. Große Teile der weltlichen Herrschaftsgebiete der Bistümer Konstanz, Straßburg und Speyer, zahlreiche Klöster und Reichsstädte sowie die rechtsrheinischen Teile der Kurpfalz mit Heidelberg und Mannheim kamen an Baden, das zudem den Rang eines Kurfürstentums erhielt. Für acht Quadratmeilen verlorener Gebiete auf dem linken Rheinufer hatte man 60 Quadratmeilen als »Entschädigung« bekommen. Im Jahr 1806 trat Baden dem französisch dominierten Rheinbund bei, Kronprinz Karl heiratete die Adoptivtochter Napoleons Stephanie Beauharnais. Das Staatsgebiet erhielt weiter Zuwachs. Große Teile des österreichischen Breisgaus, Deutschordensbesitz und Adelsherrschaften wie das Gebiet der Fürsten von Fürstenberg kamen hinzu. Karl Friedrich war nun Herr über 249 Quadratmeilen und etwa 900 000 Einwohner.

Die Orientierung an Frankreich hatte auch innenpolitische Konsequenzen. Zwar hatte Karl Friedrich schon 1767 durch die Abschaffung der Folter und 1783 durch Aufhebung der Leibeigenschaft den Weg zum modernen Staat beschritten, doch kamen nun auch Errungenschaften der Französischen Revolution dazu. Das badische Landrecht wurde nach dem Vorbild des französischen Code Napoleon neu gefaßt, die Zivilehe und die zivile Standesbeurkundung eingeführt. Dreizehn Organisationsedikte und sieben Konstitutionsedikte sorg-

Ein Staat entsteht (1806–1818)

Zusammen mit Zepter und Zeremonienschwert mußte die Krone nach dem Tod Karl Friedrichs in aller Eile angefertigt werden. Die weitgehend aus Säkularisationsgut stammenden Edelsteine sind auf einem mit Samt und Seide bezogenen Gerüst befestigt.

211

Sigismund von Reitzenstein (1766–1847), Gesandter in Paris, leitender Minister unter mehreren Großherzögen. Seinem Verhandlungsgeschick ist die Vergrößerung Badens im Zeitalter Napoleons zu verdanken.

ten in den Jahren 1803–09 für eine innere Neuorganisation des Landes, das aus einer Fülle unterschiedlicher Herrschaften entstanden war und dessen Bevölkerung allen drei christlichen Konfessionen angehörte, wozu noch Juden und christliche Sekten (z. B. Mennoniten) kamen. Besondere Bedeutung erlangte das 13., von Sigismund von Reitzenstein entworfene Organisationsedikt vom November 1809, das eine Neueinteilung des Staatsgebietes in neun Kreise vorsah. Diese Kreise wurden unter den Gesichtspunkten der Größe, Einwohnerzahl und Wirtschaftskraft zugeschnitten; historisch gewachsene Zusammenhänge wurden bewußt ignoriert. Der Kreisdirektor besaß eine fast uneingeschränkte Weisungsbefugnis. Sein Amt war dem des französischen Präfekten nachgebildet, die Kreise wurden wie die französischen Departements nach geographischen Bezeichnungen benannt.

Die Rheinbundstaaten wurden zwar nicht im gleichen Maße wirtschaftlich ausgeplündert wie die neuen, linksrheinisch angrenzenden französischen Departements, doch mußten auch sie hohe Beiträge zur Finanzierung der napoleonischen Kriege aufbringen. Schlimmer jedoch war die Verpflichtung zur Stellung von Hilfstruppen. Badener kämpften vor Danzig und in Spanien für Frankreich, von den über 6 000 Mann, die mit dem französischen Heer nach Rußland zogen, kehrten nur wenige zurück. Das traurige Schicksal der Gefangenen veranlaßte den Dichter Johann Peter Hebel zur Erzählung »Der Schneider von Pensa«. Baden löste sich erst spät aus dem Bündnis mit

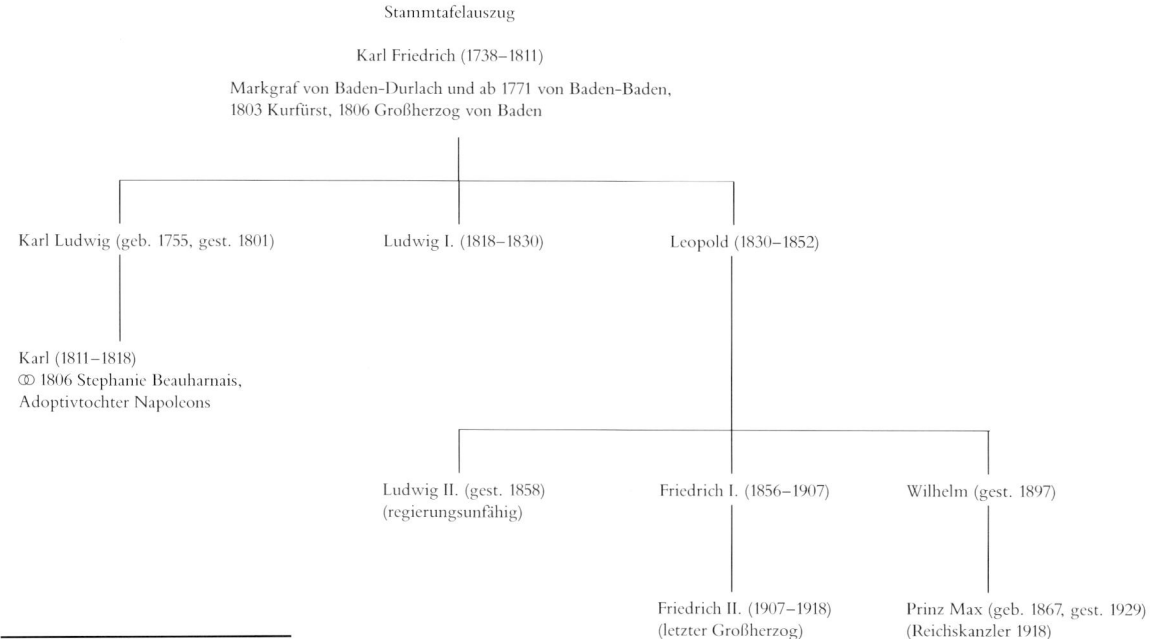

Stammtafelauszug

Karl Friedrich (1738–1811)
Markgraf von Baden-Durlach und ab 1771 von Baden-Baden,
1803 Kurfürst, 1806 Großherzog von Baden

Karl Ludwig (geb. 1755, gest. 1801)　　Ludwig I. (1818–1830)　　Leopold (1830–1852)

Karl (1811–1818)
⚭ 1806 Stephanie Beauharnais,
Adoptivtochter Napoleons

Ludwig II. (gest. 1858)　　Friedrich I. (1856–1907)　　Wilhelm (gest. 1897)
(regierungsunfähig)

Friedrich II. (1907–1918)　　Prinz Max (geb. 1867, gest. 1929)
(letzter Großherzog)　　(Reichskanzler 1918)

Napoleon. Noch in der Völkerschlacht bei Leipzig kämpften badische Soldaten auf französischer Seite. Nach einem Geheimvertrag über den Seitenwechsel vom November 1813 veröffentlichte der Großherzog einen »Aufruf an Baden«. An den Feldzügen gegen Frankreich in den Jahren 1814/15 nahmen dann auch badische Truppen teil. Im Juli 1815 trat das Großherzogtum dem Deutschen Bund bei.

Die Existenz des Staates in seinen bisherigen Grenzen war aber zu diesem Zeitpunkt durchaus gefährdet. Man befürchtete österreichische Ansprüche auf den Breisgau und bayerische auf die Pfalz. Hinzu kam noch die Frage des Weiterbestehens der Dynastie. Karl Friedrich war 1811 gestorben, sein Enkel Karl trat die Nachfolge an, ein kränklicher Mann und schwacher Herrscher. Karl hatte zwar fünf Kinder, aber seine beiden Söhne starben früh. Der erste Sohn starb 1812 sofort nach der Nottaufe. An ihn knüpfte sich das Kaspar-Hauser-Problem, d. h. die heiß umstrittene Frage, ob nicht ein fremdes totes Kind untergeschoben, der echte Prinz aber entführt wurde und später in Nürnberg als Kaspar Hauser wieder auftauchte. Karoline Geyer von Geyersberg, die zweite Ehefrau Karl Friedrichs, soll die Tat angestiftet haben, um ihren eigenen Söhnen die Nachfolge zu ebnen. Dies macht aber nur dann einen Sinn, wenn sie auch willens war, alle späteren männlichen Nachkommen Großherzog Karls von der Bildfläche verschwinden zu lassen. Der 1816 geborene zweite Sohn Alexander starb zwar kurz nach dem ersten Geburtstag, doch konnte die Kaspar-Hauser-Forschung der letzten Jahre keine neuen Anhaltspunkte dafür finden, daß Karoline auch in diesen Fall verstrickt war. Da auch der einzige noch lebende Nachkomme Karl Friedrichs aus erster Ehe nicht ebenbürtig verheiratet war, also auch von dieser Seite kein Thronerbe zu erwarten war, war eine Regelung der Thronfolge ein Gebot der Stunde. Dem Verhandlungsgeschick des Außenministers Freiherr von Berstett, der in Aachen eine Garantie des mit einer badischen Prinzessin verheirateten Zaren Alexander I. von Rußland erreichte, war es zu verdanken, daß schließlich die Zustimmung der europäischen Mächte für eine Thronfolge der Söhne aus der zweiten Ehe Karl Friedrichs erfolgte.

Eine wichtige Klammer der Einheit des Landes stellte die Verfassung von 1818 dar. Der weitgehend von Nebenius stammende Text wurde von Großherzog Karl kurz vor seinem Tod während eines Kuraufenthalts in Bad Griesbach noch gebilligt. Das Hausgesetz wurde Bestandteil der Verfassung und damit abgesichert.

Noch bevor die Wahlen stattfinden konnten, starb Großherzog Karl am 8. Dezember 1818. Sein Nachfolger wurde der dritte Sohn Karl Friedrichs, der 1763 geborene Prinz Ludwig. Die Verfassung legte ein Zweikammersystem fest, wobei nur die Abgeordneten der Zweiten Kammer gewählt wurden. Die Größe der Wahlkreise war

Friedrich Weinbrenner (1766–1826) prägte nachhaltig das Bild der Stadt Karlsruhe. Der Oberbaudirektor errichtete nicht nur zahlreiche öffentliche Gebäude, auf ihn geht auch der Plan der Stadterweiterung und die Anlage einer neuen Achse vom Schloß zum Ettlinger Tor zurück. Er ist Mitbegründer der Technischen Hochschule.

Johann Gottfried Tulla (1770–1828), Ingenieur. Sein Lebenswerk ist die Begradigung des Rheins und die Beseitigung der Hochwassergefahr für die Anwohner. Er begründete mit Weinbrenner die Technische Hochschule Karlsruhe.

213

nicht einheitlich. Die Ämter des Landes wurden in 41 Wahlkreise aufgeteilt, die Städte besaßen 14 eigene Wahlkreise, wobei Karlsruhe und Mannheim in drei, Freiburg, Heidelberg, Lahr und Pforzheim in zwei Wahlkreise unterteilt waren. Wahlberechtigt waren nur Männer. Das passive Wahlrecht war an die Zugehörigkeit zu einer christlichen Konfession und an ein Vermögen von 10 000 Gulden gebunden.

Die Zeit der großen politischen Wandlungen war auch eine Zeit stürmischer Entwicklung auf wissenschaftlichem und technischem Gebiet. Die alte Markgrafschaft besaß keine Universität. Versuche, eine »Hohe Schule« in der neuen Residenzstadt Karlsruhe zu gründen, waren nicht über Anfänge hinausgekommen. Die Gebietserweiterungen aber bescherten dem Großherzogtum gleich zwei Universitäten: Heidelberg und Freiburg. Anfängliche Zweifel, ob die damit verbundenen Kosten nicht die Finanzkraft des Landes überstiegen und der Hinweis auf das größere Württemberg, das mit nur einer Universität (Tübingen) auskam, waren schnell ausgeräumt. Der Großherzog bemühte sich nachdrücklich um die Reform der heruntergekommenen Universität Heidelberg, die aus Dankbarkeit ihren Namen in Ruperto-Carola erweiterte. Unter der Leitung des Baudirektors Weinbrenner wurde die Residenzstadt Karlsruhe nach Süden erweitert, wobei der typische Fächergrundriß beibehalten wurde. Vom Schloß über den Marktplatz und Rondellplatz zum Ettlinger Tor baute Weinbrenner eine klassizistische »Via triumphalis«. Tulla begann das gewaltige Werk einer Begradigung des Rheinlaufes, wodurch nicht nur die Überschwemmungsgefahr verringert, sondern auch die Möglichkeiten der Schiffahrt verbessert wurden. Auch in kultureller Hinsicht entwickelte sich Karlsruhe. Der alemannische Dichter Johann Peter Hebel, der Arzt, Kameralist und Schriftsteller Jung-Stilling und der Naturforscher Carl Christian Gmelin lebten und wirkten hier zu dieser Zeit. Goethe kam im Oktober 1815 zum dritten Mal in die Stadt, um Hebel, Jung-Stilling und Gmelin zu besuchen. Der Forstmeister von Drais, ein Tüftler und Sonderling, erfand eine Schreibmaschine und die Urform des Fahrrades (ohne Tretkurbel). Seine ‚Draisine‘ führte er 1813 in Karlsruhe dem russischen Zaren vor.

Karl von Rotteck (1775–1840), Historiker, Universitätsprofessor, Vorkämpfer für den Erhalt der Universität Freiburg, Abgeordneter und Bürgermeister von Freiburg.

Verfassungskämpfe, Reaktion, Revolution (1818–1852)

Am 22. April 1819 trat der neu gewählte Landtag im Schloß zur ersten Sitzung zusammen. Es gab noch keine politischen Parteien, die Abgeordneten gehörten aber politischen Grundströmungen an; man kann sie als Liberale oder Konservative bezeichnen. Dem früh verstorbenen, schwachen Großherzog trauerte kaum jemand nach, doch auch sein Nachfolger Ludwig erwies sich nicht als Herrscherpersönlichkeit, wie sie Baden nun gebraucht hätte, tatkräftig und zukunftsorientiert. Ludwig, 1763 geboren und beim Regierungsantritt bereits

55 Jahre alt, hatte als nachgeborener Sohn eine militärische Laufbahn eingeschlagen. Er war mit einer ehemaligen Schauspielerin verheiratet; die Frage der dynastischen Erbfolge blieb daher weiter offen, auch wenn er sie und die beiden gemeinsamen Kinder in den Adelsstand erhob (Grafen v. Langenstein). Auch die Zeichen für den jungen Parlamentarismus standen schlecht. Den Wiener Kongreß beherrschten die konservativen und restaurativen Kräfte; von der Aufbruchstimmung der Befreiungskriege gegen Napoleon war wenig mehr zu spüren. Nach der Ermordung Kotzebues durch den Mannheimer Studenten Sand schwenkte Baden ganz auf die Linie Metternichs ein. Die Ständeversammlung wurde bereits im Juli 1819 auf das nächste Jahr vertagt. Erst im Oktober 1820 wurde der Grundstein für ein eigenes Parlamentsgebäude, das Ständehaus, gelegt. Der Architekt Friedrich Arnold errichtete in zwei Jahren ein eindrucksvolles Gebäude, den ersten Zweckbau für ein deutsches Parlament. Das Ständehaus brannte im September 1944 bei einem Luftangriff auf Karlsruhe aus. Die Ruine wurde 1961/62 abgerissen.

Karl Theodor Welcker (1790–1869). Jurist, Universitätsprofessor, liberaler Politiker, Kritiker der Regierung. Gab gemeinsam mit Karl von Rotteck das »Staatslexikon« heraus.

Unter Großherzog Ludwig kam es zu keiner echten Zusammenarbeit von Regierung und Parlament. Das Parlament überschätzte seine Kräfte für eine Systemveränderung, die Regierung antwortete mit massiver Wahlbeeinflussung und der Änderung der Verfassung im Jahr 1825. Die Auseinandersetzung mit den Landständen verstellt leicht den Blick auf die positiven Aspekte der Regierungszeit Großherzog Ludwigs. Die Verwaltung des Landes wurde verbessert, die Ausgaben durch sparsame Haushaltsführung gedämpft, die Industrie gefördert. Für die Zukunft von großer Bedeutung wurde die Gründung der ersten technischen Hochschule Deutschlands, die nach dem Vorbild der Ecole polytechnique in Paris eingerichtet war. Johann Gottfried Tulla und Friedrich Weinbrenner hatten die Gründung gefördert und vorangetrieben. Organisation und Lehrplan richteten sich allerdings streng nach dem Muster einer straff geführten Schule. Zwar drängten die Studierenden nach größeren Freiheiten und gründeten im Untergrund Studentenverbindungen, doch stand die Lehrerschaft lange Zeit der Entwicklung zu einer Universität eher ablehnend gegenüber. Die Erweiterung der Residenzstadt Karlsruhe wurde vorangetrieben, die Rheinbegradigung zielstrebig durchgeführt. In Knielingen wurden Truppen gegen die aufbegehrende Bevölkerung eingesetzt. Im Jahr 1827 fuhr das erste Dampfschiff auf dem Rhein und im folgenden Jahr führte man in Baden das metrische Maßsystem ein.

Karl Friedrich Nebenius (1784–1857). Der Minister und Staatsmann diente dem Land in verschiedenen Funktionen. Seine große Leistung ist die badische Verfassung von 1818, deren Text weitgehend auf ihn zurückgeht.

Auch das Kirchenwesen wurde neu geregelt. Im Jahr 1821 vereinigten sich die lutherische und die reformierte Kirche zu einer Union der evangelischen Kirche in Baden. Nach langen und zähen Verhandlungen kam es 1827 zur Bildung der oberrheinischen Kirchenprovinz. Dem neu geschaffenen katholischen Erzbistum Freiburg wurden die Suffraganbistümer in Mainz, Fulda, Rottenburg und Limburg/Lahn unterstellt. Die Grenzen des Erzbistums Freiburg entsprachen den Landesgrenzen des Großherzogtums; lediglich die hohenzollerischen Lande um Sigmaringen und Hechingen kamen zusätzlich hinzu.

Der Regierungsantritt Großherzog Leopolds im Frühjahr 1830 wurde allgemein begrüßt. Sein bürgerliches und freundliches Auftreten ließ eine politische Wendung erwarten. Ein neues Kabinett mit Ludwig Winter als Innenminister und Karl Friedrich Nebenius als Ministerialdirektor verstärkte diesen Eindruck. Wohl auch deshalb zeigte die Juli-Revolution in Paris auf Baden kaum Auswirkungen. Die Wahlen zum Landtag des Jahres 1831 gingen ohne politischen Druck der Regierung vonstatten; im März 1832 wurde ein liberales Pressegesetz verabschiedet. Schnell zeigte sich jedoch, daß Alleingänge einzelner Bundesstaaten auf den Widerstand Österreichs stießen. Großherzog und Regierung hatten nicht den Mut und die Kraft, sich durchzusetzen. Schon im Juli 1832 wurde das Pressegesetz zurückgenommen, das Vertrauen in die Staatsführung war erschüttert. Das Hambacher Fest (1832) und der Frankfurter Wachensturm (1833) führten zu neuen Verboten und Unterdrückungsmaßnahmen. Bis 1835 wurden die Gegensätze auf den Landtagen jedoch nicht ausgetragen. Winter und Nebenius gelang es, im Lager der Liberalen kooperationsbereite Abgeordnete zu finden und sich damit Mehrheiten zu sichern. Als 1835 Freiherr von Blittersdorf Außenminister und nach dem Tode Winters 1838 der führende Mann der Regierung wurde, änderte sich die Atmosphäre nachhaltig. Von Blittersdorf war ein Konservativer Metternichscher Prägung und hatte schon die Abschaffung der Verfassung verlangt. Die Regierung versuchte 1841, die Parlamentsarbeit dadurch zu blockieren, daß sie Beamten, die Abgeordnete waren, den Urlaub zum Besuch der Sitzungen verweigerte, erreichte aber damit nur eine Radikalisierung und bei den nach der Landtagsauflösung notwendigen vorzeitigen Neuwahlen eine starke Machtverschiebung zugunsten des linken Flügels der Liberalen, auf dem Itzstein und Hecker den Ton angaben, beides Befürworter einer harten Linie. Im Jahr 1842 wurde der erste Mißtrauensantrag in einem deutschen Parlament beschlossen, der aber wirkungslos blieb, da die Regierung von der Volksvertretung nicht abgesetzt werden konnte. Der Großherzog wechselte jedoch im folgenden Jahr den leitenden Minister aus. Statt von Blittersdorf kam Alexander von Dusch. Es trat wieder Ruhe ein, aber die Probleme blieben ungelöst; der Keim für weitere politische Unruhen blieb erhalten.

Die begonnene Industrialisierung machte weiter Fortschritte. In Sernatingen am Bodensee und in Schröck bei Karlsruhe entstanden Hafenanlagen. Stolz nahmen beide Orte neue Namen an: Ludwigshafen und Leopoldshafen. Die Hafenanlagen in Mannheim wurden ausgebaut. Nach dem Übereinkommen von Mainz über die Rheinschiffahrt stieg der Verkehr an. Bald aber bekam die Schiffahrt Konkurrenz durch die Eisenbahn. Im Jahr 1840 wurde die Strecke zwischen Mannheim und Heidelberg eröffnet. Nur wenige Jahre später war die Hauptbahn bis Karlsruhe (1843) und Freiburg (1845) fertiggestellt. Technische Schwierigkeiten bereitete die Weiterführung bis Basel, politischen Streit gab es um die Anschlüsse an die Bahnen in Hessen und Württemberg, der dann zu mehreren unwirtschaftlichen Kompromißlösungen führte. Zwei badische Fehlentscheidungen waren auch die Verwendung der Breitspur und der Linksverkehr. Der Bahnbau schaffte neue Arbeitsplätze. In Karlsruhe wurde 1837 die Lokomotivenfabrik Keßler gegründet. Etwa gleichzeitig entstanden auch die Spinnerei und Weberei Ettlingen und die Zuckerfabrik Waghäusel, alle drei Großbetriebe in der neuen Form der Aktiengesellschaft. Zahlreiche Arbeiter fanden auch beim Bau der Bundesfestung Rastatt wenigstens zeitweise Verdienst.

Trotzdem war die Armut groß und sorgte für politischen Sprengstoff. Viele Bauern hatten sich bei der Zehntablösung hoch verschuldet, im Sommer 1846 gab es eine Mißernte, die Lebensmittelpreise stiegen. Auch die drei Großunternehmen, die nur eine dünne Kapital-

Der Brand des Hoftheaters am 28. Februar 1847, bei dem 62 Menschen umkamen, wirkte auf die Bewohner von Karlsruhe als tiefer Schock. Versäumnisse und Fehlentscheidungen des Personals, die mangelnde Ausrüstung von Feuerwehr und Soldaten für die Bekämpfung größerer Brände zeigten die Ohnmacht des Menschen vor den Elementargewalten, ließen aber auch Fehlleistungen von Staat und Gesellschaft hervortreten. Viele der Opfer waren Jugendliche oder einfache Leute, die sich nur die billigen Plätze im obersten Rang leisten konnten. Die Besucher im Parkett kamen mit dem Schrecken davon.

Friedrich Hecker
(1811–1881), radikaler Abgeordneter im Parlament in der Frankfurter Paulskirche (1848).

Gustav von Struve
(1805–1870) rief zusammen mit Hecker in Konstanz am 12. April 1849 die Deutsche Republik aus. Der Versuch, mit Hilfe bewaffneter Bürger den Umsturz zu erzwingen, wurde vom Militär niedergeschlagen. Hecker wanderte in die USA aus und gelangte dort zu hohem Ansehen. Struve unternahm im September einen zweiten Versuch, der ebenso scheiterte.

decke besaßen, gerieten 1847 in eine Existenzkrise. Einige Banken mußten die Zahlung einstellen, nur mit Mühe gelang es der Regierung, die »Dreifabrikenfrage« zu lösen. Emil Keßler hatte schon 1846 den Aufbau einer Lokomotivenfabrik im schwäbischen Esslingen in Angriff genommen, das Karlsruher Werk schloß 1851 die Tore. Der Brand des Karlsruher Hoftheaters am 28. Februar 1847, bei dem fast ausschließlich Besucher der billigsten Plätze im obersten Rang ums Leben kamen, während sich das Publikum im Parkett leicht retten konnte, wies in symbolischer Weise auf soziale Unausgewogenheiten hin. Das Auftauchen des Findlings Kaspar Hauser in Nürnberg (1828) und dessen Ermordung in Ansbach (1833) führten zu heftigen Spekulationen über die Legitimität des regierenden Großherzogs.

Die Liberalen hatten an die Verkündung der Verfassung große Hoffnungen geknüpft. Sie wollten im Parlament Reformen durchsetzen, den Obrigkeitsstaat Schritt für Schritt abbauen, wobei Pressefreiheit, Ministerverantwortlichkeit gegenüber den Landständen und Geschworenengerichte die Hauptforderungen waren. Auch noch nach 30 Jahren war von diesen politischen Zielen kaum eines erreicht. So spalteten sich die Liberalen immer mehr in zwei Lager, wobei die Zahl derer wuchs, die auf gewaltsame Aktionen zur Durchsetzung ihrer Forderungen nicht mehr verzichten wollten. Die »Radikalen« beriefen für den 12. September 1847 eine Volksversammlung nach Offenburg ein, auf der Friedrich Hecker und Gustav von Struve die »Forderung des badischen Volkes« formulierten und darin die Ersetzung des Heeres durch eine Volksmiliz, die Abschaffung der Vorrechte der Standesherren und den sozialen Ausgleich durch eine progressive Einkommensteuer verlangten.

Der Ausbruch der Februarrevolution in Frankreich (24. Februar 1848) war Anstoß zu einer neuen Bürgerversammlung in Mannheim (27. Februar 1848), die einen Volksmarsch nach Karlsruhe organisierte, um die Ständeversammlung unter Druck zu setzen. Die Regierung bewilligte schon zwei Tage später Pressefreiheit, Geschworenengerichte und Bürgerbewaffnung, und die Landstände verabschiedeten am 2. März eine Gesetzesvorlage, die die Ministerverantwortlichkeit, die Abschaffung der Reste des Feudalwesens, die Vereidigung des Heeres auf die Verfassung und die Gleichberechtigung für die Angehörigen nichtchristlicher Bekenntnisse beinhaltete und wenig später Gesetz wurde. Jetzt aber stellte Struve auf einer Volksversammlung in Offenburg (19. März 1848) noch viel radikalere Forderungen, die in der Abschaffung der Monarchie gipfelten. Da dies auf dem Verhandlungswege nicht zu erreichen war, schlugen die Radikalen im April los. Hecker putschte in Konstanz und rief dort am 13. April die Republik aus. Doch blieb der erhoffte große Zustrom aus. Dazu kam, daß verschiedene Anführer (Struve, Hecker, Sigel, Herwegh) in getrennten Kolonnen marschierten. So konnte das

Militär leicht wieder Herr der Lage werden. Die Kolonne Heckers wurde am 19./20. April bei Kandern besiegt, die Sigels am 23. April bei Freiburg. Ende April war der Umsturzversuch gescheitert. Heckers Popularität blieb allerdings erhalten. Überallhin verbreiteten sich Heckerlieder. Struve floh in die Schweiz, Hecker wanderte nach Amerika aus. Struve versuchte es im September 1848 in einem erneuten Anlauf. Am 21. September rief er in Lörrach die »Deutsche Republik« aus. Doch auch der zweite Versuch scheiterte so schnell und gründlich wie der erste. Schon am 24. September wurde er bei Staufen geschlagen. Er floh, wurde aber am 25. September von Bürgern der Stadt Wehr festgenommen und der Polizei übergeben. Ruhe trat aber dennoch nicht ein.

Vom 18. Mai 1848 an tagte in der Paulskirche in Frankfurt die deutsche Nationalversammlung, auf die man große Hoffnungen setzte. Als der König von Preußen die Kaiserkrone ablehnte, sahen sich die Republikaner in der Meinung bestätigt, daß Verhandlungen mit den Fürsten zu keinem Ergebnis führten. Nach Aufständen in Sachsen und in der Pfalz fand am 12. und 13. Mai wieder eine Volksversammlung in Offenburg statt, die das Signal zum Aufstand auch in Baden gab. Am 13. Mai meuterte die Garnison in Rastatt, in der nächsten Nacht floh der Großherzog nach Frankreich. Es bildete sich eine provisorische Landesregierung, die in allen Ämtern Zivilkommissäre einsetzte, alles treue Gefolgsleute der Republikaner. Eine neue Verfassung wurde angekündigt. Es fanden Neuwahlen statt und das Parlament wurde am 10. Juni in Karlsruhe eröffnet. Der Großherzog hatte die Truppen des Deutschen Bundes zu Hilfe gerufen, und ein im wesentlichen aus preußischen Truppen bestehendes Heer unter Führung des Prinzen Wilhelm von Preußen war bereits an der pfälzischen Grenze aufmarschiert. Der Widerstand in der Pfalz brach rasch zusammen, die an der Nordgrenze des Landes postierten badischen Revolutionsheere konnten von den Preußen in der Flanke gefaßt werden. Am 21. Juni besiegten die Preußen die badische Hauptstreitmacht bei Waghäusel; die Neckararmee konnte von dem polnischen Oberbefehlshaber Ludwig von Mieroslawski nur unter großen Schwierigkeiten und auf Umwegen nach dem Süden geführt werden. Am 25. Juni zogen die Preußen nach einem Gefecht bei Durlach in Karlsruhe ein. Mieroslawski besetzte die Murglinie als letzte Verteidigungsbastion. Doch auch diese wurde von den Preußen bei Gernsbach durchbrochen, etwa 6000 Badener in der Festung Rastatt eingeschlossen; der Rest floh nach Süden. Ein Teil setzte sich unter dem Kommando von Sigel in die Schweiz ab. Am 23. Juli mußte Rastatt kapitulieren. Die Revolution war niedergeschlagen. Großherzog Leopold kehrte am 18. August in seine Hauptstadt zurück, wo er begeistert begrüßt wurde. Preußische Standgerichte fällten 51 Todesurteile, andere Revolutionäre wurden zu Zuchthausstrafen verurteilt. Viele Anführer flüchteten nach Nordamerika: Karl Schurz und Franz Sigel brachten es dort zu großem Einfluß und Ansehen.

Großherzog Leopold bemühte sich, das verlorene Vertrauen wiederherzustellen und die Härte der preußischen Besatzungsherrschaft etwas zu mildern. Die preußischen Truppen blieben bis 1851 im Land, hohe Kriegs- und Militärkosten belasteten die Staatskasse. Der alte Landtag wurde formell erst im November 1849 aufgelöst. Das neue Kabinett unter den Ministern Ludwig Rüdt von Collenberg und Adolf Marschall von Bieberstein betrieb eine reaktionäre Politik, in dem im März 1850 eröffneten neuen Landtag waren kaum radikale Abgeordnete. Der verbitterte und tief enttäuschte Großherzog starb am 24. April 1852.

Friedrich I., Landesvater, Preußenfreund (1852–1907)

Wieder stellte sich die Nachfolgefrage. Ludwig, ältester Sohn Leopolds, war geisteskrank und unfähig, die Regierung zu übernehmen. So wurde dessen Bruder Friedrich I. zunächst Regent und 1856 Großherzog und Staatsoberhaupt. Friedrich I. war ein Glücksfall für Baden, seine Bewohner und die deutsche Politik. Er ist die überragende Persönlichkeit unter den badischen Großherzögen. 55 Jahre lang bestimmte er die badische Politik und verschaffte seinem Land durch sein Eintreten für die Bildung eines durch Preußen geführten Nationalstaates hohes Ansehen und einen bedeutenden Einfluß auf die Reichspolitik. Er wurde zur Vaterfigur des Badener Landes. Der 1826 geborene Fürst hatte seine Ausbildung nicht nur auf dem Kasernenhof erfahren. Friedrich studierte in Heidelberg und Bonn, wobei ihn vor allem das Geschichtsstudium bei den Heidelberger Professoren Ludwig Häusser und Friedrich Schlosser in einem kleindeutsch-liberalen Sinn prägte. Die Heirat mit Luise von Preußen (1856), der Tochter des preußischen Königs, war ein Bekenntnis zu einem neuen politischen Kurs.

Das Land benötigte auch dringend eine starke politische Führung; eine neue innenpolitische Auseinandersetzung stand bevor. Die Gegner des Staates waren diesmal nicht aufbegehrende Revolutionäre, sondern die gut organisierte katholische Kirche. Unter dem Erzbischof Hermann von Vicari strebte die Kirche nach mehr Selbständigkeit und Einfluß. Die Haltung der Regierung verriet Unsicherheit und schwankte zwischen provozierender Härte (Verhaftung Vicaris Mai 1854) und großer Nachgiebigkeit. So kam es 1859 zum Abschluß eines Konkordates, das den Wünschen der Kirche weitgehend Rechnung trug. Die Bestimmungen riefen in weiten Teilen des Landes einen Sturm der Entrüstung hervor. Liberale Politiker, allen voran der Studienfreund des Monarchen, Franz von Roggenbach, schafften es, den Kirchenvertrag im Landtag durchfallen zu lassen. Im März 1860 sprachen ihm die Landstände die Rechtsverbindlichkeit ab und erklärten ihn für verfassungswidrig. Die Regierung geriet unter

Druck und trat zurück, der Weg für ein neues Kabinett aus liberalen Politikern war frei. Der Großherzog berief die Minister Anton Stabel und August Lamey, ein Jahr später ersetzte Roggenbach Stabel, dem das Justizressort verblieb. Die »Neue Ära« der badischen Politik begann. Die Parteinahme Österreichs für die Kirche bestärkte Roggenbach, die Anlehnung an Preußen voranzutreiben, von dem er sich die einzig mögliche Lösung der deutschen Frage erhoffte. Die Regierung führte auf dem Gebiet der Verwaltung eine Reihe von Reformvorhaben durch. An die Stelle der sechs Kreisregierungen traten vier unmittelbar dem Ministerium unterstellte Landeskommissariate, denen wiederum insgesamt 59 Bezirksämter unterstanden. Ein neues Gerichtsverfassungsgesetz modernisierte die Justizverwaltung, ein Verwaltungsgerichtshof nahm 1864 seine Tätigkeit auf. Die Juden erhielten die Gleichberechtigung, der Zunftzwang wurde aufgehoben. Fünf Gesetze von 1860 regelten das Verhältnis von Staat und Kirche, doch war damit die Auseinandersetzung nicht beendet. Die Einrichtung des Oberschulrats als staatliche Aufsichtsbehörde über das Schulwesen sah ein Zusammenwirken staatlicher und kirchlicher Repräsentanten in dieser Behörde vor. Die Bestimmungen riefen den Widerstand des Freiburger Erzbischofs hervor; erst 1871 gestattete der Bistumsverweser Lothar von Kübel den katholischen Geistlichen, ihre Funktion in den Ortsschulräten zu übernehmen.

Auf dem Frankfurter Fürstenkongreß 1863 machte sich Großherzog Friedrich zum Sprecher der kleindeutschen Opposition gegen Österreich und brachte dessen Pläne für einen neuen Staatenbund zum Scheitern. Nach dem Rücktritt Roggenbachs (Oktober 1865) verschärfte sich unter dem neuen Minister Julius Jolly der Kulturkampf weiter.

Zunächst aber erzwang der Gegensatz von Preußen und Österreich in der schleswig-holsteinischen Frage eine schwere Entscheidung. Der Großherzog befürwortete die Neutralität und machte einen vergeblichen Vermittlungsversuch, doch entschieden sich die Regierung und ihr Außenminister Ludwig von Edelsheim für die Treue zum deutschen Bund, und Baden trat mit 13 anderen Staaten an die Seite Österreichs. Der Bruder des Großherzogs, Prinz Wilhelm, und badische Soldaten dienten im VIII. Bundesarmeekorps, doch waren die badischen Truppen kaum in Kampfhandlungen verwickelt. Es ist kein Zufall, daß am 24. Juli 1866 bei dem einzigen größeren Gefecht auf badischem Boden in und um Tauberbischofsheim sich württembergische und preußische Truppen gegenüberstanden. Die Kämpfe und Blutopfer waren jedoch sinnlos, denn bereits am 3. Juli war die Entscheidung bei Königgrätz gefallen. Der Großherzog entließ das für die Entscheidung zugunsten Österreichs verantwortliche Ministerium, beorderte am 29. Juli seine Truppen zurück und trat am 31. Juli aus dem Deutschen Bund aus.

Heinrich Hübsch (1795–1863). Der Schüler Weinbrenners und Nachfolger im Amt des Baudirektors wandte sich vom klassizistischen Stil seines Lehrers ab und verwendete wieder den Bogen als Element der Fassadengestaltung.

Am 17. August 1866 schloß Baden Frieden mit Preußen, der durch ein geheimes Schutz- und Trutzbündnis ergänzt wurde. Rein rechtlich gesehen war das Großherzogtum nun für vier Jahre ein völlig souveräner Staat, der keinem übergeordneten Verband angehörte. Als solcher schloß er im Juli 1868 als gleichberechtigter Partner einen Vertrag mit der Großmacht unserer Tage: den USA. Die Marschrichtung war jedoch klar. Das Bündnis mit Preußen zeigt sie an. Im Februar 1868 wurde ein preußischer General badischer Kriegsminister, Baden drängte auf Aufnahme in den Norddeutschen Bund. Im Krieg gegen Frankreich (1870/71) fochten vom ersten Tage an die badischen Truppen Seite an Seite mit den preußischen. Der Beitritt Badens zu einem neuen Deutschen Bund und der Abschluß einer Militärkonvention mit Preußen (November 1870) wurden schon nach wenigen Wochen von den Ereignissen überholt. Am 18. Januar 1871 wurde in Versailles der preußische König zum deutschen Kaiser proklamiert. Ein neuer deutscher Staat unter Preußens Führung war Wirklichkeit geworden. Großherzog Friedrich brachte nicht nur das erste Hoch auf Kaiser Wilhelm aus, er hatte auch so entschieden wie kein anderer süddeutscher Fürst diese Entwicklung gewollt und gefördert. Baden verzichtete auf eine Reihe von Sonderrechten, die Bayern und Württemberg verlangten und erhielten. Die badische Armee wurde als XIV. Armeekorps ein Teil der preußischen Truppen, in Karlsruhe wurde als einziger Stadt außerhalb Preußens eine Kadettenanstalt errichtet. Baden verzichtete weiter auf eigene diplomatische Vertretungen im Ausland und auf eine eigene Post- und Telegraphenverwaltung. Lediglich unbedeutende Gesandtschaften in München und Stuttgart erinnerten noch an die Zeit der Souveränität. Bayerische Vorstellungen über eine territoriale Neugestaltung (Landbrücke Pfalz-Unterfranken gegen Entschädigung Badens im Elsaß) kamen über Gedankenspielereien nicht hinaus. Die Grenzen des Großherzogtums standen nicht mehr zur Disposition; es entwickelte sich ein Bewußtsein der Zusammengehörigkeit, das dazu führte, daß noch 1945 die »Altbadener« vor allem in den Gebieten am stärksten waren, die 150 Jahre vorher noch gar nicht zu Baden gehört hatten.

Die badische Residenz entwickelte sich immer mehr zu einem Zentrum von Kunst und Wissenschaft. Ein 1865 erlassenes neues Organisationsstatut gab der Polytechnischen Schule praktisch eine Hochschulverfassung, wenn auch der Name »Technische Hochschule« erst 1885 zuerkannt wurde. Professoren wie Ferdinand Redtenbacher (Maschinenbau) und Heinrich Hertz (Physik) sorgten für ein hohes Niveau und für eine Anziehungskraft über die Grenzen des Landes hinaus. Mit der Gründung der »Kunst-Schule« (1854), der Vorläuferin der Akademie der bildenden Künste, trat ein musisch ausgerichtetes Institut neben die technische Lehranstalt. Mit der Berufung von Eduard Devrient (1852) begann die große Zeit des

Karlsruher Hoftheaters. Obwohl der Neubau des abgebrannten Hauses durch den Architekten Heinrich Hübsch noch nicht vollendet war, zeigte der Spielplan schon neue Akzente. Shakespeare und die deutschen Klassiker bildeten den Grundstock der Schauspielaufführungen, aber auch zeitgenössische Stücke wurden durch richtungsweisende Inszenierungen bekanntgemacht. Nach Eröffnung des direkt neben dem Schloß gelegenen neuen Theaters am 17. Mai 1853 mit Schillers »Jungfrau von Orléans« stand vor allem die Pflege der Oper im Vordergrund. Die Aufführung einer Oper des in Karlsruhe noch weitgehend unbekannten Willibald Gluck beweist die Bereitschaft, Neues zu bieten. Richard Wagner, dem der Großherzog durch sein Eintreten die Rückkehr nach Deutschland ermöglichte, indem er die Aufhebung des immer noch gültigen Haftbefehls aus dem Jahr 1848 erwirkte, stand Devrient etwas reserviert gegenüber. Trotzdem wurde auch sein Werk in besonderer Weise gepflegt. »Die Meistersinger« kamen bereits ein Jahr nach der Uraufführung (1868) in Karlsruhe heraus, im Jahr 1860 war sogar die Uraufführung von »Tristan und Isolde« in Karlsruhe im Gespräch. Wagner kam 1863 als Dirigent nach Karlsruhe. Er fand später in dem bayerischen König einen begeisterten Förderer, der über mehr Geld verfügte als der badische Großherzog. Dieser und sein Intendant Devrient hatten das Augenmaß nicht verloren und wogen sorgfältig ab, welche Opfer man für die Kunst einem Land abverlangen konnte.

Auch viele andere Städte des Großherzogtums nahmen eine bemerkenswerte Entwicklung. Die Heidelberger Universität gelangte zu einer neuen Blüte. Die Lage am Neckar und die Ruine des Schlosses bildeten einen besonderen Anziehungspunkt für die Dichter der deutschen Romantik; es gibt kaum einen deutschen Dichter des 19. Jahrhunderts, ganz gleich welcher Stilrichtung, der die Stadt nicht besuchte und in dessen Werk sich nicht Spuren dieses Aufenthalts finden. Von Goethe und Hölderlin bis Keller und Scheffel haben sie alle Stadt und Landschaft ihren dichterischen Tribut gezollt. Mannheim entwickelte sich dagegen zur bedeutendsten Industriestadt des Landes. Die Rektifikation des Rheins durch Tulla und die Kettenschiffahrt auf dem Neckar boten am Zusammenfluß der beiden Ströme einen idealen Hafenplatz. Die Gründung von Fabriken in Mannheim und der Aufstieg der gegenüberliegenden »Rheinschanze« zum Industriestandort Ludwigshafen ließen den größten Ballungsraum des Oberrheingebiets entstehen.

Baden-Baden (das damals noch wie das Land einfach Baden hieß) entwickelte sich zu einem Kurort von europäischem Format, in dem vor allem Franzosen und Russen ein Refugium suchten. Die Spielbank, das neue Hotel- und Kurviertel an der Oos und das Theater waren Treffpunkte reicher und eleganter Besucher. Der Theaterneubau im Pariser Stil, nach Plänen französischer Architekten errichtet, wurde 1862 mit der Uraufführung der Oper »Beatrice et Benedicte« von Hector Berlioz, die der Komponist selbst dirigierte, eingeweiht. Dichter wie Turgenjew und Dostojewski, Musiker und Komponisten wie Clara Schumann und Brahms kamen zu Besuch oder wurden sogar hier ansässig. Der rumänische Fürst Stourdza ließ auf dem Michaelsberg eine griechisch-orthodoxe Kapelle errichten. Im benachbarten Iffezheim fanden seit 1859 Pferderennen statt. Ein ganz großes gesellschaftliches Ereignis stellte der Fürstenkongreß dar, der vom 16. bis 18. Juni 1860 in Baden-Baden tagte. Nach dem Ende des Krieges von Sardinien und Frankreich gegen Österreich (Schlacht von Solferino 24. Juni 1859) sahen die deutschen Mittelstaaten besorgt einem Konflikt zwischen Frankreich und Österreich auf deutschem Boden entgegen. Auf Einladung des preußischen Prinzregenten Wilhelm fand daher ein Fürstentreffen statt, auf dem Napoleon III. beruhigende Zusicherungen gab. Als Wilhelm im nächsten Jahr – nun als gekrönter König von Preußen – wieder in Baden-Baden weilte, gab der Student Oskar Becker am 14. Juli auf der Lichtenthaler Allee auf den König zwei Schüsse ab, die ihn aber nur leicht verletzten.

Pforzheim nahm dank der Spezialisierung der Industrie auf die Uhren- und Schmuckherstellung einen großen Aufschwung, der die Stadt nach dem Bahnbau zu einem Ziel für viele Einpendler machte. Allerdings erschwerte die Grenzlage zu Württemberg und die dadurch beeinträchtigte Streckenführung den Verkehr.

Für Rastatt erwies sich der Bau der Bundesfestung eher als Nachteil. Ohne diese Festungswerke wäre die Stadt nicht zum letzten Bollwerk der Revolutionstruppen geworden. Die Festlegung auf das Militär und die erschwerten Möglichkeiten zur Erweiterung verhinderten lange Zeit die Ansiedlung von Industrie, die in dem kleineren, wenige Kilometer murgaufwärts liegenden Gaggenau einen Standort fand.

Konstanz verlor den überkommenen Bischofssitz und rückte an die Peripherie des badischen Staates. Die Schiffahrt blieb hier auf den Bodensee beschränkt, eine Anbindung an die Rheinschiffahrt verhinderten die Rheinfälle bei Schaffhausen.

Baden machte von den bescheidenen Möglichkeiten politischer Mitsprache, die die Reichsverfassung den Ländern einräumte, wenig Gebrauch. Minister Jolly vertrat einmal die Meinung, daß ein Engagement im Bundesrat bei der offensichtlichen Einflußlosigkeit dieses Organs nicht lohne. Großherzog Friedrich hingegen entwickelte immer wieder eigene politische Vorstellungen, die er über private Kontakte zur Wirkung zu bringen suchte. Sein umfangreicher Briefwechsel legt davon Zeugnis ab. Sein Einfluß beim Sturz Bismarcks wird in der Forschung unterschiedlich bewertet. 1871 bildete für die badische Regierung keinen epochalen Einschnitt. Die wichtigsten

Minister (Rudolf von Freydorf, Julius Jolly, Moritz Ellstätter) blieben im Amt. Mit dem Finanzminister Ellstätter (1868–1893) war erstmals ein Jude mit einem Ministeramt betraut worden, erheblich früher als in den USA. Mit der Einführung des Simultanschulgesetzes 1876 hatte auch der Kulturkampf seinen Höhepunkt überschritten. Die als Kampfmaßnahmen beschlossenen Gesetze wurden zurückgenommen, die Wiederbesetzung des Freiburger Bischofsstuhls 1882 und 1888 vollzog sich fast reibungslos. Die Regierungen unter Friedrich Turban (1877–1892) und Franz Wilhelm Nokk (1893–1900) stützten sich auf die nationalliberale Mehrheit im Landtag. Doch geriet die Parteienlandschaft in Bewegung.

Wie das ganze Deutsche Reich erlebte Baden nach dem Krieg mit Frankreich den wirtschaftlichen Aufschwung der »Gründerzeit«. Die Grenzlage brachte keine Nachteile mehr. Die Vollendung der Schwarzwaldbahn (1873), die dank der Planungsleistung von Robert Gerwig zum Vorbild der Gotthardbahn und vieler anderer Gebirgsbahnen wurde, und die Fertigstellung der Gotthard-Strecke stärkten die Stellung Badens als eines wichtigen Durchgangslandes im Nord-Süd-Verkehr. Die Großstädte wuchsen. Vor allem in Mannheim, Karlsruhe und Pforzheim gewann die Schicht der Fabrikarbeiter wachsende Bedeutung. Bereits in der Jahrhundertmitte hatte der katholische Geistliche Adolf Kolping den ersten Gesellenverein gegründet, und im gleichen Jahr entstand in Konstanz ein erster Arbeiterbildungsverein. Im Jahr 1863 schlossen sich in Mannheim die Drucker zum Verein Typographia zusammen und drei Jahre später organisierten sich die Tabakarbeiter. Damit waren Grundlagen für die spätere Gewerkschaftsbewegung gelegt und auch für eine politische Vertretung der Arbeiterschaft. Im Jahr 1868 trat die Vertretung der Zigarrenarbeiter dem Allgemeinen Deutschen Arbeiter-Verein bei, einem der Vorläufer der heutigen SPD. Im Jahr 1875 entstand aus diesem und der Sozialdemokratischen Partei die Sozialistische Arbeiterpartei. Im gleichen Jahr errangen die Sozialdemokraten bei den Reichstagswahlen in Mannheim 12,5 Prozent der Stimmen. Bismarck sah in den Sozialisten eine Gefahr und setzte daher im Reichstag im Oktober 1878 ein Gesetz gegen die »gemeingefährlichen Bestrebungen der Sozialdemokratie« (das sogenannte Sozialistengesetz) durch, das die Partei mit polizeilichen Mitteln bekämpfte. In den Jahren seiner Gültigkeit wurde das Gesetz keineswegs gleich konsequent in Anwendung gebracht; in den Jahren 1881–87 handhabe man es weniger strikt. Das Gesetz verfehlte letztendlich seinen Zweck; als es 1890 aufgehoben wurde, war die SPD nicht zerschlagen. Bei den Reichstagswahlen von 1890 erreichte sie in Baden 11,4 Prozent der Stimmen und wurde hinter den Nationalliberalen und dem Zentrum drittstärkste Partei, blieb aber weit hinter dem Reichsdurchschnitt zurück.

Etwa gleichzeitig formierte sich auch der politische Katholizismus. Beginnend mit der Kasino-Bewegung (1862), versuchten viele Katholiken, die Position der Kirche im Kulturkampf dadurch zu unterstützen, daß sie ihr eine politische Vertretung in den Landständen schufen. So wurde 1869 die Badische Volkspartei gegründet, die bei den Wahlen zum Zollparlament und zum Landtag erste Erfolge für sich buchte. Nach den ersten Reichstagswahlen nahm die Partei den Namen »Zentrum« an. Bei der Landtagswahl des Jahres 1875 konnte sie 13 Abgeordnete in das Ständehaus entsenden.

Immer wieder kritisierten die oppositionellen Parteien, daß die Wahlkreisreform des Jahres 1871 Stückwerk geblieben war. Daher wurde der Ruf nach einer neuen Reform immer lauter. Wortführer war dabei das Zentrum, das 1882 einen entsprechenden Antrag stellte. Obwohl er zunächst eine knappe Mehrheit fand, scheiterten alle Reformversuche, zum Teil am Einspruch der Ersten Kammer. Das Zentrum hatte sich trotzdem zu einer großen Partei entwickelt, die bei den Landtagswahlen von 1899 mit den Liberalen fast gleichzog.

Das Wahlrecht für die Frauen spielte in der Diskussion noch keine Rolle, obwohl in der Bildungsfrage der Ruf nach dem Frauenstudium immer lauter wurde. Der Verein »Frauenbildungsreform« errichtete 1893 in Karlsruhe ein erstes Mädchengymnasium, das zum Abitur führte und damit einen normalen Zugang zum Studium eröffnete. Das Karlsruher Gymnasium wurde 1898 von der Stadt übernommen und 1899 legten dort vier Mädchen das Abitur ab, darunter die Tochter des Karlsruher Rabbiners, die auch die Abiturientenrede hielt.

Das Karlsruher Theater erlebte eine neue Blütezeit, die mit dem Namen des Generalmusikdirektors Felix Mottl verbunden ist, der von 1881–1903 in Karlsruhe wirkte.

Parteineugründungen wie die Deutsch-Soziale-Reformpartei (gegr. 1889), die eine antisemitische Tendenz zeigte, hatten einige Jahre Zulauf, verschwanden aber Anfang des neuen Jahrhunderts wieder von der politischen Bildfläche. Allerdings waren antisemitische Ausfälle auch bei den Konservativen möglich, wie die Reaktion der konservativen Badischen Landpost auf die Abiturrede eines jüdischen Abiturienten in Lahr (1893) zeigt. Der gescholtene junge Mann hieß Ludwig Frank und wurde später einer der führenden Köpfe der badischen Sozialdemokratie. Er starb als Kriegsfreiwilliger im September 1914 an der Westfront.

Der Beginn des neuen Jahrhunderts wurde in Baden wie in ganz Deutschland mit großen Erwartungen gefeiert. Auf der politischen Ebene bahnte sich eine Lösung der Frage der Neueinteilung der Wahlkreise und der Änderung des Wahlrechtes an, als sich 1901 auch die Nationalliberale Partei für das direkte Wahlrecht aussprach. Nach zähen Verhandlungen wurde 1904 der Gesetzesentwurf zur Änderung des Wahlkreisgesetzes mit nur 6 Gegenstimmen angenommen. Er sah 73 Wahlkreise vor, deren Vertreter in direkter Wahl bestimmt wurden und vier Jahre später ihr Mandat ausübten. Die größeren Städte waren in mehrere Wahlkreise unterteilt (Mannheim 5, Karlsruhe 4, Freiburg 3, Heidelberg und Pforzheim je 2). In einem ersten Wahlgang war der Kandidat gewählt, der die absolute Mehrheit erreichte. Bei der Wahl im Jahr 1905 errang das Zentrum im ersten Wahlgang bereits 28 Sitze, eine Mehrheit der Partei im Landtag schien möglich. Für den zweiten Wahlgang kam es daher zu Absprachen zwischen den anderen Parteien. Das Zentrum konnte seine Mandate dadurch nicht erhöhen, blieb aber mit 28 Mandaten die stärkste Fraktion. Es folgten die Nationalliberalen mit 23, die SPD mit 12, die Deutsche Volkspartei mit 5, die Konservativen mit 3 und die Freisinnige Volkspartei und der Bund der Landwirte mit je einem Abgeordneten. Der wahltaktische Zusammenschluß fand unter der Bezeichnung »Großblock« in ganz Deutschland weite Beachtung. Die Regierung stützte sich fortan auf den Großblock, d. h. auf die Abgeordneten der Nationalliberalen, der Deutschen Volkspartei und des Freisinns, und erreichte dank Unterstützung der SPD damit eine Mehrheit. Das Zusammengehen der staatstragenden Parteien mit der »Umsturzpartei« war für viele Menschen eine Sensation. Bei zahlreichen Jubiläen, vor allem aber bei der Doppelfeier des 80. Geburtstages und der Goldenen Hochzeit des Großherzogs im Jahr 1906 entfaltete sich der Pomp der Kaiserzeit. Um so mehr machte der Tod Friedrichs I. am 28. September 1907 deutlich, daß eine Epoche zu Ende war. Die Konsolidierung des Landes und sein Eintritt in das Kaiserreich waren vollendet, ein neues Jahrhundert stellte neue Aufgaben.

Der neue Großherzog Friedrich II. war 50 Jahre alt, als er die Regierung übernahm. Lange Zeit hatte er im Schatten seines Vaters gestanden und nur langsam ein eigenes Profil gewonnen. Die Heirat mit Hilda von Nassau (1885), der Tochter des von Preußen aus seinem Land vertriebenen Herzogs Adolf, deutete eine leise Kurskorrektur an der unbedingten Gefolgschaftstreue zum Hause Hohenzollern an. Der »Erbgroßherzog« ließ sich ein eigenes, stilvolles Palais an der Kriegsstraße bauen, in dem er auch nach der Thronbesteigung wohnen blieb und das heute den Bundesgerichtshof beherbergt. Das Ehepaar blieb kinderlos, und es stellte sich erneut die Nachfolgefrage, die aber bald durch die Adoption eines Vetters gelöst wurde, des Prinzen Max von Baden, der später als der letzte Reichskanzler des Kaiserreiches in die Geschichte einging.
Die Teilnahme sozialdemokratischer Abgeordneter am Leichenzug des Großherzogs und deren Unterstützung der Regierungspolitik

Abgesang
(1907–1918)

227

führte zu schweren Auseinandersetzungen zwischen der badischen SPD und den Genossen im Reich, wobei vor allem Wilhelm Kolb und der Jude Ludwig Frank für einen eigenen politischen Weg standen, bei dem man sich auch über Parteitagsbeschlüsse hinwegsetzte. Auf der anderen Seite sah sich der badische Minister Heinrich von Bodman heftiger Kritik ausgesetzt, als er 1910 die Sozialdemokratie als eine »großartige Arbeiterbewegung zur Befreiung des vierten Standes« bezeichnete.

Im Ersten Weltkrieg zeigte es sich bald, daß die Schrecken des modernen Krieges nicht auf die Kampflinie beschränkt blieben. Luftangriffe auf Freiburg, Müllheim, Offenburg, Mannheim und Karlsruhe bedrohten auch die Zivilbevölkerung, insbesondere ein Angriff auf Karlsruhe am 22. Juni 1916, bei dem ein Zirkuszelt getroffen wurde, erzeugte Angst und Schrecken. Die Verlustmeldungen von den Fronten und die sich stetig verschlechternde Versorgung führten zur Unzufriedenheit und Mißstimmungen, die sich ab 1917 in Streiks Luft machten. Hinzu kam, daß der Großherzog die Linie des Ministers Bodman nicht weiterverfolgte und zu politischen Zugeständnissen, etwa einer Änderung der Verfassung, nicht bereit war. Auch der Anlaß des Verfassungsjubiläums im August 1918 ging ungenutzt vorüber. Zu spät wurde Prinz Max am 3. Oktober 1918 Reichskanzler, ein Mann, der von Anfang an für den Verständigungsfrieden eingetreten war und durch Verhandlungen über den Austausch von Kriegsgefangenen auch Verbindungen zu den Gegnern besaß. Zu spät versprach der Großherzog die Einführung des Verhältniswahlrechts und einen außerplanmäßigen Zusammentritt des Landtags. Dank des Einsatzes des Freiherrn von Bodman verlief die Novemberrevolution in Karlsruhe fast wie ein normaler Regierungswechsel. Der Großherzog erklärte in zwei Etappen (14. und 22. November) seinen Rücktritt, eine vorläufige Volksregierung, der Minister aller politischen Parteien außer den Konservativen angehörten, übernahm die Regierung. Der bisherige Landtagsvizepräsident Anton Geiß wurde ihr Vorsitzender. Die neue Regierung proklamierte die Republik. Das Großherzogtum war fast unmerklich untergegangen. Im Januar 1919 fanden Wahlen statt, an denen erstmals auch Frauen teilnehmen konnten. Großherzog Friedrich zog sich auf seine Besitzungen zurück und starb 1928 in Badenweiler. Großherzogin Hilda überlebte die Republik und den NS-Staat. Sie starb 1952.

Die Revolution in Baden war undramatisch; es war ein Umsturz ohne Barrikaden und Tote, ohne Gefangene und Gefolterte, eine sehr menschliche Revolution und ein versöhnliches Ende der Herrschaft des Hauses Zähringen.

Karl Friedrich von Baden (1728–1811), Markgraf, Kurfürst, Großherzog. Unter seiner Regierung vollzog sich die Entwicklung Badens von einer territorial zersplitterten Markgrafschaft zu einem Mittelstaat. Der reformfreudige Herrscher zählt zu den bedeutendsten Persönlichkeiten aus dem Haus Zähringen.

359

Stephanie de Beauharnais (1789–1860),
eine Nichte zweiten Grades der Kaiserin
Joséphine, wurde 1806 auf Geheiß Napoleons mit dem Erbprinzen Karl von Baden (1789–1818) vermählt.

◀ Karoline, Königin von Bayern (1776–1841).
Der älteste Sohn Karl Friedrichs, Erbprinz
Karl Ludwig (1755–1801), kam niemals an
die Regierung. Seine Töchter wurden je-
doch an bedeutende Herrscherhäuser ver-
heiratet: Karoline Friederike Wilhelmine an
Maximilian Joseph von Pfalz-Zweibrücken
(seit 1806 König von Bayern), Luise Marie
Auguste an den russischen Zaren und
Friederike Wilhelmine an König Gustav
Adolf IV. von Schweden. Derartige Hei-
ratsverbindungen steigerten Rang und An-
sehen der Familie und schufen europaweite
Verbindungen.

Elisabeth Alexiewna, Zarin von Rußland ▶
(1779–1826). Nach der Heirat mit Zar Alexander I. von Rußland nahm die badische
Prinzessin diesen neuen Namen an. Die wenig glückliche Ehe ist ein Glied in einer
Reihe von Familienbeziehungen zwischen
Baden und Rußland.

Wie sich das Karlsruher Schloß heute noch im Außenbau präsentiert, entstand es im dritten Viertel des 18. Jahrhunderts nach Plänen Friedrich von Keßlaus, der sich an Entwürfen Balthasar Neumanns orientierte.

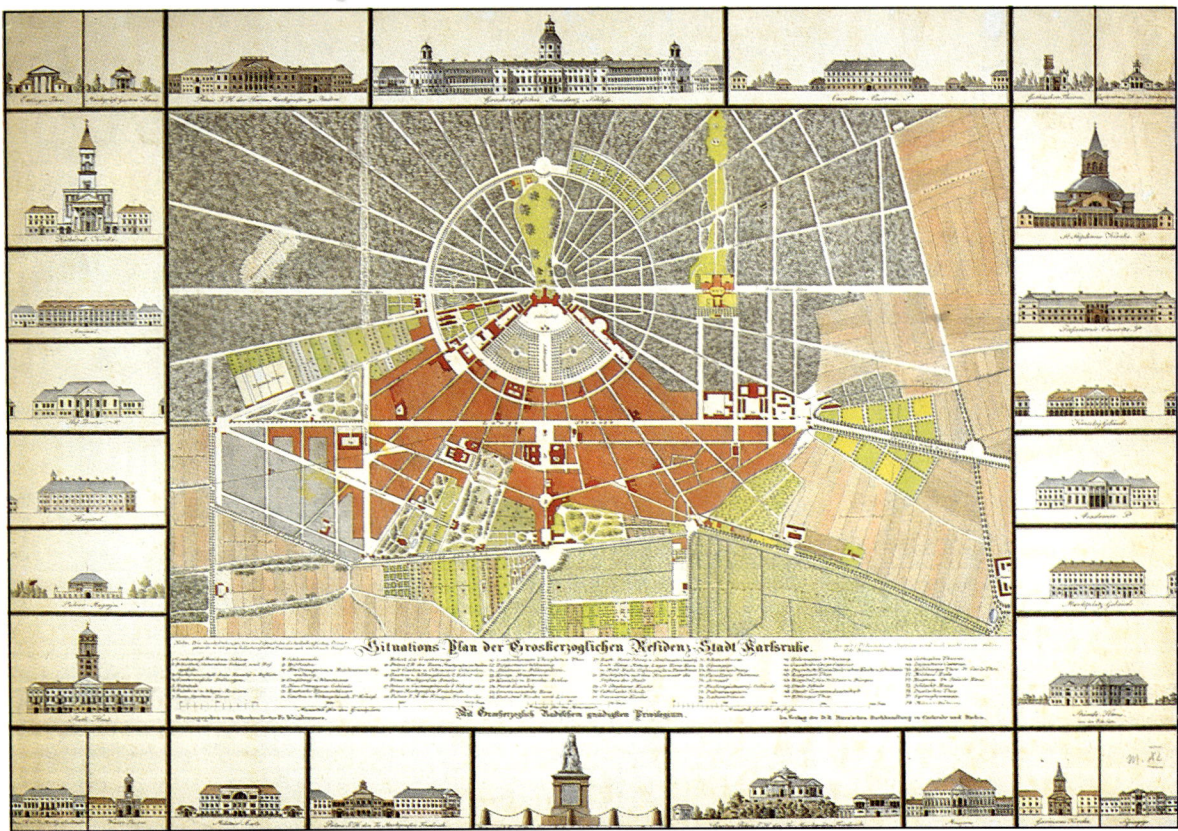

Situationsplan der Stadt Karlsruhe von Weinbrenner. Die Fächerform der Straßen mit dem Schloß als Zentralpunkt ist deutlich erkennbar. Der Stadtplan ist mit Darstellungen der wichtigsten Bauten der Stadt umrahmt.

232

Das Ständehaus in Karlsruhe
wurde zwischen 1820 und 1822
von dem Weinbrennerschüler
Friedrich Arnold erbaut. Das
Gebäude mit dem charakteristi-
schen Eckrondell entstand un-
mittelbar neben der katholischen
Stadtkirche an einem durch diese
Lage hervorgehobenen Standort.
Das Gebäude war der erste
Zweckbau für ein Parlament in
Deutschland. Der Sitzungssaal
der II. Kammer war Schauplatz
von stark beachteten Debatten
(im Bild eine Sitzung von 1845).
Die badischen Landstände gaben
dem Parlamentarismus in
Deutschland wichtige Impulse.

Großherzog Leopold (1790–1852) im Kreise seiner Familie. Die Gouache von Johann Grund ist geradezu ein politisches Programm: der Fürst als Bürger und Familienvater.

Das Ende des »Hecker-Zuges« in Freiburg. Der erste Versuch eines gewaltsamen Umsturzes scheiterte zu Ostern 1848. Badische Truppen, unterstützt von Hessen und Nassauern, eroberten das zäh verteidigte Freiburg zurück.

Ausrufung der »Deutschen Republik« durch Gustav Struve auf dem Marktplatz in Lörrach am 21. September 1848. Nach dem Scheitern des Hecker-Zuges unternahm Struve einen neuen Anlauf. Der zweite Versuch scheiterte noch schneller als der erste. Nach nicht einmal einer Woche war der Aufstand niedergeschlagen und Struve gefangen.

Am 13. Mai 1849 meuterte die Kavallerie in Rastatt. Der Versuch, den Aufstand einzudämmen, scheiterte. Die zur Niederschlagung angetretenen Soldaten sahen dem Ausbruch tatenlos zu, ein Teil schloß sich den Aufständischen an. Der Großherzog mußte aus Karlsruhe fliehen. Eine durch Wahlen legitimierte Regierung übernahm die Macht im ganzen Land.

Badische Artillerie im Abwehrkampf gegen die Preußen. Amand Goegg, einer der führenden Köpfe der Revolution und Finanzminister der neuen Regierung, bei einem Besuch der Truppe. Goegg blieb das Schicksal der Emigration nicht erspart. Erst 1862 durfte er nach Baden zurückkehren, wo er politisch bei den Sozialdemokraten eine neue Heimat fand.

Handels- und Schiffahrtsvertrag Badens mit der Türkei vom 14. Mai 1862. Als Mitglied des Zollvereins schloß Baden eine Reihe von Verträgen mit weit entfernten Staaten. Neben dem abgebildeten Vertrag sind ein Handelsvertrag mit China (1861) und ein Vertrag mit der USA über die Staatsangehörigkeit von Auswanderern (1868) besonders bemerkenswert.

Sprengung des drehbaren Teils der Eisenbahnbrücke in Kehl durch badische Truppen am 22. Juli 1870.

Das Gemälde von Anton von Werner zeigt die Kaiserproklamation in Versailles am 18. Januar 1871. Im Spiegelsaal des Schlosses sind Fürsten, Politiker und hohe Militärs versammelt. Vor dem Podium stehen an hervorgehobener Stelle der Reichskanzler Fürst von Bismarck und der Generalfeldmarschall Helmut von Moltke. Großherzog Friedrich I. (mit erhobenem Arm) hat soeben den Hochruf auf Kaiser Wilhelm ausgebracht, er wählte diese Formulierung, die geschickt den noch ungeklärten genauen Wortlaut des Titels umging. Der Großherzog führte über die Ereignisse ein aufschlußreiches Tagebuch.

Großherzog Friedrich I. (1826–1907), die große Herrschergestalt Badens im 19. Jahrhundert. Das Gemälde des Hofmalers Hans Thoma zeigt den gealterten Landesvater. Friedrich I. prägte mehr als ein halbes Jahrhundert das politische Geschehen.

Ausfahrt in Baden-Baden. Neben der Residenz in Karlsruhe spielten vor allem im Sommer Baden-Baden und die Insel Mainau als Aufenthaltsorte der großherzoglichen Familie eine Rolle. Die Reisen wurden wie alle anderen Ereignisse nicht nur in den handschriftlichen Hoftagebüchern festgehalten, sie wurden in der gedruckten Chronik der Haupt- und Residenzstadt Karlsruhe auch der Öffentlichkeit bekannt gemacht. In Baden-Baden sorgten das »Badwochenblatt« und die »L'Illustration de Bade« für die Verbreitung der Namen der illustren Kurgäste.

Der Geburtstag des Großherzogs wurde überall im Land gefeiert. Auch in kleineren Orten wie Todtnauberg traten Krieger- und Veteranenvereine mit Feldgottesdiensten und Aufmärschen an die Öffentlichkeit.

Neben den Geburtstagen spielten auch Ehejubiläen als Festtage eine große Rolle. Einen Höhepunkt der Feiern stellte das Fest der Goldenen Hochzeit (1906) dar.

Französische Flugzeuge über Karlsruhe. Am 22. Juni 1916 fand der folgenschwere Luftangriff des I. Weltkriegs auf Karlsruhe statt. Französische Flieger bombardierten auch ein Zirkungszelt, in dem gerade die Nachmittagsvorstellung im Gange war. Der Angriff forderte 120 Todesopfer, darunter 85 Kinder. Die Schrecken des modernen Krieges hatten erstmals auch eine offene Stadt und deren Bevölkerung schwer getroffen. Neue Empörung kam auf, als bekannt wurde, daß der französische Kommandeur das Ereignis in einem makabren Gemälde hatte darstellen lassen. Das Bild ist vermutlich bei einem der weitaus blutigeren Luftangriffe auf Karlsruhe im II. Weltkrieg verbrannt.

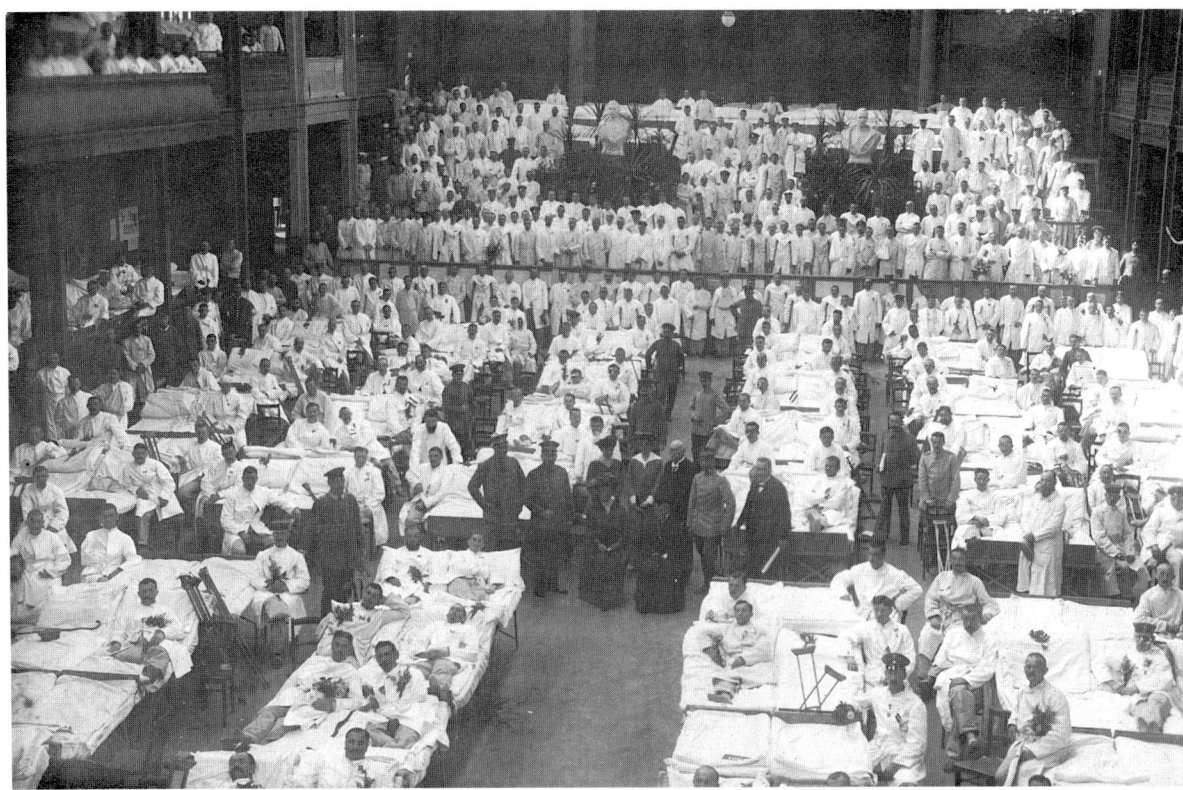

Mit der Dauer des Krieges steigt die Zahl der Verwundeten. Die Krankenhäuser reichen bald zu deren Aufnahme nicht mehr aus. So reiht sich in Notlazaretten (hier in der Karlsruher Festhalle) Bett an Bett, wohlausgerichtet für eine prominente Besuchergruppe und den Fotographen.

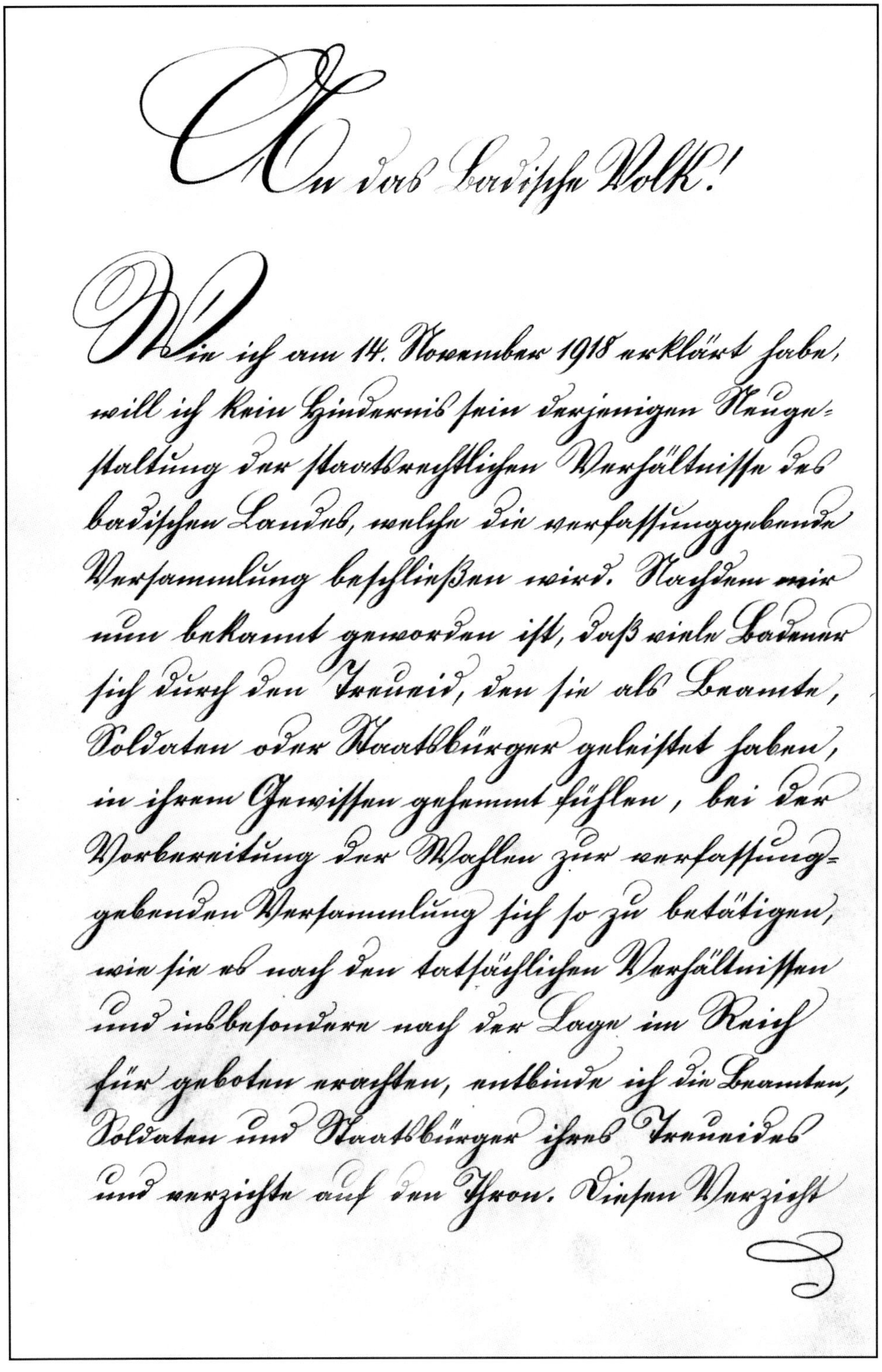

An das deutsche Volk!

Wie ich am 14. November 1918 erklärt habe, will ich kein Hindernis sein derjenigen Neugestaltung der staatsrechtlichen Verhältnisse des badischen Landes, welche die verfassunggebende Versammlung beschließen wird. Nachdem mir nun bekannt geworden ist, daß sich viele Badener sich durch den Treueid, den sie als Beamte, Soldaten oder Staatsbürger geleistet haben, in ihrem Gewissen gehemmt fühlen, bei der Vorbereitung der Wahlen zur verfassunggebenden Versammlung sich so zu betätigen, wie sie es nach den tatsächlichen Verhältnissen und insbesondere nach der Lage im Reich für geboten erachten, entbinde ich die Beamten, Soldaten und Staatsbürger ihres Treueides und verzichte auf den Thron. Diesen Verzicht

Abdankungsurkunde Großherzog Friedrichs II. vom 22. November 1918. Nach der Flucht aus dem Karlsruher Schloß am 11. November 1918 unterzeichnete Großherzog Friedrich II. am 14. November in Schloß Zwingenberg am Neckar eine Erklärung, in der er den Verzicht auf die Ausübung der Regierungsgewalt aussprach und die Beamten aufforderte, die Anordnungen der neuen Regierung zu befolgen. Die endgültige Abdankung, die auch für den Thronfolger Prinz Max verbindlich war, erfolgte erst am 22. November.

247

erkläre ich mit Zustimmung meines Vetters
des Prinzen Max von Baden auch für ihn
und seine Nachkommenschaft.

Mein und meiner Vorfahren Leitstern
war die Wohlfahrt des Badischen Landes. Sie
ist es auch bei diesem meinem letzten schweren
Schritt. Mein und der Meinigen Liebe zu
meinem Volke hört nimmer auf! Gott
schütze mein liebes Badener Land!

Schloß Langenstein, den 22. November 1918.

Friedrich

Prinz Maximilian von Baden (1867–1929). Der preußische Offizier, badischer Thronfolger seit 1907, nahm 1914 seinen Abschied und trat konsequent für einen Verständigungsfrieden ein. Er war 1918 der letzte Reichskanzler des Kaiserreiches.

Die Badische Vorläufige Volksregierung im Novemer 1918. Als Folge der Revolution im Reich bildete sich auch in Baden am 10. November 1918 eine revolutionäre Regierung, die Vertreter fast aller Parteien unter der Führung der SPD umfaßte. Die Herren posierten wenige Tage später wie alle früheren Minister vor der Kamera des Hofphotographen: 1. Reihe (sitzend von links nach rechts): Josef Wirth, Finanzminister (Zentrum), Gustav Trunk, Ernährungsminister (Zentrum), Anton Geiß, Vorsitzender (SPD), Ludwig Haas, Innenminister (DDP). 2. Reihe (stehend): Fritz Stockinger, Unterrichtsminister (SPD), Leopold Rückert, Verkehrsminister (SPD), Ludwig Marum, Justizminister (SPD), Hermann Dietrich, Außenminister (DDP), Adolf Schwarz, Minister für soziale Fürsorge (USPD), Hans Brümmer, Minister für militärische Angelegenheiten (USPD).

Wirtschaft

Zu Beginn des 19. Jahrhunderts war Baden ein Agrarstaat. Die Blütezeit des Bergbaus im Schwarzwald war vorüber. Die Glasmacherei fand noch in kleinen Betrieben statt, die mitten im Wald lagen, durch ihren enormen Holzverbrauch zu Standortwechseln gezwungen waren und dem Waldbestand schweren Schaden zufügten. Die Flößerei – insbesondere auf der Murg und der Enz – lieferte Holz bis nach Köln und in die Niederlande. Mißernten wie 1816/17 und 1846/47 führten zu Hungersnöten und Auswanderungswellen. Die als Modernisierung gedachte Ablösung von Zehnten und Fronverpflichtungen führte zu einer Verschuldung vieler Bauern, doch schufen in manchen Gegenden Spezialkulturen wie Tabak und Hopfen bessere Bedingungen. Der Beitritt zum Zollverein (1835) und der Bau der Eisenbahnen (ab 1840) erleichterten die Ansiedlung erster Industrien. Die eigenbrötlerische Baupolitik (Breitspur und Linksverkehr) und die durch Kompromisse und Fehlentscheidungen ungünstige Anbindung an das Bahnnetz von Hessen und Württemberg erschwerten aber den durchgehenden Gütertransport. Wegen der geringen Kapitaldecke von Firmen und Banken mußte 1848 der Staat helfend einspringen und eine Pleite der drei größten Firmen im Lande mit über 5000 Arbeitsplätzen verhindern. In der zweiten Hälfte des Jahrhunderts siedelten sich in Mannheim zahlreiche Industriebetriebe an, auch Pforzheim (Uhren und Schmuck) und das Wiesental bei Lörrach (Textil) wurden Industriestandorte. Doch konnte die Abwanderung wichtiger Firmen wie der Badischen Anilin- und Sodafabrik in Mannheim und der Firma Benckiser in Pforzheim in die neu entstandene Industriestadt Ludwigshafen/Rhein nicht verhindert werden. Der Staat griff nur in seltenen Fällen in die Wirtschaft ein, etwa bei der Frage der Beschäftigung von Kindern, der Errichtung besonderer Fachschulen (Uhrmacherschule in Furtwangen) oder einer direkten Förderung bestimmter Gewerbe durch das Landesgewerbeamt.

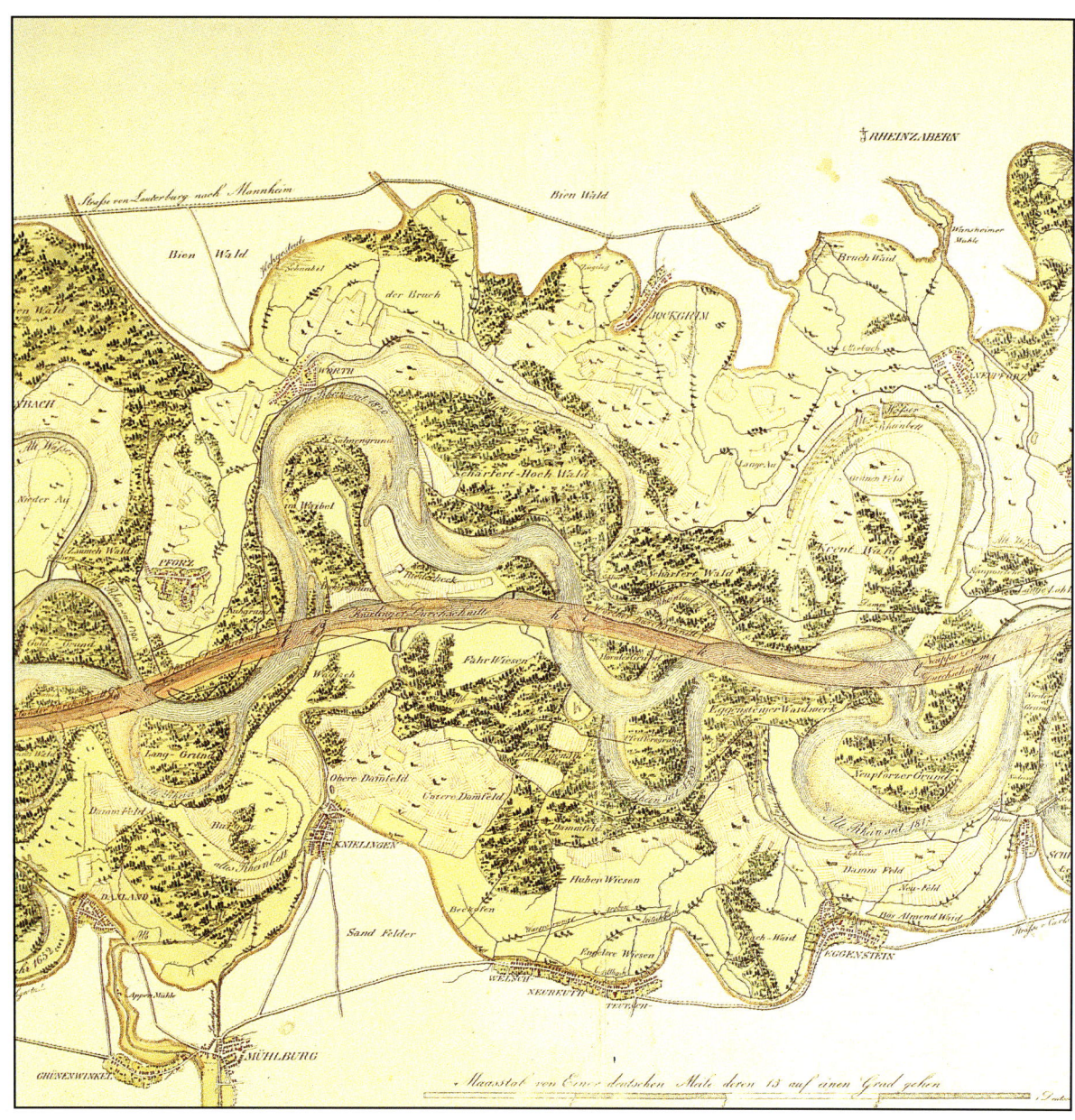

Die Korrektion des Rheins gehört zu den technischen Meisterleistungen des beginnenden 19. Jahrhunderts. Die Hochwasser bedrohten immer wieder die Siedlungen am Ufer. Dettenheim (bei Liedolsheim) wurde immer wieder von den Fluten heimgesucht, ganze Gemarkungsteile waren nur noch mit dem Boot zu erreichen. So wurden 1812 die Bewohner in das Landesinnere umgesiedelt. Bei Bruchsal entstand dann die neue Siedlung Karlsdorf. Die Veränderungen des Stromlaufes zogen aber auch viele Grenzstreitigkeiten nach sich. So kam es wegen eines Durchstiches bei Wörth zu einem Vertrag mit Frankreich, dem 1817 ein Vertrag mit Bayern über die Begradigung des Rheins folgte. Die 1822 gedruckte und 1824/25 mit Nachträgen versehene Karte zeigt den alten und den neuen Stromverlauf.

252

Die 1825 als erste technische Hochschule in Deutschland gegründete »Polytechnische Schule« in Karlsruhe fand im Gebäude des Lyceums eine notdürftige Unterkunft. Erst 1836 konnte der Lehrbetrieb in das von Heinrich Hübsch errichtete Gebäude verlegt werden.

Freiherr von Drais (1785–1851) auf der von ihm erfundenen »Laufmaschine«. Er nahm vorzeitig seinen Abschied als Forstmeister und widmete sich ganz seinen Erfindungen (u. a. auch einer Schreibmaschine). Da er sie nicht finanziell auszuwerten verstand, starb er verarmt in Karlsruhe.

253

Sernatingen (ab 1826 Ludwigshafen) war vor dem Eisenbahnbau ein wichtiger Umschlagplatz für den Warenverkehr über den Bodensee.

Um Karlsruhe an die Wasserstraße Rhein anzubinden, wurde in Schröck ein Hafen angelegt. Der Ort nahm 1837 den Namen Leopoldshafen an.

WAGHAEUSEL.

Badische Gesellschaft
für
Zuckerfabrication
ACTIE
№ 1644
über
Fünf Hundert Gulden

wodurch dem Inhaber dieser Urkunde, nach der heute erfolgten baaren Einlage des Neunten und des letzten Zehntheils des Actienbetrags und nach Rücknah-
me der für die früher bezahlten Acht Zehntheile am
31 August 1836, 15 May, 15 October 1837, und 15 October 1838 ausgegebenen Interimsscheine, die statutenmä-
ßigen Rechte zugesichert werden.

Carlsruhe, den 15 December 1839.

Die Direction.

Der Präsident.   Die Directionsmitglieder.

Im Jahr 1837 wurde die erste Zuckerfabrik in Baden gegründet, 1838 nahm das Werk Waghäusel (im Bild oben) den Betrieb auf. Das Kapital für die Firmengründung wurde durch die Ausgabe von Aktien aufgebracht.

Der Bau der badischen Hauptbahn von Mannheim bis Basel revolutionierte das Transportwesen. In dem 1840 eröffneten Bahnhof in Heidelberg steht gerade ein Zug zur Abfahrt bereit.

Große Schwierigkeiten bereitete der Bahnbau zwischen Freiburg und Basel am Itzsteiner Klotz, einer Stelle an der das Gebirge bis an den Rhein reicht. Umfangreiche Tunnelbauten waren notwendig.

256

Der Bau der Nebenbahn war privaten Gesellschaften überlassen. So eröffnete die Lahrer Straßenbahn 1894 die Strecke Lahr-Ottenheim. Das Bild zeigt einen Zug in der Hauptstraße von Lahr.

Ein neues Kapitel im Straßenverkehr bricht an. Die Familie Carl Benz beim Ausflug mit zwei Benz-Victoria-Wagen (1894).

Aus der 1887 von dem Schweizer Industriellen Julius Maggi in Singen/Htw. gegründeten Niederlassung entwickelte sich eines der großen Unternehmen der Nahrungsmittelindustrie. Die Bilder zeigen die Fabrikgebäude und das Abfüllen der Maggi-Würze.

Kraftwerk Laufenburg. Am Ende des 19. Jahrhunderts begann man mit der Ausnutzung der Wasserkräfte des Hochrheins zur Elektrizitätserzeugung. Die Kraftwerke Rheinfelden (1895) und Laufenburg (1909–1914) lieferten einen wichtigen Beitrag zur Stromversorgung des revierfernen Landes Baden. Ab 1928 kam die Nutzung der Wasserkräfte des Hochschwarzwaldes (Schluchseewerk) hinzu.

Trotz Stromregulierungen war die Hochwassergefahr für an Flußmündungen liegende Orte nicht gebannt, wie für Wertheim am Zusammenfluß von Tauber und Main. Das Bild zeigt den überschwemmten Marktplatz 1909.

Die Durchquerung Grönlands auf Skiern durch Fridtjof Nansen (1888) machte das Wintersportgerät auch in Deutschland bekannt. Um 1890 erschien der erste Skiläufer auf dem Feldberg, 1891 wurde der Skiklub Todtnau gegründet, dem Nansen als Ehrenmitglied angehörte.

Kultur in Baden im 19. Jahrhundert

Die Kulturentwicklung in Baden folgte zwar den allgemeinen Strömungen: fürstliche Sammlungen wurden öffentlich zugänglich, Museumsbauten wurden errichtet und eine Kunstgewerbeschule gegründet; von entscheidender Bedeutung war jedoch die landesspezifische Situation. Mit der Vergrößerung des Landes wuchs die Zugkraft der Residenzstadt Karlsruhe. Neben seinem Theater blühten die bildenden Künste. 1803 erhielt die fürstliche Gemäldegalerie mit Philipp Becker ihren ersten Direktor: Künstler wie Karl Kuntz, Karl Ludwig Frommel und Friedrich Lessing folgten. 1854 wurde eine Akademie gegründet und als Rektor der Landschaftsmaler Wilhelm Schirmer berufen. An der Akademie lehrten u. a. Ferdinand Keller, Hans Thoma und Franz Xaver Winterhalter, der als gefragter Porträtist an den Fürstenhöfen Europas tätig war. Marie Ellenrieder, Ernst Fries oder Wilhelm Trübner wurden zu Hofmalern ernannt. Beinahe alle genannten Künstler waren Landeskinder.

Einen Schwerpunkt bildete die Landschaftsmalerei; gegen Ende des Jahrhunderts entstand im Karlsruher Vorort Grötzingen eine Malerkolonie, der u. a. Friedrich Kallmorgen, Gustav Kampmann und Gustav Schönleber angehörten.

Neben Karlsruhe gelang es auch den neu zum Land hinzugekommenen Städten, ihre traditionsreiche Eigenständigkeit zu bewahren. Mannheim konnte trotz Residenzverlust sein Musikleben wahren; die Universitäten Heidelberg und Freiburg genossen die Förderung der Großherzöge; und Baden-Baden entwickelte sich zu einem international mondänen Badeort, der Schriftsteller, Musiker und Maler anzog.

Max Laeuger aus Lörrach (1864–1952) war Maler, Architekt, Entwerfer von Kunsthandwerk und Kerami-
ker. Von 1921–1929 arbeitete er an der staatlichen Majolikamanufaktur Karlsruhe.

Johann Peter Hebel (1760–1826). Der Dichter, Theologe und Schulmann gehört zu den herausragenden Gestalten des Geisteslebens. Seine »Alemannischen Gedichte«, die auch von Goethe geschätzt wurden, führten die Mundart in anerkannte Literatur ein, seine Kalendergeschichten fanden weiteste Verbreitung. Der Reiz seiner Dichtungen hat sich bis heute erhalten. Eine neue Gesamtausgabe seiner Werke bemüht sich wieder um die authentischen Texte.

Joseph Viktor von Scheffel (1826–1886). Der 1876 geadelte Dichter zählt zu den Erfolgsautoren des 19. Jahrhunderts. Seine historischen Romane erreichten ein breites Publikum, die Studenten- und Trinklieder sind noch heute lebendig. Scheffel schöpfte seine Themen aus der deutschen Geschichte und paßte somit gut in die Gedankenwelt des Kaiserreiches. Damalige Biographen rühmten ihn als »Lieblingsdichter des deutschen Volkes«, ein heutiger Biograph nennt ihn »zu Unrecht vergessen«.

Marie Ellenrieder aus Konstanz (1791–1863) ist eine der wenigen badischen Künstlerinnen. Ihr Selbstbildnis von 1818 entstand vor der Beeinflussung durch die Nazarener in Rom.

Das Porträt der Großherzogin Sophie von Baden, Tochter König Gustavs IV. von Schweden, ist eines der frühesten Bildnisse von Franz Xaver Winterhalter aus Menzenschwand.

Der Architekt Friedrich Eisenlohr wurde 1805 in Lörrach geboren und starb 1855 in Karlsruhe. Sein Name ist vornehmlich mit dem Bau der badischen Eisenbahn verbunden. Um 1829 ließ er sich von seinem ebenfalls aus Südbaden stammenden Malerfreund Friedrich Mosbrugger im Kreise seiner Freunde porträtieren. Auf einem Biedermeierstuhl sitzend, wendet er sich dem Betrachter zu und verdeckt den ebenfalls anwesenden Künstler, dessen Kopf nur im Halbprofil erscheint. Mosbrugger wurde 1810 als Sohn eines Malers in Konstanz geboren. Auf einer Reise nach Rußland starb er 1830 erst 26jährig in St. Petersburg.

Die romantische Ansicht zeigt die Ruine der Burg Alteberstein auf einer bewaldeten Anhöhe; im Hintergrund weitet sich die Rheinebene. Der 1789 in Birkenfeld geborene Karl Ludwig Frommel war Schüler von Philipp Becker in Karlsruhe, Studienreisen führten ihn nach Paris, in die Schweiz und nach Italien. 1818 wurde er zum Hofmaler und 1830 zum Direktor der großherzoglichen Galerie ernannt. 1863 starb er in Ispringen bei Pforzheim. Ludwig Frommel war Landschaftsmaler; von ihm sind eine Reihe von Schwarzwaldansichten bekannt.

Während seines Aufenthalts in Karlsruhe von Herbst 1854 bis Frühjahr 1855 erhielt Anselm Feuerbach (1829–1880) den Auftrag, für die Gemächer des Prinzregenten, des späteren Großherzogs Friedrich I., im Schloß zwei Zyklen von je vier Supraporten zu malen; für den Empfangssalon waren die allegorischen Darstellungen der »Vier Kreise«, d. h. der damaligen Regierungsbezirke des Landes Baden, bestimmt. Der »Mittelrheinkreis« zeigt einen Putto an einer Staffelei; hinter der Mauer links erscheint der Turm des Karlsruher Schlosses. Feuerbach hatte sich mehr und größere Aufträge erhofft, denn, wenn er auch in Speyer geboren war, so hatte er den Großteil seiner Jugend in Freiburg verbracht, und war Landeskind. Immerhin gewährte ihm Friedrich I. ein Stipendium für einen Studienaufenthalt in Italien.

»Der Kinderreigen« ist eines der bekanntesten und beliebtesten Bilder des Malers Hans Thoma (1839–1924). Die Kinder tummeln sich in der typisch weitflächen Berglandschaft seiner Heimat Bernau im Schwarzwald. Thoma hatte zunächst eine Lehre als Lithograph und Uhrenschildermaler begonnen, ehe er an den Akademien in Karlsruhe und Düsseldorf studierte. Nach mehrjähriger Tätigkeit in Frankfurt wurde er 1899 zum Direktor der Kunsthalle und zum Professor an der Akademie in Karlsruhe berufen. Er war auch maßgeblich an der Gründung der Majolikamanufaktur beteiligt, für die er Entwürfe lieferte.

1879 malte Ferdinand Keller (1842–1922) im Auftrag des Großherzogs Friedrich I. für die Kunsthalle das großforma-
tige Bild (310x530 cm) »Markgraf Ludwig Wilhelm von Baden, der Türkenlouis, reitet am Abend nach der Schlacht
von Slankamen in das Zelt des sterbenen Mustafa Köprili«, der die feindlichen Truppen befehligt hatte. Die Schlacht,
die am 19. August 1691 bei Slankamen nordwestlich von Belgrad stattfand, war eine der bedeutendsten kriegerischen
Taten des badischen Markgrafen, der als Oberkommandierender der kaiserlichen Truppen in seinen Feldzügen gegen
die Türken maßgeblich an der Rückeroberung des Balkans beteiligt war. Für die wahrheitsgerechte Darstellung hat
Keller die Bestände der Karlsruher Türkenbeute studiert und einige Stücke daraus detailgetreu wiedergegeben. Der in
Karlsruhe geborene Keller war Schüler der dortigen Akademie, an der er von 1870 bis 1913 als Professor lehrte.

Albert Mombert, 1872 in Karlsruhe geboren, war Jurist und Dichter. Von den Nationalsozialisten wurde er im Lager Gurs in Südfrankreich inhaftiert, aber von Schweizer Freunden herausgeholt. Er starb 1942 in Winterthur. Carl Hofer schuf dieses Gemälde 1913.

272

Baden-Baden war eines der großen Modebäder des 19. Jahrhunderts. Hier trafen sich Fürsten und Offiziere, Rentiers und Literaten, hier wurden einige Vermögen gewonnen und viele verspielt. Höhepunkt waren die Bälle im Kurhaus, eine Symphonie von Dekorationen, Roben und Brillianten.

Im Jahr 1858 wurde in Iffezheim bei Baden-Baden eine Pferderennbahn eröffnet. Die Iffezheimer Rennen waren und sind ein Höhepunkt der Baden-Badener Saison.

Das Bild mit dem Blick auf die Burgruine Hohenbaden legte Karl Ludwig Frommel nach einem ähnliche Schema wie die Ansicht von Alt-Eberstein an. Die Ruine erhebt sich zwischen hohen Bäumen; im Vordergrund gruppieren sich zwischen Felsen Personen als figürliche Staffage; anstatt der Rheinebene erscheinen im Hintergrund Schwarzwaldberge.

Literatur

ZGO = Zeitschrift für die Geschichte des Oberrheins

1. Allgemeines und Gesamtdarstellungen

Bader, K. S., Der deutsche Südwesten in seiner territorialstaatlichen Entwicklung, 2. Aufl. 1978.

Boelcke, W. A., Wirtschaftsgeschichte Baden-Württembergs von den Römern bis heute, 1987.

Bradler, G. und Quarthal, F. (Hg.), Von der Ständeversammlung zum demokratischen Parlament. Die Geschichte der Volksvertretungen in Baden-Württemberg, 1982.

Buszello, H. (Bearb.), Der Oberrhein in Geschichte und Gegenwart, 3. Aufl. 1987.

Carlebach, R., Badische Rechtsgeschichte, 2 Bände, 1906/09.

Haebler, R. G., Badische Geschichte. Die alemannischen und pfälzisch-fränkischen Landschaften am Oberrhein in ihrer politischen, wirtschaftlichen und kulturellen Entwicklung, 1951 (Neudr. 1987).

Hug, W., Geschichte Badens, 1992.

Krieger, A., Badische Geschichte, 1921.

Landkarten aus vier Jahrhunderten (Ausstellungskatalog Generallandesarchiv Karlsruhe), 1986.

Martens, W., Badische Geschichte, 1909.

Rapp, A., Deutsche Geschichte am Oberrhein, 1937.

Rinker, R. und Setzler, W. (Hg.), Die Geschichte Baden-Württembergs, 1986.

Schoepflin, J. D., Historia Zaringo-Badensis, 7 Bände, 1763–66.

Stiefel, K., Baden 1648–1952, 2 Bände, 1977.

Sütterlin, B., Geschichte Badens, Bd. 1: Frühzeit und Mittelalter, 2. Aufl. 1968 (mehr nicht erschienen).

Weech, F. v., Badische Geschichte, 1890 (Neudr. 1981).

Wielandt, F., Badische Münz- und Geldgeschichte, 2. Aufl. 1973.

Wielandt, F. u. Zeitz, J., Die Medaillen des Hauses Baden, 1980.

Wild, K., Bilderatlas zur Badisch-Pfälzischen Geschichte, 1904 (Neudr. 1978).

2. Nachschlagewerke und Hilfsmittel

Badische Biographien, 1875 ff.

Badisches Städtebuch (Deutsches Städtebuch IV), hg. v. Keyser, E., 1959.

Becksmann, R., Die mittelalterlichen Glasmalereien in Baden und der Pfalz, 1979 (Corpus vitrearum medii aevi. Deutschland 2.1).

Bibliographie der badischen Geschichte, hg. v. Lautenschlager, F., 1929 ff.

Dehio, G., Handbuch der Deutschen Kunstdenkmäler, Baden-Württemberg, bearb. v. Piel, F., 1964.

Handbuch der historischen Stätten Deutschlands VI: Baden-Württemberg, hg. v. Miller, M. und Taddey, G., 2. Aufl. 1980.

Historischer Atlas von Baden-Württemberg, 1972 ff.

Hölzle, E., Der deutsche Südwesten am Ende des alten Reiches, 1938.

Hootz, R., Deutsche Kunstdenkmäler, Baden-Württemberg, 2. Aufl. 1970.

Köbler, G., Historisches Lexikon der deutschen Länder, 1988.

Die Kunstdenkmäler des Großherzogtums Baden, hg. von Oechelhäuser, W. u. a., 1898 ff.

Das Land Baden-Württemberg. Amtliche Beschreibung nach Kreisen und Gemeinden, 8 Bände, 1977 ff.

Landesbibliographie von Baden-Württemberg, hg. von der Kommission für geschichtliche Landeskunde in Baden-Württemberg, 1978 ff.

Reclams Kunstführer Deutschland, Band 2: Baden-Württemberg, bearb. v. Brunner, H. und Reitzenstein, A. v., 8. Aufl. 1985.

Regesten der Markgrafen von Baden und Hachberg, 4 Bände, bearb. von Fester, R. u. a., 1892–1915.

Roller, O. K., Ahnentafeln der letzten regierenden Markgrafen von Baden-Baden und Baden-Durlach, 1902.

Schefold, M., Alte Ansichten aus Baden, 2 Bände, 1971.

3. Früh- und Hochmittelalter

Fritz, G., Die Markgrafen von Baden und der mittlere Neckarraum, in: Zeitschrift für württembergische Landesgeschichte 50 (1991), S. 51–66.

Haselier, G., Die Markgrafen von Baden und ihre Städte, in: ZGO 107 (1959), S. 263–290.

Heyck, E., Geschichte der Herzöge von Zähringen, 1891.

Schmid, Karl, Vom Werdegang des badischen Markgrafengeschlechts, in: ZGO 139 (1991), S. 45–77.

Ders., Baden-Baden und die Anfänge der Markgrafen von Baden, in: ZGO 140 (1992), S. 1–37.

Schmidt, K. u. a. (Hg.): Die Zähringer. Eine Tradition und ihre Erforschung, 3 Bände, 1986/1990.

Tritscheller, B., Die Markgrafen von Baden im 11., 12. und 13. Jahrhundert, Diss. masch. Freiburg 1954.

Wunder, G., Die ältesten Markgrafen von Baden, in: ZGO 135 (1987), S. 103–118.

4. Spätmittelalter und frühe Neuzeit

Bartmann, H., Die badische Kirchenpolitik unter den Markgrafen Philipp I., Ernst und Bernhard III. von 1515–1536, in: ZGO 108 (1960), S. 1–48.

Ders., Die Kirchenpolitik der Markgrafen von Baden-Baden im Zeitalter der Glaubenskämpfe, 1535–1622, in: Freiburger Diözesan-Archiv 81 (1961), S. 1–352.

Baumann, W., Ernst Friedrich von Baden-Durlach, 1962.

Brecht, M. u. Ehmer, H., Südwestdeutsche Reformationsgeschichte, 1984.

Fester, R., Markgraf Bernhard I. und die Anfänge des badischen Territorialstaates, 1896.

Gothein, E., Die badischen Markgrafschaften im 16. Jahrhundert, 1910.

Gut, J., Die Landschaft auf den Landtagen der markgräflich-badischen Gebiete, 1970.

Kattermann, G., Markgraf Philipp I. von Baden (1515–1533) und sein Kanzler Hieronymus Veus, 1935.

Krimm, K., Baden und Habsburg um die Mitte des 15. Jahrhunderts. Fürstlicher Dienst und Reichsgewalt im späten Mittelalter, 1976.

Ders., Markgraf Christoph I. und die badische Teilung, in: ZGO 138 (1990), S. 199–215.

Leben und Verehrung des Seligen Bernhard von Baden (Ausstellungskatalog), 1978.

Leiser, W., Markgraf Christoph I. von Baden, seine Beamten, seine Gesetze, in: ZGO 108 (1960), S. 244–255.

Press, V., Die badischen Markgrafschaften im Reich der frühen Neuzeit (Arbeitsgemeinschaft für geschichtliche Landeskunde am Oberrhein, Protokoll 237), 1984.

Die Renaissance im deutschen Südwesten zwischen Reformation und Dreißigjährigem Krieg, 2 Bände (Ausstellungskatalog Badisches Landesmuseum), 1986.

Renner, A. M., Markgraf Bernhard II. von Baden. Eine ikonographische Studie, 1953.

Dies., Markgraf Bernhard II. von Baden. Quellen zu seiner Lebensgeschichte, 1968.

Stenzel, R., Die Cuntzmann von Ettlingen. Vermögensbildung und politische Macht in der Markgrafschaft um 1400, in: ZGO 129 (1981), S. 52–81.

Theil, B., Das älteste Lehenbuch der Markgrafen von Baden (1381).
Edition und Untersuchungen, 1974.

Wielandt, F., Markgraf Christoph I. von Baden 1475–1515 und das
badische Territorium, in: ZGO 85 (1933), S. 527–560.

Zeeden, E. W., Kleine Reformationsgeschichte von Baden-Durlach
und Kurpfalz, 1956.

5. Vom Westfälischen Frieden bis zum Ende des Alten Reiches

Baden und Württemberg im Zeitalter Napoleons, 3 Bände (Ausstellungskatalog Württembergisches Landesmuseum), 1987.

Barock am Oberrhein, hg. v. Press, V., Reinhard, E. und Schwarzmaier, H., 1985.

Barock in Baden-Württemberg, 2 Bände (Ausstellungskatalog Badisches Landesmuseum), 1981.

Birtsch, G. (Hg.), Der Idealtyp des aufgeklärten Fürsten (Aufklärung
2.1), 1987.

Carl Friedrich und seine Zeit (Ausstellungskatalog), 1981.

Caroline Luise, Markgräfin von Baden, 1723–1783 (Ausstellungskatalog), 1983.

Dietrich, H., Die Verwaltung und Wirtschaft Baden-Durlachs unter
Karl Wilhelm 1709–1738, Diss. Heidelberg 1911.

Dold, R., Maria Viktoria, die letzte Markgräfin von Baden-Baden,
1938.

Haebler, R. G., Ein Staat wird aufgebaut. Badische Geschichte
1789–1818, 1948.

Kaack, H.-G., Markgräfin Sibylla Augusta, 1983.

Kircher, G. F., Zähringerbildnissammlung im Neuen Schloß zu
Baden-Baden, 1958.

»Klar und lichtvoll wie eine Regel«. Planstädte der Neuzeit (Ausstellungskatalog Badisches Landesmuseum), 1990.

Lauts, J., Markgräfin Caroline Luise, 1980.

Leiser, W., Der gemeine Zivilprozeß in den Badischen Markgrafschaften, 1961.

Ders., Privilegierte Untertanen. Die badischen Städte im Ancien
Régime, in: Verwaltung und Gesellschaft in der südwestdeutschen
Stadt des 17. und 18. Jahrhunderts, hg. v. Maschke, E. und Sydow,
J., 1969, S. 22–45.

Liebel, H. P., Enlightened Bureaucracy versus Enlightened Despo-
tism in Baden 1750–1792, 1965.

Mühleisen, H.-O. (Hg.), Die Französische Revolution und der deutsche Südwesten, 1989.

Müller, W., Der Seligsprechungsprozeß Bernhards von Baden 1767/
1769, in: Freiburger Diözesan-Archiv 75 (1955), S. 5–111.

278

Petrasch, E. u. Zimmermann, E., Der Türkenlouis. Festgabe seiner Residenzstadt Rastatt, 1955.

Petrasch, E. (Hg.), Die Türkenbeute, Karlsruhe, 2. Aufl. 1970.

Press, V., Der Typ des absolutistischen Fürsten in Süddeutschland, in: Europäische Herrscher, hg. v. Vogler, G., 1988, S. 123–141.

Rübsam, A., Kardinal Bernhard Gustav Markgraf von Baden-Durlach, Fürstabt von Fulda 1671–1677, 1923.

Schaab, Meinrad (Hg.), Oberrheinische Aspekte des Zeitalters der Französischen Revolution, 1990.

Schmid, H., Die Säkularisation der Klöster in Baden 1802–1811, 1980.

Stier, B., Fürsorge und Disziplinierung im Zeitalter des Absolutismus: Das Pforzheimer Zucht- und Waisenhaus und die badische Sozialpolitik im 18. Jahrhundert, 1988.

Strobel, E., Neuaufbau der Verwaltung und Wirtschaft der Markgrafschaft Baden-Durlach (1648–1709), 1935.

Vehse, E., Geschichte der Höfe der Häuser Baiern, Württemberg, Baden und Hessen, 4. Teil, 1853.

Voss, J., Baden und die Französische Revolution, in: Ders. (Hg.): Deutschland und die Französische Revolution, 1983, 98–117.

Zimmermann, C., Reformen in der bäuerlichen Gesellschaft. Studien zum aufgeklärten Absolutismus in der Markgrafschaft Baden 1750–1790, 1983.

6. *Großherzogtum*

Baden, Land – Staat – Volk, 1806–1871 (Sammelband), 1980.

Badische Geschichte, Vom Großherzogtum bis zur Gegenwart, hg. v. der Landeszentrale für politische Bildung Baden-Württemberg, 1979.

Becker, J., Liberaler Staat und Kirche in der Ära von Reichsgründung und Kulturkampf, 1973.

Fuchs, W. P., Großherzog Friedrich I. von Baden und die Reichspolitik 1871–1907, 4 Bände (Quellen), 1980.

Gall, L., Der Liberalismus als regierende Partei, 1968.

Handbuch der baden-württembergischen Geschichte, Band 3, 1992.

Hörner, M., Die Wahlen zur zweiten Badischen Kammer im Vormärz (1818–1847), 1987.

Kremer, H.-J., Mit Gott für Wahrheit, Freiheit und Recht. Quellen zur Organisation und Politik der Zentrumspartei 1888–1914, 1983.

Krimm, K. u. Rößling, W. (Hg.), Residenz im Kaiserreich. Karlsruhe um 1890 (Sammelband), 1990.

Lee, L. L., The Politics of Harmony. Civil Service, Liberalism and Social Reform in Baden 1800–1850, 1980.

Oncken, H., Großherzog Friedrich I. von Baden und die deutsche Politik 1854–1871. Briefwechsel, Denkschriften, Tagebücher, 2 Bände, 1927.

Schadt, J., Die sozialdemokratische Partei in Baden von den Anfängen bis zur Jahrhundertwende 1868–1900, 1971.

Sepainter, F. L., Die Reichstagswahlen im Großherzogtum Baden, 1983.

Das Ständehaus in Karlsruhe, Deutschlands erstes Parlamentsgebäude (Sammelband), 1988.

Wermuth, O., Wir haben es gewagt: Die badisch-pfälzische Revolution 1849, 1981.

Die Aufteilung der Legendentexte

Hansmartin Schwarzmaier

Seite 15, 17, 19, 25, 27, 30, 31, 32, 33, 34, 35, 36, 39, 40 oben, 40 unten, 41, 42, 43 oben, 43 unten, 44 oben, 44 unten, 45 oben, 45 unten, 46, 47, 48 oben, 48 unten, 49, 50.

Konrad Krimm

Seite 51 oben, 51 unten, 52, 55, 56, 57 oben, 57 unten, 58, 59, 60, 61, 62 oben, 62 unten, 63 oben, 63 unten, 64 oben, 64 unten, 65, 66 oben, 66 unten, 67 oben, 67 unten, 68, 69, 70, 71 oben, 71 unten, 72 oben, 72 unten, 73 oben, 73 unten, 74 oben, 74 unten, 75 oben, 75 unten, 76, 77, 78, 79, 80, 81 oben, 81 unten, 82, 83, 84, 85 oben, 85 unten, 86, 88, 89, 90, 91 oben, 91 unten, 92, 93, 94 oben, 94 unten, 95, 96, 97 oben, 97 unten, 98, 99, 100, 101, 102 oben, 102 unten, 103 oben, 103 unten, 104 oben, 104 unten, 105, 106, 107, 108, 109 oben, 109 unten, 110, 111, 112, 113 oben, 113 unten, 114 unten.

Dieter Stievermann

Seite 115, 117, 119, 120, 121, 123, 124, 125, 126, 127, 128, 129 oben, 129 unten, 130, 131 oben, 131 unten, 133, 135, 136, 138, 139 oben, 139 unten, 140, 141, 142, 143, 144, 145 oben, 145 unten, 146 oben, 146 unten, 147, 152 oben, 152 unten, 153 oben, 153 unten, 155, 156, 157 oben, 157 unten, 158, 159, 160, 162, 163 oben, 163 unten, 164, 166 oben, 166 unten, 167, 168, 169 oben, 169 unten, 172 oben, 172 unten, 173, 174 oben, 174 unten, 175, 176, 180 oben, 181 oben, 181 unten, 183, 184, 185, 186, 187 oben, 187 unten, 188 oben, 188 unten, 192, 193, 195, 196, 198 oben, 198 unten, 199, 200 oben, 200 unten, 201 oben, 201 unten, 202, 203, 204 oben, 204 unten, 206, 207 oben, 207 unten, 208, 209.

Gerhard Kaller

Seite 211, 212, 213 oben, 213 unten, 214, 215 oben, 215 unten, 217, 218 oben, 218 unten, 222, 229, 233 oben, 233 unten, 235, 236, 237, 238, 239, 240, 241, 242, 243, 244 oben, 244 unten, 245, 246, 247, 249, 250, 252, 253 oben, 253 unten, 254 oben, 254 unten, 255, 256 oben, 256 unten, 257 oben, 257 unten, 258 oben, 258 unten, 259, 260, 261, 264, 273 oben, 273 unten.

Rosemarie Stratmann-Döhler

Seite 87, 114 oben, 136, 148, 149, 150, 154, 165, 170 oben, 170 unten, 171, 177, 178, 179, 180 unten, 190, 191, 194, 201 oben, 205, 210, 211, 230 oben, 230 unten, 231, 232 oben, 232 unten, 234, 263, 265, 266, 267, 268, 269, 270, 271, 272, 274. Text auf Seite 262.

Die Autoren

Hansmartin Schwarzmaier, geboren 1932, Dr. phil., Leiter des Generallandesarchivs Karlsruhe, Honorarprofessor an der Universität Heidelberg.
Veröffentlichungen: Königtum, Adel und Klöster im Gebiet zwischen oberer Iller und Lech (1962); Wappenbuch des Landkreises Bruchsal (1971); Lucca und das Reich bis zum Ende des 11. Jahrhunderts (1972); Die Heimat der Staufer (1977^2); Staufisches Land und staufische Welt im Übergang (1978); Geschichte der Stadt Eberbach im Mittelalter (1985); Von Speyer nach Rom. Wegstationen und Lebensspuren der Salier (1992^2).

Konrad Krimm, geboren 1946, Dr. phil., Leiter des Historischen Archivs im Hauptstaatsarchiv Stuttgart, Lehrauftrag für Landesgeschichte an der Universität Karlsruhe.
Veröffentlichungen: Baden und Habsburg um die Mitte des 15. Jahrhunderts (1976); Herr Biedermeier in Baden (Hg.; 1981); Mosbacher Urkundenbuch (1986); Residenz im Kaiserreich – Karlsruhe um 1890 (Hg.; 1990).

Dieter Stievermann, geboren 1948, Dr. phil., Privatdozent/Akademischer Rat am Historischen Seminar der Universität Tübingen, Abteilung für Neuere Geschichte.
Veröffentlichungen: Städtewesen in Südwestfalen (1978); Herzog Eberhard im Bart (1459–1496), in: 900 Jahre Haus Württemberg (1985); Entstehung der Territorien – politische Zersplitterung im deutschen Südwesten, in: Die Geschichte Baden-Württembergs (1986); Martin Luther – Probleme seiner Zeit (Hg. mit Volker Press; 1986); Landesherrschaft und Klosterwesen im spätmittelalterlichen Württemberg (1989); Geschichte der Stadt Biberach (Hg.; 1991).

Gerhard Kaller, geboren 1929, Dr. phil., Direktor am Generallandesarchiv Karlsruhe, Lehrauftrag an der Universität Mannheim.
Veröffentlichungen: Die Revolution des Jahres 1918 in Baden, in: Zeitschrift für die Geschichte des Oberrheins 114 (1966); Bevölke-

rung und Gewerbe in Frankenthal, Neustadt und Lambrecht, in: Aus Stadt- und Wirtschaftsgeschichte Südwestdeutschlands (1975); Kunst und Wissenschaft, in: Baden, Land – Volk – Staat 1806–1871 (1980); Geschichte von Kloster und Stadt Otterberg (1981/84); Jüdische Abgeordnete im badischen Landtag, in: Juden in Karlsruhe (1990).

Rosemarie Stratmann-Döhler, Dr. phil., Elève diplômée de l'Ecole du Louvre, 2. stellvertretende Direktorin des Badischen Landesmuseums Karlsruhe.
Veröffentlichungen: Möbel. Bildheft des Badischen Landesmuseums (1984); Möbel, Intarsie und Rahmen, in: Reclams Handbuch der künstlerischen Techniken (1986); Stephanie Napoleon, Großherzogin von Baden 1789–1860 (Ausstellungs-Katalog 1989); Das Karlsruher Schloß (1989[3]).

Orts- und Personenregister